Verbum ⊞ NARRATIVA

MARTÍ, EL APÓSTOL

colección: **Narrativa**

Dirigida por: EUGENIO SUÁREZ GALVÁN

Novelas y relatos de autores clásicos y contemporáneos. Entre las figuras más significativas presentes en la colección, destacan los nombres de: Mario Szichman, Carlos Montenegro, Enrique Jardiel Poncela, Lino Novás Calvo, Pablo de la Torriente Brau, Nivaria Tejera, Leonardo Padura, Antonio José Ponte, José Prats Sariol, Jaime Marchán, Consuelo Triviño, Víctor Fuentes, Juan Arcocha, Claudio Aguiar, Reinaldo Montero, Luis Manuel García Méndez, Luis Martínez de Mingo, Mauro Zúñiga, Lourdes Vázquez, Josefina de Diego, Josefina Verde, Gonzalo Navajas, entre otros.

JORGE MAÑACH

MARTÍ, EL APÓSTOL

EDITORIAL **V** *Verbum*

ÍNDICE

A Margot, mi mujer
J. M.

I
LOS PADRES

Por aquel tiempo —acababa de mediar el siglo— España necesitaba mantener fuerte guarnición de tropa en la "siempre fidelísima" isla de Cuba. Innocua para los hijos del trópico, la fiebre amarilla se ensañaba en la carne española con parcialidad manifiesta, diezmando a menudo los más saludables batallones.

Otros enemigos preocupaban más a la metrópoli. La geografía y la celosa política colonial no habían logrado preservar enteramente a Cuba de las corrientes liberales de la época. Desde que cundió el ejemplo de las revoluciones victoriosas en el continente, empezó a conocer la isla amagos de turbulencia. Las logias y otras sociedades secretas, bullentes de arrebatos girondinos y citas de Bolívar, habían fraguado ya varias conspiraciones, alguna de días calculada para sonsacar al mismísimo Libertador. El elemento criollo venía particularmente irritado desde que España, en 1806, había excluido a la isla de la representación constitucional en Cortes. Algunos, desde el extranjero, se habían ya permitido hablar de independencia.

Como si todo fuese poco, no ignoraba la metrópoli que el vecino del Norte abrigaba codiciosas intenciones respecto de su colonia. La tajada enorme recién arrebatada a México les había aguzado a los yanquis el apetito de territorio. Cuba no vendría mal como refuerzo a los Estados esclavistas del Sur, y ya algunos de sus políticos más francos se habían permitido afirmar que, tarde o temprano, la isla pasaría a los Estados Unidos. Ahora, desde que la Revolución del 48 emancipara a los esclavos en las colonias francesas era de temer un gesto parecido de la quijotesca España en Cuba, muchos esclavistas criollos, y aun españoles, consideraban la anexión a los Estados Unidos para evitar ese arrebato posible de liberalismo. Otros la contemplaban como el único medio viable de libertarse de España, o como señuelo para engatusar al yanqui y adelantar ladinamente la causa de la independencia. Lo cierto es que, mientras esas ideas maduraban, no veían inconveniente los yanquis en que algunos cubanos ávidos de patria tramaran conspiraciones en Nueva York y organizasen expediciones invasoras desde Nueva Orleáns. Una de estas había invadido ya en mayo la isla, con oficiales norteamericanos y tropa criolla, al mando del *traidor* Narciso López. Fue rechazada, pero se dio el gusto de hacer ondear durante unas horas, en Cárdenas, una bandera de barras con una sola estrella.

Cuando, a fines de 1850, el general Concha se hizo cargo de la gobernación de la isla, "con facultades de jefe de plaza sitiada", no ocultó a Madrid sus aprensiones, e hizo venir de la Península cuatro batallones, cuatro escuadrones y una batería artillera.

El sargento Mariano Martí llegó adscrito a esta Arma. Era un valenciano robusto y no menguado de talla, con facciones algo duras y perilla a lo Narváez. Se había endurecido de mozo al sol de la Huerta, cargando pacas de cáñamo para la cordelería de su padre. Las quintas le sacaron de la mesa de trenzar, y esta experiencia en hilos más burdos le facilitó el aprendizaje de sastre de cuartel —tarea demasiado mansa, sin embargo, para un hombre de ademán brusco y de aire mandón—. Cuando su compañía fue trasladada a Cuba, esas dotes naturales del valenciano le habían ya ganado los galones de cabo. El traslado le valió el ascenso al grado inmediato, con que se compensaban los peligros de América.

A los dos años escasos de llegar, andaba ya el sargento Martí tan adelantado en el proceso del *aplatanamiento*, que gustaba de irse los domingos a los bailes sabrosos del Escauriza y del café de la Bola. Con su limpísimo dril de gala y su aire marcial no hacía mala figura entre el lento revuelo de los miriñaques. Todavía asistían a aquellos bailes las señoritas decentes del comercio y de la artesanía, y un observador perspicaz hubiera advertido que en el atavío de las criollas se mostraba ya cierta preferencia por el azul y el *punzó*, los colores de la bandera de Narciso López.

En uno de los bailes conoció el sargento a una isleña veinteañera, guapa moza de "talle de avispa", bucles negrísimos y una gracia vagamente chinesca en el alto pómulo y en los ojos, algo prendidos hacia la sien. Uno de ellos —¡ay!— mostrábase ligeramente empañado por una nube. Pero al militar debió de parecerle linda nubecilla de primavera, pues entre paseos, cadenas y sostenidos, fue madurando un idilio que paró en casorio a los pocos meses. Ni era mal partido Leonor Pérez. Aunque en Santa Cruz de Tenerife la familia disfrutaba ya de algún acomodo, el padre había resuelto venir a Cuba a mejorar fortuna, y la encontró sin demora, pues a poco de llegar le tocó un premio de lotería.

La pareja se instaló en una casita modesta de la calle de Paula, por donde la muralla se asomaba al puerto. Allí, en la madrugada del 28 de enero de 1853, le nació un varón, a quien el capellán del regimiento paterno dio por nombre José Julián.

No se necesitaban en Cuba militares de salón, sino soldados de fibra que supieran tenérselas tiesas con el criollo levantisco. Mariano Martí era de ese temple. Si no sobrado de inteligencia ni de instrucción —él y sus nueve hermanos apenas conocieron más escuela que la cordelería del padre—, abundaba en ciertas cualidades primarias de militar: lealtad, energía, facha y una prontitud algo brutal para el enojo. Así, no es extraño que en febrero de 1885, justamente por los días en que se declaraba la isla en estado de sitio y de bloqueo y se creaban milicias voluntarias, Martí era promovido a subteniente graduado de Infantería.

Pero en realidad otras eran ya sus preferencias. El áspero militarote tenía sus blanduras, como cualquier hijo de vecino, y se puede decir que no le habían dejado disfrutar en paz su matrimonio ni estrenar con sosiego la paternidad. Al general Concha los dedos se le volvían huéspedes. Como si fueran pocos los preparativos expedicionarios que sin cesar hacían los cubanos en los Estados Unidos, acababa ahora de ahogar en sangre una conspiración interna en que apareciera comprometido el opulento catalán don Ramón Pintó, íntimo del propio general, a cuya tertulia asistía casi diariamente. Muy receloso habían dejado a Concha estos sucesos. Todos los cuidados y aprestos de fuerza le parecían pocos. Y como el alistamiento de voluntarios para la defensa de las ciudades permitía disponer más libremente de las fuerzas regulares, estas se veían sometidas a incesantes prácticas y traslados, muy a disgusto del teniente Martí, en quien la satisfacción del ascenso no había logrado contrarrestar el deseo de sedentariedad que le iba ganando con los años y los hijos.

Al primogénito había seguido una niña, Leonor, logro mimado de la feminidad en que siempre prefieren retoñar los padres. Un día, ya el teniente no pudo más, y al volver, bastante maltrecho, de unas maniobras teóricas en la región de Matanzas, le anunció a su mujer que se iba a dar de baja en el Ejército.

Fue un paso aventurado. Sobrevinieron meses de estrechez, casi de penuria. Al año de licenciamiento, algo curado ya de sus ansias hogareñas, solicitó Martí plaza de aventajado en el Cuerpo de Carabineros, sin duda por ser esta una milicia con ribetes de domesticidad. Fracasada la pretensión, insistió en procurarse algún oficio más o menos uniformado y no demasiado exigente. Se le ocurrió que el de policía no le vendría mal. Precisamente el capitán general acababa de efectuar la reforma del Cuerpo, proveyendo a la debida retribución de sus miembros, de modo que éstos ya no tuvieran que vivir, como antes, esquilmando mercaderes, libertos y rameras. La Jefatura Superior informó que Mariano Martí y Navarro "gozaba" de buena conducta y bastante robustez, y que "no constaba nada que le perjudicase", con lo cual logró verse nombrado celador en el barrio del Templete.

¿Qué vientos de fortuna le soplaron al celador durante ese invierno del 56 al 57? En mayo pidió separación de su destino, alegando "hallarse enfermo y pasar a curarse a la Península". Un viaje semejante por aquella época no era menuda empresa, y menos para un celador de Policía gravado por una mujer y tres hijos. Pero acaso un premio de lotería había vuelto a caer en la familia, o tal vez había muerto el suegro isleño. Lo cierto es que Martí no halló mejor empleo para sus dineros que el irse, con prole y mujer, a visitar en Valencia al padre viejo, que había enviudado y vuelto a casar.

La estancia en la Península fue breve. A doña Leonor le salieron sabañones en las manos, le nació una niña y, posiblemente, no congenió con la familia del marido. Todo lo cual hizo que apremiara mucho por volver a su comodidad habanera. Apenas de regreso, don Mariano solicita nuevamente una plaza de celador. Mucho deben pesar sus "seis años, seis meses y diez días de efectivo servicio en la honrosa carrera de las armas de S. M.", pues también esta vez se le atiende favorablemente, destinándosele a la celaduría del barrio de Santa Clara. A don Mariano le agrada este barrio viejo de intramuros. No tiene los humos oficiales y palaciegos del Templete, pero es animado, ameno, *serio*. Lo comercial y lo marinero aún no han desplazado a lo señor. A la casona hidalga se entra, a menudo, por la nave de un almacén entongada de sacos. La factoría aún no siente el rubor de su fortuna. Ese almacenista enriquecido ostenta un título nobiliario, un palco en Tacón y un hijo criollo que conspira. El barrio tiene un sabroso olor a mar y a ultramarinos. Lo transitan marineros, negras con la cabeza vendada de colores chillones, volantas, curiales de chistera y levitín de alpaca. Y cuenta con una escuela pública, a la cual ya don Mariano tiene pensado mandar a su hijo, que ha cumplido los siete años y muestra una curiosidad insaciable.

Pronto, sin embargo, comienza a nublarse la estrella y, por, consiguiente, el humor del valenciano. Ha traspuesto ya la cuarentena. No le estorba aún el asma para la normalidad de recorrer muy tieso, con su bastón de mando y su pareja de salvaguardias, las estrechas calles entoldadas. Pero cuando tiene que dirimir una pendencia de *placeros* o dar caza al autor de una fechoría, don Mariano se agita y se abandona un poco.

Además, su espíritu expeditivo de ex soldado no se aviene a ciertas finezas curiales de procedimiento. El comisario le reprende un día por no haber instruido oportunamente la sumaria, ni recogido el cuerpo del delito, en ocasión en que un liberto ha robado nada menos que seis cajas de champaña. Otra vez omite recibirle declaración a un cochero de casa rica que acaba de ser envenenado, y el jefe superior de Policía se considera en el caso de informar al gobernador político que, "si bien es verdad que en esta Jefatura no consta nada que perjudique la conducta del ya citado celador de Santa Clara, también lo es que su limitada capacidad y poca aptitud está demostrada en la presente ocurrencia y en otras anteriores".

Pero la falta más grave —por la categoría de quien directamente la sufrió— fue la cometida por el malaventurado policía un mes después, al producirse un vulgar conflicto de tránsito entre un carretón y el quitrín de una rica dama. Requerido el celador para discernir la prioridad del paso, actuó, según la denuncia de la señora, "de una manera que armoniza muy poco con el carácter y la hidalguía española", pues "comprendiendo que no era posible llevar a cabo el deseo del carretonero, que cejara el caballo que tiraba del carruaje de la exponente, le arremetió, bastón en mano, y descargó sobre el pobre animal golpes tan furibundos, que violentado este por la solidez de la argumentación, al fin cejó; pero fue con grave riesgo de los circunstantes, de la exponente misma, y no sin despedazar la concha del carruaje".

Invocaba la querella tan solemnes consideraciones sobre el orden social y los "principios de justicia y moralidad", que el gobernador no pudo menos que atenderla, máxime viniendo firmada por una dama que se llamaba doña Adelaida de Villalonga, y que, a juzgar por el tufillo polémico y doctrinal del alegato, debía de ser de la más rancia criollidad. Ya hacía varios meses que el general Concha había sido relevado, y su sucesor, el general Serrano, casado con una criolla, había iniciado una política de halagos a la sensitiva aristocracia del país.

Don Mariano fue separado del cargo, y su aspiración subsiguiente a una Capitanía de partido se vio frustrada por la memoria oficial de aquel percance y de "otras faltas de no menos consideración..., que no parecen intencionadas, sino efecto de su limitada capacidad y falta de buenos modales..." Por lo demás —añadía piadosamente el informe—, Martí "gozaba el concepto de honrado, y por tal lo tiene el que suscribe".

La cesantía agrava considerablemente el humor de don Mariano y la situación de la familia, que apenas comenzaba a reponerse de los estragos del viaje a España.

Siempre había sido en el valenciano un hábito la extrema pulcritud personal, y le avergüenza e indigna ahora verse llegar a casa todas las tardes con el traje cada vez más sucio y deteriorado, después de haber caminado toda La Habana buscando trabajo. Hay frecuentes desahogos de denuestos en la casita humilde, y si los curiosos vecinos pudieran, así como escuchan, mirar, verían que doña Leonor mece demasiado bruscamente a la niña, mientras el padre, con el ceño hosco, pasea a grandes trancos el comedor, lleno de moscas y de trémulos reflejos multicolores.

En estos momentos, si el varón ha vuelto ya de la escuela, se acerca a la madre y la acaricia con tímida gravedad. Tiene siete años nada más, delgaducho el cuerpo, la cabeza demasiado grande. En silencio, va a sentarse a la puerta del patio, bajo el lindo abanico de vidrios de colores, y hace que escribe en su pedazo de pizarra.

Estas escenas se repiten durante semanas, meses. No faltan días en que el ambiente se despeja un poco. Don Mariano, que está moviendo influencias, vuelve de la calle con alguna promesa de trabajo, alguna esperanza de su compadre Arazoza. Otras veces es algo más concreto: una comisión en un remate de paños de la calle de la Muralla, o en la venta de un bozal.

En la zafra, sobre todo, suele mejorar la situación. Hace el padre algún viaje al interior de la isla —a la Vuelta de Abajo, a las Villas—. Burlando la escuela, lleva a menudo consigo a su hijo para que vaya aprendiendo algo útil. En los trayectos morosos del tren, y más frecuentemente a la grupa de algún *arrenquín*, el niño le hace preguntas incesantes sobre todo lo que ve. Unas veces don Mariano es cortante; otras le toma la barbilla con una caricia breve y brusca.

Por la primavera Pepe llega a su casa una tarde, todo empapado de un aguacero de mayo y temeroso de la reprimenda inevitable. Al entrar, ve a su padre de espaldas a la puerta del patio mirando cómo las gotas chispean rabiosamente sobre el enlosado. Doña Leonor está muy afanada recogiendo cosas, haciendo bultos. Se oye la voz del padre, en una arenga jovial a la lluvia: "¡Agua! ¡Agua, que se quema la fragua!"

Doña Leonor informa a su hijo, con un profundo descenso en la voz, que al padre lo acaban de nombrar capitán de partido en el Hanábana. "Tendrás que ir con él a ayudarle, hijo, ahora que vienen las vacaciones."

El capitán de partido no tiene mucho que hacer en el Hanábana. Es una comarca de tierra cañera, en la jurisdicción de Matanzas, poco

17

propicia para correrías de montunos: zona de *sitios*, fincas y gente pacífica. El trabajo se reduce a hacer bien ostensible la presencia de la autoridad embastonada, a asistir preventivamente los domingos a las lidias de gallos, que caldean los ánimos, y a reprimir alguna que otra querella de *guateque* o de mal aguardiente.

No faltan, sin embargo, papeles que llenar en la Capitanía. Desde el tiempo de Concha, el expedienteo impera en Cuba de acuerdo con las más ilustres tradiciones peninsulares. Y aunque don Mariano, como ya sabemos, no es nada adicto a tales formalidades, está escarmentado de omisiones. Y Pepe tiene una caligrafía excelente.

Acaba de terminar, en efecto, las primeras letras. En la escuelita de barrio sus castigos no han pasado de tirones de orejas —un verdadero privilegio, en consideración a su precoz aptitud para recitar odas al Dos de Mayo, poemas de Tula Avellanada por los días en que la coronaron en Tacón, y cuartetas laudatorias en el onomástico del maestro—. Siempre ha sido el alumno que el dómine ha examinado, con un aire casual, cuando se presentaba inopinadamente algún miembro inspector de la Sociedad Económica.

Ya no tienen más que enseñarle en la escuela, y doña Leonor ha pensado que en el otoño el chico irá, si Dios quiere, a *San Anacleto*, el colegio particular tan recomendado.

Pasaron, sin embargo, las vacaciones, y el capitán no se resuelve a prescindir de su amanuense. Doña Leonor, que se ha quedado viviendo en La Habana, escribe largas cartas sin ortografía, sobre la necesidad de la instrucción. Pero don Mariano no tiene en mucho la opinión de las mujeres. Alguien ha de cuidarle a él, en aquella soledad de manigua, cuando el asma le toma, o en caso de algún accidente, como esa caída que sufrió cuando la inundación que le ha dejado una pierna renqueante.

Pepe se muestra neutral, y hay que convenir en que no parece sentir gran nostalgia de la ciudad. Le escribe a su madre: .

...todo mi cuidado se pone en cuidar mucho mi caballo y engordarlo como un puerco cebón; ahora le estoy enseñando a caminar enfrenado para que marche bonito; todas las tardes lo monto y paseo en él; cada día cría más brío. Todavía tengo otra cosa en que

18

entretenerme y pasar el tiempo: la cosa que le digo es un *Gallo Fino* que me ha regalado don Lucas de Sotolongo; es muy bonito y papá lo cuida mucho; ahora papá anda buscando quien le corte la cresta y me lo arregle para pelearlo este año, y dice que es un gallo que vale más de dos onzas.

En su caballo cebado Pepe recorre a menudo con su padre toda la comarca. Por las noches, en el colgadizo de la Capitanía, mientras el padre fuma en silencio su veguero, el niño, reclinado hacia atrás en un taburete, mira los juegos de fulguraciones en el cielo estrellado. Las palmeras montan su centinela sobre el paisaje oscuro, cabeceando suavemente sus penachos. Algunas noches le estremece el siseo brusco y espaciado de los grillos en el manigual. Parece un llamamiento...

Por Pascuas obtiene el capitán licencia para venir a pasar la Nochebuena a La Habana. Él y Pepe llegan cargados de caña y de *raspadura*. Doña Leonor aprovecha la magnanimidad de los días de aguinaldo para que su marido se avenga a dejar a Pepe en la capital y a matricularlo en *San Anacleto*.

Va a cumplir pronto los diez años. Los meses pasados en el campo, lejos de la falda materna y entregado a tareas y licencias de hombrecito, le han fomentado mucho la independencia nativa. Al director de *San Anacleto*, don Rafael Sixto Casado, le sorprenden la mirada alta y el desenvuelto ademán de aquel niño pobremente vestido que, frente a su mesa de despacho, suple con lenguaje seguro los balbuceos de la presentación materna, y se muestra tan confiado en su aptitud para recuperar los tres meses perdidos.

En efecto, al mes escaso, José Julián Martí ha desbancado a los primeros en todas las clases. Al principio esta celeridad le granjea la inquina de sus compañeros. Pero él va desarrollando toda una técnica de captación. En el aula halla modos delicados de hacerse perdonar su excelencia: entre otros, el de ser muy generoso y oportuno en los soplos. A la hora del recreo muestra un verdadero lujo de iniciativas. Poco a poco, la hostilidad de los compañeros se va disipando.

Pero el que más se ha aficionado a él es Fermín Valdés, aproximadamente de su misma edad, espigado, de ojos saltones. Como es niño de casa rica, Pepe, siempre algo consciente de su propio traje raído, se ha mostrado sobrio hacia él. Fermín no ha recatado su empeño por vencer el desvío. Le ha hecho pequeños favores, le ha ofrecido reiteradamente parte de su merienda. Han acabado por hacerse grandes amigos. Por las tardes salen juntos con el esclavo negro que pasa a recoger a Fermín. Van a jugar a la azotea de la casa de este o al Campo de Marte, donde suele haber ejercicios de tropa. Otras veces acuden al puerto a ver los últimos buques federados que han escapado al bloqueo. Las peripecias de la guerra de Secesión en los Estados Unidos les apasionan, sobre todo desde que Fermín se siente confederado y Pepe —ganado por *La cabaña del tío Tom*— federal.

En el otoño don Mariano insiste en que su hijo, a juzgar por las celebraciones que de él hacen los maestros, sabe ya bastante y no necesita volver a *San Anacleto*. En vano protesta doña Leonor, arguyendo que es el compadre Arazoza quien paga las matrículas. El capitán se presenta de improviso en La Habana y carga Pepe para el campo. A escondidas el muchacho ha metido unos libros en la maleta.

Pero la misma severidad de don Mariano tiene un desdoblamiento de honradez que ayuda a Pepe. Por su falta de acomodamiento a ciertos desembarcos clandestinos de negros, en que el teniente gobernador está interesado, esa superioridad pida y obtiene, sin expediente, la separación de Martí, sustituyéndole con su antecesor, hombre plegadizo. Don Mariano se ve de nuevo al garete. Uno de los tumbos le lleva a Honduras Británica, y a Pepe con él.

Años después visitará a este el recuerdo borroso de aquel primer contacto con paisajes y costumbres extraños: imágenes selva, de indios descalzos y silenciosos, de una colonia patriarcal en que el trabajo era como un sacramento. El recuerdo, en fin, de un mundo sin pecado.

II
EL MENTOR

Al regreso de aquel viaje consintió don Mariano en que su compadre Arazoza, padrino tenaz, procurase el adelantamiento de Pepe, presentándoselo a su pariente don Rafael María Mendive, que acababa de ser nombrado director de la Escuela Superior Municipal de Varones.

Mendive era un hombre generoso, un espíritu delicado de poeta. La lengua castellana no tenía a la sazón otro —había escrito el señor Martínez Villergas— que lo superase "en las melodías del sentimiento". Hasta había sido necesario que el conde de Pozos Dulces —que desde *El Siglo* venía adoctrinando la opinión reformista— defendiera sesudamente a Mendive de ciertos plumíferos envidiosos, a quiénes pareció escandaloso que se le confiase a un poeta la dirección de una escuela. El conde había argüido que "en todos los estadios de la enseñanza, pero principalmente en la primera edad, el preceptor debe instruir por medio de combinaciones en que la sensibilidad ha de tener la mayor parte".

A los doce años Pepe es ya muy accesible a tales combinaciones. Tiene un temperamento reflexivo, pero impresionable y en extremo sensitivo. En el colegio ocupa esa posición equívoca del estudiante pobre y meritorio, llamado a actuar a la vez de alumno, monitor y recadero. Don Rafael le ha ido tomando un afecto paternal a aquel muchachito pálido, que enrojece cuando se equivoca y a quien un ademán o una palabra demasiado cortantes dejan consternado. Mas esto rara vez acontece. De su modelo, el inolvidable don José de la Luz, aprendió Mendive el arte delicado de madurar conciencias infantiles. Es tierna su severidad, suave su firmeza. La enseñanza tiene en el colegio un gesto familiar. Bordan y cuchichean las hijas del director bajo la araña de la sala, mientras don Rafael, vestido de dril blanco, hace su lección de Historia, subrayando mucho los grandes momentos de ejemplaridad cívica en el pasado del mundo, desde Graco hasta Bolívar.

21

Aunque reformista en la actitud pública, profesa Mendive, como casi todos los cubanos letrados de su tiempo, ideas separatistas. Nadie desconoce que son de su pluma ciertos sonetos de mordaz criollismo que circulan clandestinamente. Años después, uno de sus discípulos más queridos preferirá recordarle "a solas, en los largos paseos del colgadizo, cuando, callada la casa, de la luz de la noche y el ruido de las hojas fabricaba su verso; o cuando, hablando de los que cayeron en el cadalso cubano, se alzaba airado del sillón y le temblaba la barba".

Pero ahora este discípulo solo cuenta trece años y está aprendiendo a imitar al maestro. Se ha leído ya la mitad de su biblioteca. Le toma al dictado, por las noches, las escenas de un drama. En las tardes de tertulia ronda ávidamente el grupo de varones letrados que se reúnen en el colegio para analizar, con Mendive, los ripios del general Dulce. El maestro ha publicado ya su traducción de las *Melodías irlandesas*, de Moore. Una tarde sorprende a Pepe traduciendo él también, con ayuda de *The American Popular Lessons*, el poema *A Mystery*, de Byron. No oculta don Rafael su asombro. Pepe enrojece pensando que le reprocha la selección del incestuoso poema. Balbucea una excusa: la verdad es que él intentó primero traducir algunas escenas del *Hamlet*; pero no pasó de la de los sepultureros, pues le pareció indigno de un gran genio como Shakespeare que hablara de ratones.

Nuevas penurias de la familia han vuelto a poner en peligro estas acciones. Mientras el viejo "encuentra algo", mientras a doña Leonor y a las niñas se les depara más costura de fuera, Pepe tendrá que ayudar un poco. ¿Es culpa de don Mariano si no encuentra para él más que una colocación de dependiente de *bodega* para llevar los libros y ayudar con la *marchantería*? Bastante es que haya logrado del dueño que Pepe pueda salir todas las tardes más temprano, de modo que no se interrumpan sus clases con Mendive. Así, durante varios meses, el estudiante tiene que alternar las conjugaciones de los verbos con las del Deber y el Haber. En papel de estraza van sus ejercicios de retórica y hasta algunas composiciones originales. Por lo demás, no faltan en su vida otras amenidades. La casualidad le ha hecho trabar amistad con un viejo peluquero que provee a la farándula. Pepe se deja utilizar muy a gusto para llevarles pelucas y cosméticos a los cómicos, pues esto le da cierto derecho permanente de acceso a los teatros por la puerta trasera. Cuando no hay lección por la noche, y a veces cuando la hay, se da su escapada a Tacón o a Albisu. El teatro le fascina y le consuela de la jornada de bodeguero.

Al fin, don Mariano "consigue algo". Mendive entonces le pone asedio a su sentido de responsabilidad paterna, a su vanidad. Sería "un crimen" privar a Pepe de ciertas oportunidades. Si don Mariano no puede, él, Mendive, está dispuesto a facilitarle mayores estudios. Esta generosidad es decisiva. En agosto de 1866 don Rafael solicita para Pepe examen de admisión en el Instituto:

> deseando... premiar de alguna manera su notable aplicación y buena conducta, he creído conveniente, previo el consentimiento del señor don Mariano Martí, costearle sus estudios hasta el grado de bachiller inclusive...

No defraudó a Mendive su protegido. Con sobresalientes y premios terminó su primer año en el Instituto. Allí se ha codeado con muchachos que, como él, han tenido que certificar todos su limpieza de sangre, pero que proceden de las dos zonas más diferenciadas de la sociedad colonial. Los hay robustos y rapados, que hablan con una z un poco forzada y calzan recios borceguíes. Otros, los más, son delgados y cetrinos, de pie menudo y cierto mimo en el vestir. Hijos de padre peninsular militar, los *gorriones* están decididamente en minoría; pero tienen en su apoyo el Poder constituido, y respiran a veces cierta jactancia, con dejos del batallón de voluntarios. Llaman despectivamente *bijiritas* a los criollos más netos, que se agrupan con solidaridad instintiva y les devuelven un desdén envuelto en jocosidades.

Aunque notoriamente hijo de español en activo, Pepe Martí se vio afiliado desde el primer día a los *bijiritas*. Tenía por lo pronto el tipo: cierta fragilidad, cierta palidez, cierto andar menudo y nervioso —derivaciones de lo guanche—. Por lo demás, a él mismo le sorprendió un poco la vehemencia con que sintió pronunciarse su cubanidad en el ambiente polémico de los corredores. Su conciencia del distingo patriótico era todavía muy reciente, y se la debía a don Rafael. En su casa habían privado otras preocupaciones. La única vez que le había oído a su padre hablar de política se había expresado con cierta indi-

23

ferencia, como si al ex militar le parecieran demasiado insignifican-
tes, o no le importaran mucho, las pretensiones cubanas frente a la
metrópoli. Ni se le habían ofrecido a Pepe mayores oportunidades de
enterarse de las quejas sofocadas o lejanas de los hijos del país. Solo
había llegado hasta él, muy confuso, el rumor de los *laborantes*, y en
cuanto a los artículos larguísimos y solemnes de *El Siglo* —órgano de
los moderados—, le habían aburrido siempre un poco. No acababa de
entender bien aquellos interminables distingos entre la *asimilación* y
la *autonomía*.

Don Rafael, sin embargo, se había encargado últimamente de di-
sipar un poco estas brumas. Discutíase si lo que a Cuba le convenía
y a España le cuadraba era una equiparación administrativa y política de la isla con las provincias españolas, o más bien un régimen
de relativa independencia, como el del Canadá. Eran matices de la
temperancia; en el fondo, según don Rafael, ilusiones, "maneras de
perder el tiempo".

—Lo cierto, hijo, es que los cubanos ya hemos madurado bastante para tener nuestra propia patria.

Pepe desde entonces siguió los acontecimientos. Cuando en 1866
el diplomático general Dulce —*cantúa*, como le llamaban a los recelosos, aludiendo a un dulce barato— fue sustituido por el adusto
Lersundi en el mando de la isla, la campaña reformista parecía ga-
nada. A instancias de su ministro Cánovas, la reina había mandado
abrir una "información de reformas", y las elecciones municipales de
comisionados para tal menester se habían efectuado por toda la isla,
en ambiente muy caldeado, con éxito franco para los reformistas.

Don Rafael seguía meneando escépticamente la gran cabeza. No
creía él en la buena fe de España. En su despacho del Colegio de
San Pablo, que a la sazón dirigía, les recordaba a Pepe Martí y a
Fermín Valdés Domínguez el *famoso* desaire del año 36. También
entonces España había prometido mejoras para sus últimas colonias,
y un partido que se llamaba a sí mismo *Progresista* había rechazado
groseramente —don Rafael subrayaba el adverbio— a los delegados
de Cuba, Filipinas y Puerto Rico. Desde entonces todo había sido
promesas largas y nuevos agravios.

Los muchachos escuchaban estas dudas con los ojos muy abiertos. El tono de clandestinidad que don Rafael comunicaba a sus palabras acrecía su sentido dramático. "Estas cosas, hijos, no se pueden hablar con todo el mundo..." Cuando salían del colegio, los dos amigos se miraban orgullosos y sobrecogidos, sintiéndose copartícipes de un tremendo secreto. Pero a la mañana siguiente, en el Instituto, algunos de los *bijiritas* más detonantes formaban corro en torno a Pepe, que les reproducía en tono misterioso el escepticismo revolucionario del poeta maestro.

Los hechos pronto le dieron la razón a este. Lersundi ya había demostrado cuánto distaba de sentirse "un cubano más", como se proclamara zalameramente al marchar de Cuba su predecesor Dulce. Estaba decididamente por el *statu quo*. Sentíase apoyado por todos los "buenos españoles" en general, y por los voluntarios en particular, quienes se jactaban públicamente de que ellos impedirían las reformas, con sangre si era preciso.

Los 22 miembros que el Gobierno se había reservado designar libremente para colaborar en la Junta de Información con los delegados municipales, fueron elegidos entre los más notorios enemigos de toda reforma. Y cuando, al fin, la Junta se reunió, bajo conminación de secreto, en un salón aislado e incomunicado del ministerio de Ultramar, en Madrid, apenas si logró Morales Lemus una atención irónica para el informe en que desarrollaba un plan completo de autonomía insular. La Junta quedó pronto disuelta, y con ella se desvaneció la última esperanza de mantener española a la "siempre fidelísima" isla.

1868. Pepe Martí y Fermín Valdés cursan el segundo año de bachillerato en *San Pablo*, el colegio particular de Mendive, en su propia casa de Prado. Don Rafael no es muy pío, mas le ha dado ese nombre al colegio "porque don Pepe llamó al suyo *El Salvador*", y todos los maestros de Cuba veneran la memoria de quien formó en sus aulas la conciencia patriótica. Mendive también ha querido hacer de su colegio un seminario cívico, un cálido hogar espiritual, donde cada alumno sea como un hijo.

¿Quién agradecerá esto más que Pepe Martí? A los quince años ha despertado ya a una Vida de preocupaciones más nobles que las que afligen su hogar auténtico de la calle Peñalver, donde doña Leonor y las niñas parlotean sobre la costura *de fuera*, y don Mariano, un poco más acidulado por los años y las tribulaciones económicas, ejercita copiosamente su vocabulario de ex sargento.

En los sentimientos de Pepe hacia su padre, el sumiso afecto filial ha ido cediendo a una ternura más consciente y, por lo mismo, un poco amargada ya por cierto sentido irreprimible de distancia. Don Mariano no ha vuelto a estorbar francamente la vocación estudiosa de su hijo desde que Mendive le tomó por su cuenta: antes blasona de los galardones cosechados por *el chicho* en su primer año del Instituto. Pero cuando los apuros de dinero arrecian, ciertas reticencias paternas sobre la ayuda que ya Pepe *podría* prestar y sobre la vanidad de las aspiraciones letradas denuncian al muchacho lo precario de aquella complacencia. Don Mariano es entonces brusco y huraño, y sus exabruptos obligan a Pepe a refugiarse en Mendive, el padre espiritual.

¡Qué distinta la casona, ya para él íntima, de Prado 88! Es allí como un hijo más, que paga el cariño con una espontánea y celosa servidumbre.

> Todo el colegio está limpio. He hecho que Salvador le quitara el polvo a todo y le pasara una vez la esponja; pero están tan sucios todos los bancos, las carpetas y pizarras, que se necesita lavarlos otra vez, cómo le he dicho a Salvador que lo haga.

El día que escribe esta esquela al maestro, don Mariano ha venido en persona a buscarlo al colegio, obligándole a irse con él, porque "no quiere que me presente a nadie como un marrano y ha de comprarme, antes de irnos, un sombrero y unas camisas". Don Mariano vela por la pulcritud material de Pepe; por la limpieza y elegancia de su espíritu, Mendive. Es una competencia de paternidades. "Mande a su discípulo, que lo quiere como un hijo", termina la esquela. Y otra vez, con ocasión de un reproche de don Rafael, a quien ya acaso "las contrariedades le tenían el carácter un tanto deslucido", Pepe escribe, dolorido y solemne:

> Señor Mendive: Yo no sé que un padre generoso tenga que recordar a un hijo que le adora sus deberes. Por eso me asombró tanto

su recado, cuando a cada instante daría por usted mi vida, que es de usted, y solo de usted, y otras mil si tuviera.

Esta anhelosa sustitución, este tener que buscar hogar y autoridad espiritual fuera de su casa y de su sangre, echó las primeras sombras sobre el espíritu de Martí. Su inhibición de superioridad en el hogar de sus padres engendra en él un melancólico resentimiento. Intenta evadirse escribiendo versos. Y son, naturalmente, versos de amor familiar, en que la ternura se expresa ya con cierta veladora madurez.

En el verano de 1868 el ambiente de *San Pablo* se ha ido tomando cada día más político y menos literario. Pepe Martí y Pancho Sellén han compuesto sendos poemas elegiacos con motivo de la muerte de un hijo de don Rafael. En el de Sellén, él censor oficial ha borrado el verso:

De Bolívar y Washington la gloria.

Mendive lo ha sustituido con otro un poco más largo, pero más inaccesible a la cultura del censor, y no menos intencionado:

De Harmodio y Aristógiton la gloria.

Corren, en efecto, días ávidos de semejantes invocaciones. Han vuelto a La Habana los principales delegados a la Junta de Información, y entre los sarcasmos de los peninsulares y las acritudes y amenazas de los criollos, la ciudad es un hervidero. Por toda la isla, recién azotada por el cólera, se palpa un denso malestar, fomentado a diario por los impuestos abrumadores, oprobiosamente colectados; por las polémicas apasionadas de la Prensa, en que la censura veda toda insinuación liberal; por los desplantes agresivos de los voluntarios y las sumariedades de las Comisiones militares que, con cualquier pretexto, se subrogan a los Tribunales civiles, administrando una justicia de cuartel. En las reuniones y publicaciones clandestinas se declara airadamente que el Gobierno de Madrid y los peninsulares de Cuba están arrastrando a la isla a la rebelión.

Pero Lersundi y los suyos, gente de inmensa lealtad borbónica, tienen el ánimo demasiado embargado por las noticias que llegan de España misma, donde Isabel II, después de haberle dado el Poder al libelista que antaño proclamara sus "libidinosas veleidades", siente

27

ya cuajarse en torno a ella, bajo la mano de Prim, la revolución liberal que va a desalojarla del Trono.

El 17 de septiembre los espadones desterrados entran en Cádiz, sublevando Armada y ciudad al grito de "¡Viva España con honra!" Y no por concierto, mas tampoco por simple casualidad, a los pocos días sobreviene en Puerto Rico el levantamiento frustráneo de Lares, y el 10 de octubre un abogado bayamés, Carlos Manuel de Céspedes, se alza de madrugada en armas, por la independencia de Cuba, en su ingenio *La Demajagua*.

III
LA INICIACIÓN

Una amplia e inmediata extensión a Cuba de las conquistas de la revolución española hubiera tal vez atajado en su comienzo la candela de Yara. Pero el general Lersundi era un moderado de la vieja escuela. Desde Pau, la desterrada Isabel se había cuidado de cablegrafiarle: "Dime si ese país está tranquilo; si no lo está, cuenta siempre con mi afecto."

Lersundi hubiera preferido, por el momento, contar con algo más concreto; por ejemplo, algunos batallones más de regulares. A falta de ellos, se resolvió a mandar a la manigua de Oriente al segundo cabo, Valmaseda, para que viera de acosar "al traidor Céspedes", que acababa de tomar a Bayamo. Mientras tanto, sonaba él la espuela en la capital, despachando con cajas destempladas a los prohombres españoles y cubanos que vinieron a pedirle una liberalización del régimen insular a tono con las novedades de la metrópoli.

Desde allá, el flamante Gobierno hace una nueva edición de promesas a Ultramar en la prosa circunspecta de don Abelardo López de Ayala. Pero Lersundi no es revocado; se extreman las famosas *omnímodas* so pretexto de la guerra; las Comisiones militares son otros tantos Comités de salud pública, y los nuevos Cuerpos de voluntarios, habilitados por suscripción entusiasta entre los peninsulares que la trata y la factoría habían enriquecido, acicatean sañudamente el celo gubernamental contra todo lo criollo.

Naturalmente, el ansia de independencia cunde. Mientras en la manigua Céspedes rechaza las proposiciones de soborno que le hacen enviados de Lersundi, el Camagüey se une a la rebelión, y la juventud de Occidente busca modo de incorporarse a las filas, organiza Sociedades secretas para auxiliar a los insurrectos y tomar represalias contra los voluntarios.

Pepe Martí ha reunido secretamente a los *bijiritas* más significados de los pasillos del Instituto. Les ha hablado con arrebato, citando versos de su propio soneto al "Diez de Octubre":

29

Del ancho Cauto a la Escambraica sierra
ruge el cañón, y al bélico estampido...

Al cabo, constituyen un club de revolucionarios imberbes, que mencionan con unción el nombre de Carlos Manuel y especulan sobre el acceso a la manigua. Pero esto es cosa punto menos que imposible. Todas las salidas de la ciudad están tomadas. Los soldados disponen sin más del criollo a quien sorprenden sin salvoconducto. La policía vigila. Recelan los voluntarios hasta de los gestos y husmean a distancia el tufillo *laborante*. En su propio cuarto ha tenido que esconder Mendive al joven José de Armas, que ha hecho manifestaciones sospechosas de *infidencia*. Por fortuna, el puesto de celador que le han dado últimamente a don Mariano es en Batabanó y con destino al reconocimiento de buques. Así y todo, Pepe se siente algo avergonzado de esta oficialidad de su padre, y cada día está más *alzado* de su hogar y más metido en casa de Fermín o en *San Pablo*. Los padres del amigo ven con simpatía *la Causa*, y en la casona docente de Prado un grupo de asiduos sigue todas las noches, "de codos en el piano, la marcha de Céspedes en el mapa de Cuba".

Al fin, Lersundi consigue que el Gobierno le deje soltar aquella brasa. En los primeros días de 1869 vuelve a Cuba, para relevarlo del mando, el general Dulce. Viene, según dicen desde Madrid, "autorizado a modificar el impuesto y a gobernar con criterio liberal". Los criollos mansos todavía se hacen ilusiones y le reciben con alborozo. A su vez, los peninsulares banquetean a Lersundi y no disimulan al sustituto su prevención. Si trae intenciones de contemporizar con los *mambises*, ellos, los voluntarios, se encargarán de defender la verdadera honra de España, empañada por *la Gloriosa*.

Dulce, en efecto, hace todo lo posible por desagraviar a los cubanos con formales promesas y con algunas libertades efectivas. Por lo pronto decreta la libertad de reunión y de imprenta. El ansia, tanto tiempo reprimida, de poner claridades donde todos las lean, se desborda con tropical efusión. No menos de 77 periódicos de tono candente se publican desde el 10 al 28 de enero. Muchos de ellos están redactados a la vez por las mismas plumas: la importante es mostrar contingente de títulos que demuestre la avidez y el derecho de opinar. Los *gorriones* están que trinan.

No desperdicia Martí la ocasión. Tiene ya cosas suyas que decir, y con la publicación de su soneto "Diez de Octubre" en *El Siglo*, una hoja clandestina de los estudiantes, se ha enfebrecido su apetencia de letra de molde. A Fermín, que prepara su periódico *El Diablo Cojuelo*, le da unos comentarios de actualidad, reticentes y de burla un poco forzada, porque Pepe tiene el humor irremediablemente grave y lírico. Pero entre ironías sobre la libertad de imprenta fórmula ya allí un escueto dilema: "O Yara o Madrid".

El Diablo Cojuelo ve la luz el 19 de enero. Es solo una hoja semifestiva de cuatro páginas. Pepe aspira a más, y solicita autorización gubernativa para publicar, con la ayuda de Mendive y de su amigo el hacendado don Cristóbal Madan, un "semanario democrático cosmopolita", que se llamará *La Patria Libre*. Hubiera querido titularlo sencillamente *La Patria*, pero ya Madan ha echado a la calle un papel con ese nombre, y si el título resulta provocativo, tanto mejor.

Algo ha barruntado doña Leonor de estos manejos en que Pepe anda metido, y una insistente intuición la ha llenado de sobresaltos, y da consejos a espaldas de don Mariano, que acaba de ser trasladado a Guanabacoa. El policía no desconoce las simpatías de su hijo por la causa mambisa. Al principio trató de imponerle, por puro cuidado de la tradición, un españolismo a ultranza. Pronto comprobó que parte del destino de los españoles en América, como decían unos versos corrientes, era el de engendrar criollos; y como en el fondo no dejaba de reconocer que éstos tenían su *razán*, había optado por hacer la vista gorda a las primeras expansiones patrióticas de Pepe, cada vez más contagiado "por ese mambí de Mendive". Alguna vez hasta llegó a admitir, con gran asombro del muchacho, que no le extrañaría verle un día peleando por la libertad de su tierra.

Pero desde entonces acá las cosas habían cambiado mucho. Los cubanos se habían ido al campo y, sobre todo, a don Mariano le habían vuelto a hacer celador. Esto ha remozado su patriotismo. Requerido, a instancias de doña Leonor, por ciertos excesos nocherniegos, Pepe le confiesa a su padre que está preparando un periódico. Don Mariano se sulfura. ¡Un periódico *cubiche*! ¿Cómo es posible que un encargado del orden público le permita a su hijo tales demostraciones? Fulmina una prohibición terminante. Pepe la acoge con severo silencio.

31

Esa noche doña Leonor ha tenido que velar para que el padre no se enterara de que el Muchacho ha llegado otra vez cerca de las doce. No son, en realidad, exagerados los temores del policía. La Habana vive días de mal contenida violencia. Los decretos liberales de Dulce no han logrado conquistar a los cubanos y, en cambio, tienen enfurecidos a los voluntarios. Ya ha habido choques aislados, tumultos. Todos los liberales convienen en que la libertad de imprenta está sublevando las pasiones.

El 22 de enero La Habana comenta lo ocurrido la víspera en el teatro Villanueva. Desde el escenario, según dicen, un bufo se atrevió a cantar con intención mambisa cierto estribillo, y en el público, casi todo criollo, se escucharon vivas a Cuba y a Carlos Manuel. El cómico ha sido multado, pero los voluntarios están que arden, pues el gobernador, ante la promesa que los cómicos le han hecho de no reincidir, ha autorizado para esta noche otra representación "a beneficio de unos insolventes". Se asegura que éstos no son otros que Carlos Manuel y "su pandilla".

Por la noche el teatro se llena. *Tacos* del Louvre, estudiantes, antiguos reformistas, damas con cintas azules y *punzó* en la toaleta blanca... A la entrada, en la cantina, un grupo de voluntarios miran ceñudamente de soslayo. El gobernador, a última hora, ha hecho mandar un doble retén de vigilancia. Se representa *El perro huevero*. Poco falta para que caiga el telón, cuando uno de los cómicos carga la voz sobre el verso: "¡Viva la tierra que produce la caña!" Del paraíso le responde un: "¡Viva Cuba!" En seguida, un sonoro: "¡Viva España!" Parte del público abandona el teatro precipitadamente. En la cantina suenan de pronto cristales rotos, ruedan sillas, acude la gente de uniforme, se oyen dos tiros de revólver. Mientras el público se desborda tomado de pánico, generalízase el tiroteo en la calle. El aire se carga de vociferaciones, olor de pólvora y rumor de galopes y carruajes. Cuando las autoridades civiles llegan, con dificultad logran disuadir a los voluntarios, que se disponían a quemar el teatro.

La turba se extiende por los contornos. Cerca del Villanueva está la casa de Mendive. Los voluntarios saben que aquélla es una incubadora de *bijiritas*, y necesitan saciar su saña. Atraviesan el Prado y se aglomeran frente a la casa, donde Mendive se ha quedado esa noche asistiendo a su esposa convaleciente de parto. Pepe le ha querido acompañar. La lectura del primer número de *La Patria Libre*, listo para ser distribuido al día siguiente, ha sido interrumpida por los tiros y vociferaciones. Maestro y discípulo ven ahora por las persianas cómo los milicianos recorren el Prado, disparando contra los coches, dispersando a sablazo limpio a los curiosos atraídos por el alboroto. Un grupo, sin uniforme, inicia una fogata junto al portón". Desde el patio, donde las niñas lloran y rezan, se oyen los balazos contra la fachada... Al fin, los gritos amenguan. La turba veleidosa ha preferido adelantar su correría. Todavía, de cuando en cuando, una bala porfiada da en la puerta maciza... Sobreviene un silencio. Y de repente, cuatro rápidos aldabonazos. Pepe ya no se contiene. Al abrir, cae en los brazos de su madre.

Andando los años, unos "Versos sencillos" recordarán aquel minuto:

Y después que nos besamos
como dos locos, me dijo:
"Vamos pronto, vamos, hijo;
la niña está sola; ¡vamos!"

A este palenque enardecido hace su primera salida el novel periodista. En la mañana del sábado muchos habaneros, estremecidos, pasan de la lectura de la proclama en que Dulce anuncia que "se hará justicia, y pronta justicia", a la de un nuevo periodiquito que se titula *La Patria Libre* y que dicen está inspirado por Mendive.

La nueva hoja no viene "predicando, desde luego, la independencia", pero se va enardeciendo de página en página. Como si la celebración inicial de Dulce no fuera bastante para irritar a los intransigentes, otro artículo sesudo rechaza la asimilación y pretende que a Cuba se le dé el gobierno que decidan los cubanos. Un tercero justifica el derecho de revolución. Pero lo más candente viene al final: es un largo poema, epicodramático, titulado *Abdala* y "ESCRITO EXPRESAMENTE PARA LA PATRIA". Las mayúsculas de esta indicación inicial apenas disimulan el equívoco en cuanto a la patria de que se trata. Ni es nadie tan romo que deje de ver en el poema la

33

exaltada alusión, él aliento fervoroso a los insurrectos, so color de alabar la defensa heroica de Nubia —una tierra lejana cuyo nombre se parece demasiado al de Cuba—. Espirta, la madre del joven guerrero Abdala, se opone a que este marche a la guerra, pero Abdala resiste sus consejos con las más ardientes consideraciones:

El amor, madre, a la patria
no es el amor ridículo a la tierra,
ni la yerba que pisan nuestras plantas:
es el odio invencible a quien la oprime,
es el rencor eterno a quien le ataca...

Tanta elocuencia no logra de doña Leonor una espartana aprobación de las actividades laborantes de Pepe. ¿No contaba ya el poema cómo el joven guerrero nubiense había pagado con la vida su patriotismo? Cuando su marido, alarmado por lo del Villanueva, llega precipitadamente de Guanabacoa, doña Leonor le confía sus temores. El celador lee *Abdala* y comprende todo lo que hay que comprender. Al volver Pepe a casa trae aún en los ojos el fulgor de los primeros peligros y de los primeros aplausos. El padre le recibe con ceño tempestuoso, y aquella tarde Pepe conoce también por vez primera el daño que viene de las manos amadas.

Parte de la "pronta justicia" del capitán general consistió en ordenar la detención de Mendive. Los voluntarios insistían en que era un auxiliar oculto de la insurrección y uno de los instigadores de la algarada en el Villanueva. No se apoyaban estos cargos en fundamento más sólido que el hecho de ser propietaria del teatro la suegra de Mendive y el haberse encontrado en el *secrétaire* de doña Micaela, al practicarse un registro en la casa de Prado, una escarapela mambisa.

Pero había que complacer a los voluntarios, cuyas tropelías se habían venido sucediendo cada vez más violentas. Mendive fue recluido en el Castillo del Príncipe.

A despecho de todas las admoniciones, Pepe logra obtener del gobernador político un pase para visitar a su maestro. Hubiera querido movilizar a todos sus amigos, alzarse él solo contra aquella injusticia de poner a un hombre en barras por el delito de enseñar a amar

34

a la patria. Pero todo pesaba aún demasiado en torno suyo: la dispersión, el terror ambiente, la extrema vigilancia, las voces del egoísmo sensato y del amor suplicante o airado que le asediaban de la mañana a la noche.

Con doña Micaela, la esposa de Mendive, iba a diario a verle. A través de las rejas, bajo la mirada dura del brigada, le confiaba las alternativas de su espíritu: sus arrebatos y desistimientos, su vergüenza de no estar ya donde estaban los cubanos hombres. Consolábale Mendive paternalmente, haciéndole ver que era demasiado joven, que había otros modos de servir a Cuba, y que no resultaba posible, desde La Habana, llegar así como así a los campamentos insurrectos... De aquellas visitas salía Pepe muy grave del brazo de doña Micaela. En el bolsillo llevaba la copia del bravo soneto "A la luz de la luna" que don Rafael había compuesto en la galera.

A los cinco meses embarcaba Mendive para España a cumplir la condena de destierro que le ha impuesto un Consejo de guerra.

IV
EL PRESIDIO

La partida de su maestro dejó a Pepe como pájaro sin sombra. Estaba ya en esa edad de urgencias misteriosas en que la vida ha de cobrar para el adolescente algún contenido, a menos de hacerle angustiosa su oquedad. Contagiándole sus devociones rectoras a la patria y a la belleza, Mendive había provisto al espíritu de Pepe de sus asideros iniciales. Equilibró la burda autoridad paterna, sirviendo de objeto ideal, en el momento en que el alma pedía dechados a aquel temperamento necesitado de amar.

Ahora toda esta seguridad se ha desvanecido. Pepe se queda abandonado a su propia impaciencia, precisamente cuando le nace, con las curiosidades más ardientes, un dramático sentido de responsabilidad. En balde intenta relacionarse con los conspiradores: los más destacados están ya fuera de Cuba, desterrados o emigrados; los que quedan son casi inaccesibles en su reserva, y no se fían mucho de aquel muchacho férvido y locuaz, hijo de un celador de policía... ¿Los estudiantes? *San Pablo* ha sido clausurado, y don Mariano se niega a que Pepe vaya al Instituto, "temeroso —como explicará más tarde en una instancia— de que la excesiva libertad que sigue a la distribución de clases pudiera distraer a su hijo de los estudios a que con tan buen éxito se ha dedicado."

Don Mariano ha resuelto atar corto al muchacho. Antes de la puesta del sol Pepe tiene que estar de vuelta todos los días en la casona de Guanabacoa, donde vive ahora la familia. En el pueblo llaman al celador del barrio de la Cruz Verde *Bocanegra*, por la espesura de sus negros bigotes, y acaso también por la abundancia de sus ternos.

Desde lo de *Abdala* Pepe ha tenido que sufrir a menudo esa violencia de lenguaje y algo más. El recelo, la vigilancia, la admonición constante de su padre se hacen intolerables.

Me ha llegado a lastimar tanto —le escribe en octubre a don Rafael—, que confieso a usted con toda la franqueza ruda que usted

36

me conoce, que solo la esperanza de volver a verle me ha impedido matarme. La carta de usted de ayer me ha salvado. Algún día verá usted mi Diario, y en él que no era un arrebato de chiquillo, sino una resolución pesada y medida.

Doña Leonor compensa un poco con su ternura aquella protección áspera de su marido. Pero Pepe necesita un consuelo más comprensivo. Lo halla en Fermín. Tiene este en su cuarto un retrato en cuya dedicatoria rimada alude Pepe a las "horas de lágrimas" en que Fermín ha sido "el amigo mejor, el buen hermano".

La casa de los Valdés Domínguez, en la calle de Industria, sigue, en efecto, acogiéndole como a otro hijo. Gustan el guatemalteco hidalgo y su esposa de aquel muchacho pobre que tiene, sin embargo, una palabra y un ademán tan pulidos como si hubiera nacido entre sedas y alfombras. Y de aquel regalo sobrio y criollo señorío, Pepe, a su vez, deriva una satisfacción melancólica... Allá va todas las tardes a escuchar la lección de francés que les da a los jóvenes de la casa un *monsieur* Fortier. Allí, en la mesa de estudio de Fermín, devora los libros del amigo, comenta con él la revolución, elabora planes con vistas a la manigua.

Hasta que don Mariano decide que, mientras se resuelven ciertas dificultades en la continuación de los estudios, lo mejor es que Pepe "vuelva a ocuparse en algo". En el despacho de don Cristóbal Madan trabaja ahora "de seis de la mañana a ocho de la noche, y gana cuatro onzas y media, que entrega a su padre".

No estaba él, pues, en casa de los Valdés Domínguez aquella tarde del 4 de octubre en que ocurrió lo de los voluntarios.

Asomado a una de las medias rejas que daban a la calle, *monsieur* Fortier entretenía la espera de Fermín conversando con su hermano Ensebio, el abogado flamante, y con su amigo Sellén. Como la linda vecinita de enfrente se había asomado también a su ventana, atraída por la música de charanga de la parada de voluntarios que se disolvía en el cercano Campo de Marte, hubo palique galante y bromas de ventana a ventana. Reían los hombres; reía la muchacha. Pasa de retirada una escuadra del primer batallón de Ligeros. Van muy orondos de su improvisada marcialidad. Advierten el sofoco de las risas en una

37

y otra reja, y se sienten vejados. El gesto amenazador que recorre las filas augura represalias. Sellén y *monsieur* Fortier se marchan. Cuando Fermín —que acaba de dejar en él escritorio a Martí— regresa, poco después, apenas tiene su madre tiempo de relatarle lo ocurrido. Golpe de voluntarios invade el zaguán, vocifera, se lleva detenido, al muchacho. Por la noche se ordena la prisión de Fortier y Sellén y se practica un registro en la casa de los Valdés Domínguez. En la gaveta de la mesa de Fermín se encuentra una carta fechada aquel mismo día y dirigida a un tal Carlos de Castro y Castro. La carta dice así:

Compañero: ¿Has soñado tú alguna vez con la gloria de los apóstatas? ¿Sabes tú cómo se castigaba en la Antigüedad la apostasía? Esperamos que un discípulo del señor Rafael Maria de Mendive no ha de dejar sin contestación esta carta.

José Martí. Fermín Valdés Domínguez.

Algo tardaron los voluntarios en descifrar el sentido de la esquela. La mención de Mendive era sospechosa, pero ¿qué apostasía era aquella de que se hablaba? Al fin, la morosa inteligencia miliciana descubre que el Carlos de Castro, antiguo discípulo de Mendive, es un joven cubano que se ha apuntado en un regimiento español, y colige que en la carta se le enrostra ese honor como una vergüenza. Se ordena la detención de Pepe, y el proceso, iniciado contra sus amigos "por insulto a la escuadra de gastadores del batallón de Voluntarios primero de Ligeros", se amplía para incluir a don José Martí y a don Fermín Valdés Domínguez "por sospechas de infidencia" —delito de una considerable flexibilidad en aquella época.

* * *

Meses, meses de cárcel hedionda y promiscua, de protectora fraternidad entre los dos amigos, de penetración, por la vía cordial, en el alma acorazada del alcaide. Un día, al fin, este les lee, con un temblor de piedad en la voz, el escrito del fiscal de guerra, en que se habla de pena de muerte. Los muchachos sonríen, trémulos. El 4 de octubre, al año del *delito*, comparecen ante el Consejo. Es manifiesta la responsabilidad de todos; solo queda por esclarecer, en cuanto a Martí y a Valdés Domínguez, cuál de los dos escribió la carta comprometedora.

Los peritos no han podido determinarlo, porque Fermín y Pepe tienen una letra muy parecida —la vieja letra del *San Anacleto*. Invitados a declarar, Fermín se confiesa autor de la carta. A su vez, Martí protesta haberla escrito él. Los militares se miran sorprendidos. Advierte el fiscal que el más responsable incurre en la última pena. Los acusados se tienen en sus dichos. Ordénase un careo, y cuando Fermín se adelanta a hablar, Pepe le corta el paso y la palabra, se acerca a la mesa del Tribunal y repite su confesión vehementemente. Las frases copiosas, tersas, seguramente meduladas, cortan el aire en ceñidas parábolas y van a caer en lo hueco del asombro oficial. Fermín y sus compañeros están electrizados. El defensor se olvida por un momento de sus galones y sonríe. Tíranse nerviosamente del bigote los testigos del primero de Ligeros. Pepe continúa, impávido, desbordante, entusiasmado él mismo, como si sintiera que dentro de él se había revelado un hontanar secreto.

Hasta que el coronel presidente vuelve en sí y, de un golpe brusco en la mesa, declara el juicio concluso para sentencia. Fermín Valdés Domínguez: seis meses de arresto mayor. José Martí: seis años de presidio.

Voy a una casa inmensa en que me han dicho
que es la vida expirar.
La patria allí me lleva. Por la patria
morir es gozar más.

Pepe había escrito estos versos horas antes de ingresar en el Presidio Departamental. En la cárcel le habían contado, en efecto, y muchas veces antes, a la caída de la tarde, había visto pasar frente a su casa las cuadrillas de hombres doblados, con el chaquetón al hombro, las ropas desgarradas, sucias de cal y de tierra roja, y una cadena pendiente de la cintura al tobillo. Los había visto marchar sombríos y silenciosos, perdida la mirada, urgida su fatiga por la voz ruda del cabo. En los cafés, ruidosos de dominó y de política, se hacía al paso de la cuadrilla un silencio súbito, que subrayaba el entrechocar de los hierros, el sordo rumor de las pisadas, la voz breve y seca del escolta.

Martí había presenciado muchas veces esta escena con un escalofrío de piedad y de ira. Pero no sabía aún lo que era, en todo su horror, aquel pozo negro del presidio, donde la colonia iba segregando, escondiendo, sus heces de inhumanidad; donde la injusticia se le presentaría, no ya como un hecho político o como una merma civil, sino como una deliberada lesión a lo concretamente humano de cada hombre.

El 6 de abril le trajeron de la cárcel, le pelaron al rape, le dieron su jaba y su petatea ya era el número 113 de la primera galería de blancos. Le pusieron en seguida a mover la herrumbrosa palanca de la bomba. Estaba solo. Los demás presos habían salido para las canteras con el alba y no volverían hasta la puesta. Desde el brocal del aljibe, bajo la mirada irónica del brigada, fue viendo menguar la viva franja de sol en las fachadas altas del patio, hasta que quedó en sombra el alero, y callaron los gorriones, y sobrevino una quietud melancólica.

Al fin, se oyeron voces apagadas, imprecaciones, sordo rumor de gentes y de hierros. Eran los presos que volvían de las canteras. Los vio hacinarse en el suelo, las espaldas contra la pared, los rostros lívidos sumidos entre las rodillas, o vueltos hacia la bóveda de la galera en un gesto anhelante. Atónito, reparó Martí en un viejo que se desplomaba súbitamente como si se le hubiera quebrado el último resorte que le tenía en pie. Acudió a él. Era espectral: blanca de canas la cabeza, blancos de cal los pies, el rostro sin color. ¿Qué le pasaba? El viejo lo miró de soslayo; le consideró la juventud, el aire novicio, y musitó desvaídamente: "¡Pobre!"... Cuando insistió en auxiliarle, el hombre se tomó y, levantándose la blusa ripiada, le mostró la espalda cebrada de surcos, cada surco una llaga.

—Pero ¿esto se lo han hecho aquí? ¿Por qué se lo han hecho a usted?

Se encogió de hombros. Luego murmuró:

—Hijo mío, quizá no me creerías. A cualquiera que te diga por qué...

Cuando Martí, a la mañana siguiente, vio por sí mismo las canteras, apenas necesitó que le contara. Estaban a una legua larga del establecimiento penal, en una cuenca irregular, abruptamente cavada entre moles de piedra caliza. Sobre el lecho erizado de altos montones de *cocó* y de cal, el sol hacía hervir una atmósfera de fornalla, con una reverberación cegadora. El trabajo de los penados consistía en excavar y desmenuzar la piedra a golpe de pico y acarrearla a los volquetes o hasta los hornos, en lo alto del tajo. Doblados sobre la piedra, cargando las cajas y los *cabezotes* al hombro, esquivaban el alud que se despeñaba sin aviso, o la vara del cabo, que les urgía, implacable. Había blancos, negros, chinos; había viejos y muchachos; todos con grillos de tres ramales, que les tasaban el paso vacilante entre los surcos colmados de agua podrida. Al trepar los montículos, la cal viva les mordía los pies y el polvillo blanquecino les quemaba el resuello. Ambiente, hombres, cosas, todo se permeaba de aquella blancura implacable, que irritaba los ojos y los nervios, convertía las figuras en fantasmas y hacía de todo el paraje una especie de invierno infernal.

Ya aquella mañana le contaron a Pepe la historia del viejo don Nicolás Castillo. Una tarde sus plantas llagadas se habían negado a sostenerlo. Le golpearon. No pudo levantarse. Dos penados le cargaron medio muerto hasta una carreta. En la enfermería, el médico lo examinó con sorna y prescribió que aquello se curaba "con más baños de cantera". Tendido en un volquete, la cabeza blanca batiéndole contra las tablas, le llevaron de nuevo a la piedra. No pudo la yaya ponerle en pie. Le dejaron tendido todo el día al sol y al agua.

Cuando Martí preguntó la razón de aquella saña, cubanos y peninsulares le explicaron que los Voluntarios tenían a Castillo por brigadier de los insurrectos, y había que complacer a los Voluntarios.

No; Pepe no hubiera podido creerlo. Tuvo que ver él mismo el caso del niño Lino Figueredo, presidiario político a los doce años; guajirito, hijo de *pacíficos*, pero de un pacífico que se apellidaba Figueredo, como el mambí de la tonada guerrera. No sabía qué habían hecho de sus padres: a él le llevaron a presidio. Cargó piedra como todos; le golpearon como a todos. Un día le tomó el vómito y la viruela. Siguió cargando, hasta que el mal lo abatió e hizo de él otra sombra mísera... Y el caso, no menos espantable, de Ramón Rodríguez, y el de Juan de Dios, el viejo negro idiota, preso *por infidente*; y el del negrito Tomás, con sus once años despavoridos; y el de aquel otro mocetón adusto que, obsedido por la blancura, se había querido suicidar lanzándose desde lo más alto de la cantera, y le habían recogido y curado, porque era el día del santo del capitán general y no se quería que trascendiese el suceso. Una mañana volvió a aparecer en el trabajo, y cuando se quitó el sombrero negro de uniforme, que llamaban "estampa de la muerte",, enseñó en el cráneo tres mondas franjas que brillaron al sol.

Martí vio todo eso. Sintió él mismo la mordedura de la cal y del sol y del látigo. Cavó con el agua a la cintura. Arrastró hierros que le royeron el tobillo. Supuráronle los ojos, abrasados por el resplandor blanco... Había querido evitar que los *viejos* supieran. Pero don Mariano se las arregló para verle a la hora del respiro. Le calzó a Pepe, bajo el aro del grillete, unas almohadillas que le había hecho doña Leonor. Le contó que ella y las niñas estaban haciendo antesala en oficinas influyentes solicitando clemencia. Pepe no se atrevió a protestar; no esperaba nada y había que dejarle al viejo aquella esperanza. Cuando llamaban de nuevo al trabajo y la vara empujaba a Pepe hacia los cajones, el padre se quedaba de rodillas al sol con una llama de ira en la mirada.

Pero el mayor sufrimiento de Pepe era el ajeno. A él le sostenía, enardecido, una especie de orgullo. "Esclavo de su edad y sus doctrinas" se describe a su madre en la dedicatoria rimada de un retrato de presidiario. Y a un amigo le pide que vea en esa efigie "la imagen robusta de su alma y la página bella de su historia". Más que esta fruición de martirio, le gana el ánimo una piedad amarga hacia toda aquella miseria. Don Nicolás y Lino y todos supieron de su palabra alentadora, de sus manos generosas que ayudaban a aupar el cajón, ceñían el vendaje o rociaban tiempo la piel abrasada. Un chino había caído una tarde convulso, la cara verdosa, la boca espumeante. Según costumbre, le quisieron levantar a golpes de vara. Otro *paisano* profería monosílabos rabiosos en su defensa. No le entendían, no querían entenderle. Tuvo que picarle una vena al caído para que la gota de sangre negra convenciese. Era el cólera... Desde aquella tarde fueron muchos los que cayeron sobre las piedras. Martí acudía siempre, los incorporaba, se doblaba sobre ellos para frotarles los miembros. El brigada, según su humor, le dejaba hacer o lo desalojaba de un empellón: "¡Ándate con mediquerías, bijirita, y verás cómo te coge a ti también!"

Leal todavía a un vago sentimiento de sangre, Martí pensaba que todo aquello se hacía en nombre de España sin que España lo supiese.

No, no podían saberlo los políticos liberales de Madrid. Quizá no lo supieran tampoco a ciencia cierta aquellos mismos feroces mantenedores de *la integridad* en La Habana. La pasión no podía llegar a tales complicidades. Este era un terrible secreto de la colonia, un baldón cuya existencia no sospechaban los españoles verdaderamente buenos de la isla... Y, sin embargo, este infierno blanco estaba demasiado a la vista. ¿Habría llegado ya el odio a hendir de tal modo las conciencias, que hasta las más hidalgas tolerasen aquello en nombre de un ideal de *integridad*? ¿Era posible, por ejemplo, que un don José María Sardá, el arrendatario opulento de las canteras, no supiese a costa de qué crímenes le venía su medro?

Y Sardá parecía un hombre bueno... Una tarde pasó por *La Criolla* y preguntó por Martí. Le vio las mejillas secas, los ojos enrojecidos. Le puso la mano en el hombro; habló aparte con el brigada. Desde ese día Pepe se vio tratado con cierto miramiento. A la semana le trasladaron a la fortaleza de la Cabaña. Amigo del capitán general, pudo el rico catalán —a instancia tal vez de don Mariano— lo que no habían podido las imploraciones de doña Leonor. Pepe fue indultado de presidio. Lo desterrarían provisionalmente a la isla de Pinos, bajo la responsabilidad del propio Cardá, mientras se consideraba su deportación a España. Había estado seis meses en el Departamental. Salía medio ciego, con una lesión inguinal producida por un golpe de la cadena: más delgado, más pálido, más dulce en la sonrisa. Tenía diecisiete años. Tres meses después le escribía a Mendive:

> Mucho he sufrido, pero tengo la convicción de que he sabido sufrir. Y si he tenido fuerzas para tanto y si me siento con fuerzas para ser verdaderamente hombre, solo a usted lo debo, y de usted y solo de usted es cuanto de bueno y cariñoso tengo.

V
EL JURAMENTO

Desabrido y gris estaba Madrid en aquellos primeros meses de 1871. El ciercillo clásico del Guadarrama, sin álamos ya que desnudar, se entretenía en barrer respectivamente por las aceras jirones de *Gaceta* y en secuestrar las nubecitas del aliento apenas asomaban por sobre embozos y bufandas.

Había otra frialdad suspensa en el ambiente. Se estrenaba Amadeo I, y el pueblo de los Madriles no acababa de avenirse a aquel rey postizo que los septembristas de la "España con honra" le habían importado de Italia después de una puja escandalosa de Prim por todas las cortes de Europa. Muerto el empresario, ¿cómo se conduciría *Macarronini I* en el Trono vacado por la borbona?

A aquel jovencito flaco que, en paletó muy ceñido, paseaba con aire de convaleciente las calles ateridas, embargábanle cosas más íntimas y más lejanas. Madrid... Aquél era Madrid, la ciudad que los criollos querían, de balde. De allí le iban a Cuba los capitanes generales y las reales órdenes. ¿Por qué no era allá antipática, sin embargo, la capital sojuzgadora? Recordaba él mismo cómo la había asociado siempre, en imagen, a una idea de gracia irresponsable, a una suerte de frivolidad política nada semejante al terco fanatismo de los peninsulares trasplantados... Los criollos paseantes en Cortes venían hablando de la sonrisa acogedora de Madrid. Era verdad. Él mismo la había percibido por bajo el invierno arisco. A pesar de que don Rafael, sonsacado por París, no había estado allí para recibirle, apenas sintió el vacío de la ciudad extraña. Era como un pariente venido a conocer.

Bien es verdad que Pepe llegaba muy mimado por las aficiones literarias. La sensación de violencia con que se acercara a la Península habíasele encalmado un poco pensando que allí tenían asiento tan buenas y famosas letras. Durante los tres meses pasados en la isla de Pinos había podido calcular esa perspectiva, y examinarse. ¡Qué fina soledad, pausada de ternuras, habían hecho en torno suyo la señora

44

de Sardá y sus hijas! Nada menos que la Biblia se había podido leer. Y *Los miserables*. En la casita oreada de *El Abra*, al pie de la colina avara de su mármol, o por el caminito de Nueva Gerona, orillado de pinares nuevos, había experimentado muchas veces una sensación interior de abundancia y como de aumentada claridad. Había sentido una confiada urgencia de expresión.

Ahora, en Madrid, al primer contacto de una vida más rica y más vieja, querían sobreponerse las esperanzas a los recuerdos. Para él, cubano, España era todavía ejemplo y pauta de cultura. Allá, en la isla, no había medrado aún lo francés, ni por la vía de lecturas liberales. El mismo Mendive, que había llegado a hospedar en su casa al agente literario de Lamartine, se mantuvo leal a lo castizo, sin que le sobornara aquel mensaje de gratitud que le mandó el poeta francés con piropos a la cultura de "la hermosa tierra que ha producido a la poetisa Avellaneda y al poeta Heredia". Y solo cuando las tertulias del maestro discurrían por temas literarios, había oído Pepe mentar con respeto a Madrid y hasta al señor Martínez de la Rosa.

Bien: todo esto —oradores, ateneos, poetas, bellos cuadros— estaba ahora al alcance de su curiosidad, afilada en la larga dieta tropical. El destierro tenía sus compensaciones. Pertrechado con los muchos consejos y los pocos dineros que su padre había podido darle en el muelle, Pepe se proponía matricularse en seguida en la Universidad Central y sacarle a Madrid todo el provecho posible.

Carlos Sauvalle atenuó sus primeras soledades y le puso en relaciones con la ciudad y sus gentes. Se conocían vagamente de La Habana. Obligado a emigrar de Cuba por los sucesos del Villanueva, en los que no había tenido participación más activa que el haberse dejado la levita entre las garras del voluntario que lo asió a la salida del teatro, Sauvalle había llegado a Madrid justamente un año antes que Martí. En el álbum del compatriota escribió Pepe:

Cuba nos une en extranjero suelo;
auras de Cuba nuestro amor desea;
Cuba es tu corazón; Cuba es mi cielo;
Cuba, en tu libro, mi palabra sea.

Era también la palabra acariciada de todos los coloquios: un amuleto contra la tristeza y el frío. Pero en la evocación privaban todavía las dulces imágenes: la niñez lejana, el campo, las palmeras, el siseo misterioso entre los árboles...

Fue el invierno una cura de quietud y de provisional olvido.

La primavera avivó la sangre criolla y levantó los recuerdos. Había vuelto a postrarle la lesión del presidio. Solo tuvo a Carlos Sauvalle junto a la cama sin mimos —Sauvalle; alto, blanco, con todo el azul de su linaje normando en los ojos dulzones—. Él asistió con disimulo la bolsa flaca de Pepe: trajo médicos que le operaron.

En las visiones de la fiebre se le había presentado el fantasma del viejo don Nicolás Castillo, con sus canas y sus llagas. Las sábanas remedaron la blancura calcinante de las canteras... Cuando, al fin, se levantó, era un vivo recuerdo todo él. La ciudad volvía a acogerle, más halagadora que nunca, en sus sonrisas de primavera. Pero aquella misma mirada familiar que las gentes se cruzaban al paso como congratulándose del fino solecito nuevo, aquella misma fraternidad de hombres y cosas, le provocaban el regusto amargo y una urgencia de reproche. Sentía ansias repentinas de detener a los transeúntes y confundirlos con su tremendo secreto.

Por la cuesta de Atocha vio subir, en dirección contraria, a Manuel Fraga, otro cubano desterrado. Le acompañaba un joven a quien Martí no conocía. Fraga se lo presentó: Zeno Gandía, sudamericano. No pudo Martí desdoblar su ánimo en la urbanidad convencional, y cuando el criollo le tendió la mano, profirió extrañas palabras:

—Usted no me conoce. Es preciso que antes de darme su mano piense si es digno de estrecharla un hombre ultrajado que aún no ha recibido satisfacción a su decoro.

Fraga se echó a reír. Pero Pepe, terriblemente serio, atrajo al criollo sorprendido hacia el interior de un vestíbulo y, abriéndose la camisa, le mostró las cicatrices del presidio.

Su memoria era un "cesto de llamas". Había que aventarlas sobre el papel a ver si llegaban a quemar aquellas conciencias oficiales para quienes *Ultramar* no era sino una rica arca en quiebra y un motivo crónico de interpelaciones parlamentarias.

Al llegar a su cuarto, en el pupilaje de la calle del Desengaño, Martí se sentó a escribir su memoria de *El presidio político en Cuba*. Sin odio —porque él "no sabe odiar"— y recatando su propia herida —"¿A qué hablar de mí mismo, ahora que hablo de sufrimientos, si otros han sufrido más que yo?"—, su ira blanca se desfoga en cincuenta páginas vibrantes de dolor y de piedad, de dramático verismo y de apóstrofes y antítesis huguescas. Por ellas desfilaron, con un ritmo trágico, todas las imágenes espantables del cautiverio, la isla misma, en su *via crucis* secular.

Llega la denuncia, impresa, al pupitre de Labra en el Congreso, y le recuerda que en Cuba hay otra esclavitud aún más negra que la que él acaba de condenar en su gran discurso del 8 de abril. Llega a don Francisco Díaz Quintero, en su despacho de director de *El Jurado Federal*, y mueve la tertulia republicana a indignación hidalga. Cánovas, en barbecho político, deplora que un *filibustero* esté dotado de tamaño vigor libelista. Frunce López de Ayala el ceño en el ministerio de Ultramar y anota aquel nombre nuevo: José Martí. Y sobre las páginas del folleto, que Carlos Sauvalle se ha cuidado de enviar a toda la cubanada de Madrid, se enjuga más de una lágrima doña Barbarita, la viuda criolla del general Ravenet. El viejo e ilustre don Calixto Bernal, animador de los expatriados cubanos, viene a estrechar a Martí contra su pecho.

La enfermedad y el folleto han dejado muy mermadas las últimas reservas del dinero de don Mariano. No hay que pensar en nuevos auxilios del viejo, que a duras penas se las irá bandeando en la isla empobrecida. Sauvalle está ahí para un apuro. Su padre es rico. Las mesadas le llegan a Carlos puntuales y generosas, y no pide él más sino que su amigo las comparta. Pero Pepe se muestra intransigente. Pase que Carlos ayude a ciertos impresos patrióticos con lo que más a menudo se va en fruslerías y cuchipandas. En lo personal, él se las arreglará.

Quema sus naves matriculándose en la Universidad Central. La maravillosa tolerancia del Plan de Enseñanza vigente permite, entre otras cosas, cursar estudios de carrera pendiente aún el título de

47

bachiller. Y Pepe, como todo joven criollo con facilidad de palabra, naturalmente ha de ser abogado, aunque no le tire mucho la curia. Pronto le tenemos estudiando la *res mancipi* y el modo de pagar la próxima semana.

Afortunadamente, doña Barbarita Echevarría, que tanto se conmovió con la lectura de *El presidio*, se percata de la situación, y una vez que Pepe va a visitarla, buscando calor de casa y de eses cubanas, la viuda "de alma de ángel" le pregunta si podrá encargarse de dar clases a sus hijos.

¿Cómo no? Por las mañanas es ahora oyente de Derecho; por las tardes preceptor necesitado de suplir con la gravedad y el afecto la poca autoridad que en sus dieciocho años encuentran los niños de doña Barbarita. Pero éstos adelantan como nunca, y la cubana se hace lenguas del don Pepe Martí para ganarse la simpatía y la inteligencia de los chicos. Tales elogios llegan a oídos de don Leandro Álvarez Torrijos, que también le confía la ilustración de su prole al cubano imberbe.

Ya así se puede vivir. Mal, por supuesto, pero a cubierto de las exigencias de la patrona y hasta con posibilidad de ir alguna noche que otra al paraíso del Español o del Real. A veces cae algo excepcional; por ejemplo: la traducción de cierto contrato inglés, "lleno de voces técnicas y extrañas". Llegó oportunamente, porque a Pepe le lloraban los botines. Ganó ocho duros con la engorrosa versión. Pero se los gastó, no en botines, sino en fotografías de cuadros buenos.

En la Universidad no le escatiman los muchachos su amistad ni su jarana al criollo pálido, inmensamente generoso en su pobreza. Con respetuoso silencio le han escuchado más de una vez sus relatos del presidio, y él les ha oído frases de indignación y protestas de fe en el próximo advenimiento de la República. Aunque allí hay de todo —desde radicales y alfonsinos hasta pichones de *carcunda*—, los más pertenecen a las huestes de Figueras y de Pi y Margall, y forman la *claque* ruidosa de los mítines federales en el teatro Alhambra.

En ese mentidero de los pasillos universitarios y en las redacciones de algunos periodiquitos liberales, Pepe se va familiarizando con la minucia política española vigente. La neutralidad y discreción del rey postizo no han logrado restablecer la concordia en la familia his-

48

pánica. Sagasta y Ruiz Zorrilla andan a la greña. Ha vuelto a estallar el carlismo por el Norte, y mientras los monárquicos de nuevo cuño alimentan al cachorro borbónico, los republicanos trabajan ruidosamente su hora. Desde la tribuna de periodistas del Congreso, Pepe ha presenciado torneos de elocuencia y de ingenio. Escuchando a Manterola, buido de dialéctica; al ornado Castelar, a Cánovas, a Moret, la palabra opulenta le ha estremecido muchas veces. Otras la agudez ladina de Sagasta, los picotazos del *Pollo de Antequera*, le han divertido —y repugnado.

De todo aquel espectáculo —¿era, en rigor, más que un espectáculo?— le quedaba siempre una impresión triste de inanidad. España estaba dividida por barreras de palabras y celos minúsculos. Todo, hasta la política, se resolvía allí en personalismo faccioso, como las faenas de *Frascuelo* y *Lagartijo*. Sobre aquella discordia perenne, que frustraba las mejores voluntades, medraban a su antojo el parasitismo, la inercia y la retórica. Martí empezaba a ver claro que el problema de Cuba era una derivación del de España; que solo se resolvería cuando este se resolviese —a menos que antes se partieran definitivamente los caminos.

Don Calixto Bernal, a quien le confiaba estas impresiones, convenía mucho en ellas. Otros juicios del joven le parecían excesivamente místicos, sobre todo en lo tocante a las colonias. Pepe era un poeta. En cambio aquel viejo camagüeyano, que venía luchando por la dignidad de Cuba desde los tiempos de Tacón, era un espíritu lógico, jurídico, positivista. En la Junta de Información habían levantado ronchas sus lúcidos alegatos, abogando por un régimen discreto de desasimilación de las colonias. A pesar de esta moderación en lo insular, profesaba, sin embargo, ideas audaces y originales en política. A menudo discutía con Martí los vicios del régimen parlamentario, la necesidad de restablecer "la democracia pura" con el gobierno directo por el pueblo, y otras tesis favoritas de sus libros. Y aturdía un poco al estudiante con teorías de mayor vuelo: la inevitabilidad de una futura Sociedad de Naciones, el seguro advenimiento de un "cuarto Poder", el proletariado, después de grandes revoluciones que dejarían muy atrás a todas las conocidas...

Con nadie gustaba más Pepe de conversar que con aquel viejo "teórico y práctico", como él se describía a sí mismo. Juntos se les veía a menudo: él, un tanto encorvado ya bajo sus canas; Pepe, frágil; nervioso, locuaz. Don Calixto dirigía su aprendizaje doctrinal democrático. Era para él, en lo político, un poco lo que Mendive había sido en lo literario.

En lo tocante a Cuba, sin embargo, las ideas del abogado desconcertaban mucho al joven autor de *El presidio político*. Autonomista "por convicción y por legalidad", *Bernal consi*deraba prematura la aspiración a la independencia. Hallaba preferible la anexión a los Estados Unidos, que le aseguraría a Cuba paz y prosperidad internas mientras le llegaba el momento de confederarse con las demás Antillas, cuando los Estados Unidos se fraccionasen, como era inevitable, en pequeñas repúblicas.

Estos audaces pronósticos obligaban a Pepe a ejercitar mucho su imaginación, habituándose a proyectar su pensamiento, en materia política, mucho más allá de lo aparente. Por lo demás, sus reparos al autonomismo de Bernal eran todavía algo vacilantes. Hallábase aún prendido en su propio dilema: Yara o Madrid. Los recuerdos y los entusiasmos juveniles se apoyaban sobre el primer término. Pesaban sobre el otro con la voz secreta de la sangre, las sensaciones de afinidad y los halagos de cultura que le deparaba el ambiente español. ¡Si triunfara la República! ¡Si España, gobernada dignamente, se decidiese al fin por sí misma a redimir a Cuba!

A menudo otros expatriados engrosaban los diálogos del cubano viejo y del cubano mozo, formando tertulias vivaces en torno a la mesa de un café o en alguna redacción amiga. La conversación solía entonces enardecerse sobre las últimas noticias de la isla —los progresos de la revolución, según alguna carta de La Habana, el fusilamiento del poeta Zenea, las terribles represalias de Valmaseda contra los insurrectos de Oriente— o bien sobre la menuda política colonial en el propio Madrid.

Ecos malignos de estas discusiones llegaron a la redacción de *La Prensa*, un periodiquito sagastino que alardeaba de liberalismo, probablemente a costa de las onzas ultramarinas de Manuel Calvo.

Y *La Prensa*, que ya venía aludiendo veladamente al *filibusterismo* escondido "tras la cortina de avanzadas teorías y radicales principios" de Bernal, se resolvió a hacer sensación y escándalo de aquellas reuniones, advirtiéndole al Gobierno que los cubanos residentes en Madrid no eran sino "filibusteros solapados, hipócritas e hijos espurios de España".

Estas y otras lindezas determinaron a Martí y a Sauvalle a publicar, en *El Jurado Federal*, un mentís vehemente, firmado "Varios cubanos". No fue de mano de Martí la desgarbada réplica, pero ya en ella se insinuaba cierto cálculo sobre las condiciones de una acción revolucionaria. Si alguien, entre los cubanos de Madrid, abrigaba tal idea, sabía muy bien que no era ni podía ser España el lugar más adecuado para trabajar por ella.

Engallada *La Prensa* con el mentís, insistió en su denuncia, calificando de "Sociedad anónima" a los firmantes de aquél. La polémica se complicó con un ameno canje de vituperios entre los dos periódicos, y cuando al fin el papel sagastino, no obstante apelar al anonimato de la opinión pública en apoyo de su denuncia, les enrostró a los "Varios cubanos" que recatasen su nombre de la letra de molde, Martí salió ya sin visera a la palestra para finiquitar "una cuestión que el insulto ha impedido seguir haciendo pública". Sauvalle firmaba también esta última comunicación a *El Jurado*, pero la prosa ardiente y el tono limpio y severo recordaron las páginas de *El presidio político*.

Aunque *La Prensa* amagó todavía con juicios civiles y hasta caballerescos, la sangre no llegó al río.

A fines de noviembre Martí se enferma de nuevo, sufriendo otra ablación del tumor formado en el presidio. Sauvalle ha insistido en llevarle a su propio alojamiento para cuidarle mejor. Allá van amigos cubanos y españoles a charlar junto a la cama. Comentan, sobre todo, ciertos despachos de Cuba informando a los periódicos que los estudiantes del primer año de Medicina en la Universidad de La Habana han profanado la tumba de Castañón, el frenético vocero de los voluntarios, muerto un año antes por un cubano en Cayo Hueso. Según los lacónicos despachos la opinión está agitadísima.

51

Castañón... Voluntarios... Estudiantes... No podían ser más pugnaces los ingredientes. La tertulia devana suposiciones y recuerdos junto al enfermo. Pepe, lívido, trata de refrenar su imaginación, desbocada por la fiebre. Allá debe de estar ocurriendo algo grave... Desde el 28 no se tienen noticias. ¡Y entre aquellos estudiantes de Medicina está Fermín Valdés Domínguez!... "¿Traen hoy algo los periódicos, Fraga?"

El amigo sale a averiguar. Vuelve a poco con el semblante sombrío, en la mano un ejemplar de *El Jurado*. "¡Han fusilado a ocho!" Incorporándose violentamente, Martí le arrebata el periódico y lee la escueta noticia, que *El Jurado* no se ha atrevido a inflar. Ocho fusilados; treinta y cinco condenados a presidio... Hay en el cuarto un silencio de estupor. Pepe se deja caer sobre la almohada. Los demás se han quedado ceñudos e inmóviles.

Prefirió que lo dejaran solo aquella tarde. Desde el gabinete contiguo, Carlos le oyó musitar a intervalos el nombre de Fermín. Lo que no pudo escuchar fue el juramento sin palabras que rompió definitivamente lo que en él quedaba de heredada lealtad, cuajando en su lugar una honda decisión para toda la vida.

VI

"CUBA LLORA"

Fueron aclarándose posteriormente los terribles sucesos. Fermín no estaba entre los fusilados: había sido condenado a presidio. Los voluntarios, que en un acceso de furia colectiva habían forzado el asesinato de ocho muchachos inocentes, estaban satisfechos. Pero la espantable represalia trascendía ahora en oleadas de indignación y de bochorno. La Prensa extranjera sacaba a relucir la memoria de Albas y Torquemadas. En la propia España apenas si los periódicos gubernamentales se atrevían a disculpar veladamente la desatada violencia. Temblando de fiebre, Martí se había ido a la oscura redacción de *El Jurado Federal*, en la calle de San Mateo, y había mostrado a Díaz Quintero y al subdirector, don Eduardo Benot, las cartas de La Habana que narraban las trágicas horas del 23 al 27 de noviembre. Los honrados republicanos se solidarizaban con su indignación. ¡Y aquéllos eran los voluntarios en cuyo honor el Gobierno de Sagasta había creado una medalla como testimonio de la patria agradecida!

Hízose el asunto arma política de combate, y *El Jurado* comenzó a publicar diariamente, en su primera página, la demanda de que se indultara a los estudiantes que sufrían prisión y se abriese una información parlamentaria sobre los sucesos. Reunidas las Cortes de 1872, Benot pronunció en el Congreso un discurso implacable y nobilísimo.

Martí era un incansable movilizador de opiniones. A cuantos oídos españoles hallaba dispuestos, y a muchos que no lo estaban, les pintaba la tragedia con los colores de la imaginación y los perfiles de su propia experiencia. Escribía artículos anónimos; asistía a las Cortes para pulsar las probabilidades del indulto; se colaba en las tertulias republicanas del Café Oriental; mantenía al rojo blanco el fervor de los cubanos. Era ya un pequeño agitador, con su dilema resuelto, con su rumbo ya fijo. El Dos de Mayo hubo desfiles militares y jolgorios por las calles celebrando la Independencia. Pepe colgó del balcón del pupilaje una bandera cubana, con gran alarma de Sauvalle y escándalo intrigado de la plebe.

Estas andanzas y fogosidades no le dejaban remendar la salud. Tenía, entretanto, que ganarse la vida con clases y gacetillas. Y estudiar. ¿Podría examinarse ahora de aquellas asignaturas antipáticas de Derecho estudiadas a retazos en la fría buharda, con la mente puesta en La Habana, en las canteras, en Fermín?

Al fin, el 10 de mayo la *Garceta* publicó el indulto de los estudiantes. Pepe respiró. Le aprobaron en Romano, Político y Administrativo; pero le suspendieron en Economía política. Hubiera sido demasiado.

En julio, por los días en que todo Madrid era comidilla con el frustrado asesinato de don Amadeo, llegaron Fermín y Pedro de la Torre, otro de los estudiantes indultados de presidio.

Había sido un indulto a medias, con acompañamiento de destierro. Pasaron, ellos también, por las canteras, y una madrugada los sacaron de la cárcel, confundidos entre un centenar de presos comunes, para que los voluntarios no se enteraran. Diecinueve días los tuvieron en la fragata *Zaragoza*, hasta que pudieron transbordar al vapor correo. Al pasar el buque frente a la Cortina de Valdés, las turbas que seguían la procesión del Corpus los habían despedido con voces insultantes.

Saciado del tremendo relato, Martí contemplaba conmovido a Fermín, que había crecido mucho y traía en el rostro la madurez de muchos sufrimientos.

El holocausto de los estudiantes asumió para los patriotas cubanos ese valor de símbolo y antecedente que hace siempre tan fecundo el martirio. Las circunstancias que habían rodeado aquel sacrificio —la juventud de las víctimas, su condición de estudiantes, la desproporción monstruosa entre el delito supuesto y el castigo inferido, la actuación turbulenta y fanática de los voluntarios y la intimidada complicidad de las autoridades insulares— hacían del 27 de noviembre una alegoría de la Colonia. No importaba que los mejores espíritus de España lo hubiesen condenado noblemente. El recuerdo punzaba demasiado en las concienciad, y había que cultivarlo, no como un motivo de odio, sino como un testimonio de irredención.

En el primer aniversario del fusilamiento, las principales esquinas de la Villa y Corte amanecieron con una hoja fijada donde se recordaba "el día tremendo en que el Cielo robó ocho hijos a la Tierra, y un pueblo lloró sobre la tumba de ocho mártires". Bajo el viril plañido, el lector menos sentimental podía descubrir significativas reticencias: "Hay un límite al llanto sobre las sepulturas de los muertos, y es el amor infinito a la patria y a la gloria que se jura sobre sus cuerpos..." Firmaban el grave pasquín Pedro J. de la Torre y Fermín Valdés Domínguez, los dos supervivientes que se hallaban en Madrid, pero era todo él de mano de Martí, el libelista imberbe de la emigración.

En la iglesia del Caballero de Gracia se celebraron aquella mañana honras fúnebres por los estudiantes. Repartiendo al paso la hoja impresa, trasladóse luego el enlutado grupo de jóvenes cubanos a la casa de Carlos Sauvalle. Había que aprovechar la coyuntura para crear algún nexo objetivo y permanente entre ellos. Alguien, orientándose por la psicología festiva del cubano, había hablado, inoportunamente, de fundar una especie de casino, con su cuota de amenidades en el programa patriótico. A Pepe Martí no le pareció que los tiempos estaban para amenidades.

Después de un cambio de impresiones, se adelantó hacia el estradillo improvisado, sobre el cual había prendido Carlos, como égida, un mapa de Cuba. Pepe estaba todavía convaleciente de una tercera operación, hecha bajo la mirada fraterna de Valdés Domínguez, y parecía en su levitín negro, más endeble y pálido que nunca. El tupé de pelo castaño, ligeramente rizo, apenas alcanzaba en el mapa la altura de la isla de Pinos.

Comenzó a hablar con tono dulce y jovial, apoyando sobre los visos de frivolidad de la idea propuesta. Cazador de la antítesis, señaló discretamente el contraste entre aquella idea festiva y la triste ocasión que los reunía. Evocó la tragedia. Los rostros sonreídos fueron tornándose graves. Narró, con la precisión de un testigo de vista, los tres días increíbles de furia y de angustia. Brillaban ya los ojos de sus oyentes; Sauvalle se alzaba anhelante en su silla. Pintó la amargura de las vidas frustradas, el vacío de las amistades truncas, el dolor sin medida de las madres despojadas... Se podía oír el vuelo de una mosca y la tosecilla nerviosa de Fraga... Y cómo ese dolor materno, más grande que él, era el dolor de la gran madre de todos: la patria. "Cuba llora, hermanos, y..."

El diablillo irónico que siempre amaga a los oradores hizo entonces una de las suyas. Se desprendió de la pared el mapa de Cuba y quedó plegado sobre la cabeza de Pepe. ¿Cómo pedirle gravedad, frente al accidente, a aquel auditorio juvenil? Las lágrimas se mudaron en risas, y Martí se vio súbitamente precipitado en el ridículo.

Pero cayó en pie. Aplacó con su sonrisa las sonrisas; recogió en una red de frases oportunas la atención dispersa, aprovechando el accidente como símbolo del anhelo con que toda Cuba se entregaba a sus hijos... Poco a poco fueron sus palabras creando de nuevo una atmósfera dramática, y cuando repitió, denodado, su arranque: "Cuba llora, hermanos, y nuestro deber...", ya ningún hado irónico se atrevió a frustrar su elocuencia. Todos acabaron abrazándole, y al tomarse votación, la idea del casino quedó vencida.

Desde aquel día, la jovial cubanada solía darle el remoquete de "Cuba llora". La alusión estaba, sin embargo, transida de cariño y de respeto. Cariño al compañero sencillo, servicial y generoso; respeto al tamaño de alma y de inteligencia que ya veían en él. Y a su oratoria.

Los republicanos de *El Jurado Federal* ya le habían conquistado para la masonería, pensando acaso que esta se encargaría a su vez de conquistarlo para la República española. Martí, probablemente, tenía sus propios cálculos. En la logia *Armonía*, a la que se afilió, otros cubanos fraternizaban solemnemente con españoles de varia jerarquía y condición. Martí llevó a ella, con sus disertaciones románticas sobre el Amor Universal, la protesta velada contra el odio y la iniquidad que una terca ceguera mantenía en Cuba. Los fraternales varones fruncían alguna vez el ceño en las tenidas al escuchar aquellos párrafos encendidos, que los estatutos no permitían, y que, además, dejaban la causa de la integridad tan maltrecha, que no parecía conciliable ni siquiera con el futuro federalismo. Y mientras el músico Max Marchal se embebía en la cadencia de los párrafos sonoros, el general Pierrat acudía frecuentemente al mallete para recomendar discreción al hermano Martí. Pero el cubano solía adelantar sus designios respecto lo inmediato, logrando, cuando menos, que la logia acordara socorrer a algún cubano desvalido, mandar auxilio a los compatriotas presidiarios de Ceuta o prestarle sus secretos apoyos al proyecto de abolición de la esclavitud que se iba a presentar en las Cortes.

"Cuba llora" se movía entre bastidores con singular eficacia. Y no se dolía del mote. Después de todo, era verdad: Cuba, toda Cuba, lloraba en él. Un amargo bautismo de lágrimas había ungido aquel juramento de consagración a la libertad de su pueblo. Una noche del invierno del 73, en que Fermín terminaba su libro sobre el fusilamiento, pasándole las cuartillas según las iba escribiendo, ambos lloraron sobre la que el hermano llamaba su "relación de dolores". Con el sufrimiento prematuro llevaban en el alma nueva todo el romanticismo demorado de la raza. Fermín lo condensó en su invitación al verso: "Libro que empieza el martirio, debe cerrarlo la poesía", y Pepe escribió su treno: "A mis hermanos muertos el 27 de noviembre."

Mas no todo eran tristezas patrióticas. Madrid, hospitalario y pícaro, brindaba demasiados consuelos a los emigrados; y ellos solo tenían veinte años.

Cuando no eran las reuniones en casa de doña Barbarita Echevarría, acogíanles las más encopetadas y circunspectas de los señores de Villaurrutia, del marqués de San Gregorio o de la marquesa de la Vega de Armijo, en cuyos ceremoniosos estrados afinaba Pepe su técnica instintiva de salón. Más regularmente se les deparaba la animada tertulia de ingenios en el café de Los Artistas, o en la Cervecería Inglesa, donde siempre era de encontrar la gracia zumbona y baturra de Marcos Zapata.

En el ambiente cómplice de Madrid, la afición de Pepe al teatro se había agudizado. Frecuentaba el paraíso del Real, y muy cerca tenían que andar los exámenes, muy quebrada la salud o la bolsa, para que se perdiera estreno en el Español, donde era ya como de la casa. En el saloncillo farandulero reía las salidas frescachonas de Teodora Lamadrid, y pudo una noche departir con don José Echegaray, que a la sazón hacía en el Congreso fríos discursos de ingeniero y en el teatro ardientes dramas de orador. Animado por estos contactos, comenzó entonces Pepe un drama utópico, donde aspiraba a encarnar, "no a los hombres que son", sino "los que debieran ser".

La pintura le entusiasmaba casi tanto como el teatro. Solía pasarse las mañanas del domingo en el Museo del Prado, con sus pisos crujientes y su silencio oloroso a cera. Allí le seducía particularmente la gracia popular y la verba dramática de Goya. De vuelta de esas visitas, recogía sus impresiones en apuntes morosos, evidentes ejercicios de un criterio que buscaba las razones de su gusto. Frente a la *Maja desnuda*, por ejemplo, anotaba el misterio de las piernas "separadas y unidas a la vez por un pliegue oportuno de la dócil gasa", celebrando en ello "la delicadeza del pintor: voluptuosidad sin erotismo".

La fórmula resultaba expresiva de su propio temperamento. También él era un voluptuoso sin *erotismo*, sin profesionalidad... Ciertos merenderos alegres de la Fuente de la Teja, ciertas tabernas de Lavapiés y de las Vistillas tenían también su encanto goyesco, marco admirable para cualquier costurerilla benévola del trato estudiantil. Pepe era aficionado a las damas, y con faldas de por medio a nadie recordaba el lacrimoso remoquete, como no fuese por cierto dejo vago de melancolía que siempre matizaba su jovialidad, haciéndole, a juicio de ellas, más interesante.

No le rehusó complacencias a la aventura ardiente. Pero cuando halló pureza enamorada en su camino le contuvieron los más delicados respetos: "Si yo quisiera, yo troncharía esos lirios —C. V. A.—; pero luego de troncharlos dirían de mí lo que las flores dicen del huracán; y las gentes, al ver el inútil estrago, me maldecirían, como el huracán es maldecido."

Por lo demás, claro es que no tenía para frivolidades. A las diversiones comunes solía Fermín subvenir con largueza. De una vez para todas había silenciado un día los escrúpulos de *su hermano*: lo que él tenía era de los dos. Y como Pepe sentía en sí una idéntica generosidad potencial, como no pensaba nunca que nada de lo suyo fuera solamente suyo, devolvía con creces, en moneda de cariño. Su generosidad de sí mismo y de su dinero escaso era punto menos que extravagante. A un carretonero airado lo calmaba dándole para que comprara dulces a sus hijos. E iba por las noches a la escuela de niños pobres sostenida por la logia, llevándoles melindres, libros y su gran imaginación para contar cuentos.

VII
LA REPÚBLICA

El día de Nochebuena del 73, en un alarde de beatitud parlamentaria, el Congreso de Diputados dedicó por entero la sesión pascual, última de aquellas Cortes, a leer el proyecto de ley por el cual el Gobierno de Ruiz Zorrilla declaraba abolida la esclavitud en Puerto Rico. La campaña tesonera y elocuente de Labra comenzaba a dar sus frutos, pero este era todavía fruto menguado. Pepe y Fermín, a quienes había hecho concebir esperanzas de cabal generosidad el patético discurso de Castelar en la sesión anterior, quedaron defraudados al escuchar cómo el Gobierno deploraba en su proyecto que "la insensatez de unos cuantos rebeldes pertinaces... le impidiera dispensar a Cuba el mismo beneficio".

Salieron del palacio de los leones comentando la ciega tacañería. ¡Cómo pesaban sobre aquel liberalismo canijo los intereses de los negreros, asiduamente defendidos por Manuel Calvo y su laya en el ministerio de Ultramar!

Madrid estaba alebrestado con las Pascuas. Las gentes pasaban rápidas, sesgadas contra el airecillo frío. Muchos llevaban cestos y paquetes bajo las capas. Aquí y allá veíanse puestos de mazapanes y turrones, vendedores de figurillas de Nacimiento. El aire, traía un hondo rumor de zambombas, puntuado de chillidos y alilíes lejanos. Por un rato, los dos amigos caminaron en silencio, sumidos en una misma evocación —la de otras Nochebuenas más cálidas y expansivas, olorosas a raspadura y a lechón asado sobre hojas de plátano.

Fermín fue el primero en sacudir la murria y, por empatar él coloquio con algún optimismo, sugirió que tal vez la abolición no andaba tan lejos para Cuba. Estébanez, don Nicolás Estébanez, a quien había sido presentado hacía unas noches en el café de Venecia, aseguraba que el triunfo federal venía por sus pasos contados. España estaba ya harta de su rey de extranjis.

Pepe respiró hondo. Sí: también él tenía puestos algunos ahorrillos de esperanza en el advenimiento de la República. Las señales de

59

trastrueque político venían siendo evidentes: el atentado contra don Amadeo, la sublevación de la marinería republicana en El Ferrol... Y, sobre todo, el tono espasmódico de aquella vieja política de crisis, celeras y cabildeos. Tarde o temprano, la República vendría, con su idea de una España nueva, espontánea, respetuosa de la personalidad regional... Bajo la dirección de hombres como Pi y Margall, Salmerón, Figueras, Estébanez, ¿tendría la República suficiente denuedo de conciencia para reconocer que Cuba había determinado ya su propia voluntad en la manigua, y que esa voluntad debía ser respetada?

La contestación no había de retrasarse; 1872 nació cargado de presagios. Pronto una nubecilla insignificante —un desacato al Gobierno por parte de los artilleros de Vitoria— encapotó el cielo político. Creyó oportuno Amadeo apoyar al arma levantisca, y cuando se vio desautorizado por el Congreso, decidió aprovechar la coyuntura para complacer a la reina, que cada día se hallaba menos a gusto en aquella tierra turbulenta, donde las damas borbónicas hasta se permitían afearle que le diese el pecho al infantito recién nacido.

Abdicó Amadeo. Las Cortes, reunidas el 11 de febrero en Asamblea conjunta, le despidieron con todos los floreos de la retórica castelarina y proclamaron, a votación seguida, la República. Pepe y Fermín, en la tribuna de la Prensa, no fueron remisos al aplauso. Pero cuando Martos vitoreó, con la República naciente, a la integridad de la patria y a Cuba española, los dos cubanos se quedaron silenciosos. Pepe hubiera querido en aquel instante levantarse y gritar: "¡No! ¡Viva Cuba española!, si ella quiere; y si ella quiere, ¡viva Cuba libre!"

Mas, pensó que era mejor decirlo por escrito y con razones.

El 15 de febrero, en efecto, hizo llegar a don Estanislao Figueras, presidente del Gobierno, un extenso escrito titulado "La República española ante la Revolución cubana".

Antes se lo había leído a Bernal y a los camaradas criollos. Fermín ya se sabía muchos párrafos de memoria. Con graves ademanes de asentimiento había escuchado don Calixto el noble exordio enderezado a mover "la generosidad" de la República triunfante. Pero cuando saturado de la doctrina democrática del propio Bernal, el alegato la llevaba a su lógica aplicación cubana, arguyendo que Cuba era libre, puesto que ya había manifestado en la manigua su voluntad de serlo, el viejo abogado se sobrecogió un poco ante aquella dialéctica codiciosa.

...Y si Cuba proclama su independencia por el mismo derecho que se proclama la República, ¿cómo ha de negar la República a Cuba su derecho de ser libre, que es el mismo que ella usó para serlo? ¿Cómo ha de negarse a sí misma la República? ¿Cómo ha de disponer de la suerte de un pueblo imponiéndole una vida en la que no entra su completa y libre y evidentísima voluntad?

Admiró Bernal la tersura de los razonamientos, el alto vuelo de los conceptos y el vigor de prosa, increíbles en pluma tan novicia, mas sus veinticinco años de observación de la política española le hicieron mover la cabeza escépticamente. Pepe fiaba demasiado a la consecuencia de los hombres; olvidaba que la Historia tenía su propia lógica. Terminada la lectura, había abrazado al discípulo y, con voz tomada por la emoción, le había dicho solamente: "¡Ojalá, hijo!"

Figueras acogió la embajada con algunas frases de adhesión genérica. Luego que se marchó el visitante, calóse las gafas, pasó la vista por el largo manuscrito, torció el gesto y depositó los pliegos en una gaveta.

El Ministerio no se enteró; pero Madrid, sí. Carlos Sauvalle y Fermín se cuidaron de que la copia fuese a la imprenta ya conocida de la calle de San Mateo y saliese en forma de folletos, que repartieron diligentemente por redacciones, tertulias y porterías oficiales. En las primeras se comentó la audacia de aquel mozo que se atrevía a dirigirse de tú por tú a la República con una pretensión semejante. Los antiguos foliculadores de *La Prensa* tomaron la actitud del "Ya lo decíamos nosotros", enturbiada aún más por el temor a que prosperase aquel filibusterismo oportunista.

La República no hizo caso. Estaba todavía demasiado preocupada consigo misma. Había surgido en la escena histórica por escotillón, y a nadie, ni a los propios republicanos, les convencía aquel triunfo manso y desmedrado. Muchos opinadores castizos entendían que el nuevo régimen no estaría legitimado mientras le faltara su bautismo de sangre. Estébanez se acostaba todas las noches con las botas puestas, esperando la asonada, y los santos varones —Salmerón, Pi, Figueras— no andaban menos embargados con la teoría.

En abril ya había perdido Martí todas las esperanzas. A trasmano, habíase convocado a los cubanos residentes en Madrid a una reunión en la Academia de Jurisprudencia. La consigna fue obtener de ellos una adhesión explícita a la República, fiando el porvenir de Cuba al triunfo de la idea federal, que le daría una virtual autonomía. Acudieron, por supuesto, todos los cubanos *oficiales* de la Villa y Corte, simpatizantes en su mayoría con el nuevo régimen. Un poco al margen de ese grupo ortodoxo, Bernal. Y más rumorosa que visible, la muchachada separatista, al frente de la cual se veía a Martí, entre Fermín y su hermano Eusebio, también a la sazón en España.

Cuando ya el debate amenazó perderse en diplomáticas vaguedades, Martí pidió la palabra. Sostuvo, como cuestión previa, la falta de personalidad de los cubanos residentes en Madrid para comprometer en modo alguno la libre determinación de su voluntad que Cuba estaba dando en la guerra. Hubo voces, aspavientos, invocaciones a la cordura, lirismos de los criollos españolizantes. Impertérrito, Martí recogió todas las alusiones jocosas, refutó todos los argumentos serios, reprodujo, con aumentada vehemencia, los de su alegato escrito a la República. Siete horas le tuvo en pie la discusión —un jovencito de veinte años, mal vestido, vibrante de frase y gesto, frente a la asamblea de varones enlevitados.

La hostil acogida de aquella noche le permitió comprender que su llamamiento a la generosidad de la República había recibido ya toda la atención oficial que podía esperarse. A la verdad, nunca había fiado mucho en su eficacia. Sabia que en España la opinión pública no se movía por razones si la pasión no la asistía favorablemente. Con su escrito solo había pretendido —como explicaba por carta a un cubano de Nueva York— hacer entender a los españoles, "extraños por completo, si no a la idea de la posibilidad, a la idea de la justicia de nuestra independencia..., cómo, si hasta entonces había sido infame, sería desde entonces doblemente fratricida su guerra contra Cuba".

La hostil acogida de aquella noche le permitió comprender que su llamamiento a la generosidad de la República había recibido ya toda la atención oficial que podía esperarse. A la verdad, nunca había fiado mucho en su eficacia. Sabia que en España la opinión pública no se movía por razones si la pasión no la asistía favorablemente. Con su escrito solo había pretendido —como explicaba por carta a un cubano de Nueva York— hacer entender a los españoles, "extraños por completo, si no a la idea de la posibilidad, a la idea de la justicia de nuestra independencia..., cómo, si hasta entonces había sido infame, sería desde entonces doblemente fratricida su guerra contra Cuba".

Néstor Ponce de León, secretario de la Junta revolucionaria de Nueva York, era el destinatario de esta carta. Martí le mandaba también, por si creía oportuno distribuirlos, ejemplares de su folleto. Y explicaba:

> ...Con las páginas que he escrito les digo cómo estoy dispuesto, si en algo creen que pueda yo servir, a recibir sus indicaciones sobre lo que más crean que convenga a la suerte de Cuba, sobre lo que piensan que ha de precipitar nuestra completa independencia, única solución a la que, sin temor y sin descanso, he de prestar toda la pobreza de mis esfuerzos y toda la energía de mi voluntad, triste por no tener esfera real en que moverse.

VIII
LA RAMA DE ALMENDRO

Para Aragón, en España,
tengo yo en mi corazón
un lugar todo Aragón,
franco, fiero, fiel, sin saña.
(MARTÍ, Versos sencillos.)

No era todavía "esfera real" para su patriótica impaciencia la muy noble y vetusta ciudad de Zaragoza, adonde Martí se trasladó con Fermín un mes después —en mayo del 73—, luego de haber presenciado en la capital el ridículo conato de reacción que solo sirvió para poner sobre sus pies a la República. Mal avenidos aún con el clima natural de Madrid y positivamente amargados ya por el político, resolvieron los dos cubanos atender la recomendación facultativa de que se mudaran más al Norte. ¿Barcelona? ¿Zaragoza? El azar, más que otra cosa, decidió por la capital aragonesa. Habían adelantado irregularmente en los estudios: tal vez en dos años más podrían darles cima en la ilustre cuanto benévola Universidad cesaraugustana.

Por lo demás, nunca llegaron a descubrirle ventajas higiénicas al clima de Zaragoza, que resultó ser destemplado y mudable como él solo. Lo bochornoso del verano no fue óbice, sin embargo, para que los criollos se sintieran pronto muy a gusto en la ciudad pilareña. Poco favorecida de estudiantes extranjeros, el hecho de que a ella acudieran los dos cubanos desde el mismísimo Madrid halagó el espíritu local, reflejándose esta complacencia en francas demostraciones de amistad y simpatía. Por su parte, después de la vida nerviosa y como flotante de Madrid, los muchachos encontraron en la placidez provinciana un sosiego reparador y cierta ilusión de arraigo casi hogareño.

En la casa de huéspedes de don Félix Sanz, calle de la Manifestación, se les ofreció, no el hospedaje interesado y un poco sórdido de Madrid, sino hospitalidad auténtica, con cierto viso familiar. Tenía don Félix, a más de su ancha casona y jardín, dos hijas guapitas y alegres, a quienes llamaban en Zaragoza "las páticas verdes", por haber asistido un año con medias de ese color a la procesión del Rosario del Pilar. Fermín y Pepe acertaron a repartirse sin debate la predilección de las muchachas, y este consuelo tan inmediato a sus respectivas soledades fue otro don zaragozano que, desde los primeros días, les endulzó el exilio. Para más amenidad, había en la casa un criado negro y cubano, "hombre de armas y de frases", según Fermín. Simón —que así se llamaba— había sido deportado a Ceuta por Lersundi, con la tacha de ñáñigo y de algo peor. Cumplida la condena, fue a parar a Zaragoza, donde pasó, de limpiabotas en el Arco Cinegio (Puerta Cineja), a fámulo del hospedaje. No hay que decir el alborozo de Simón con los huéspedes *insurrectos*, ni los pintorescos relatos a que le provocaban los muchachos, ávidos de evocación criolla.

También les fue grata la nueva vinculación académica. En la Universidad viejísima, que hacía datar su origen de los mismos tiempos augustanos, el plan centralizador del 45 no había desalojado aún del todo la tradición independiente, ni ciertos hábitos de cofradía intelectual en que catedráticos y alumnos alternaban con llaneza. Cayeron allí los cubanos como onza de oro. Divulgada pronto su ideología de *insurrectos*, más fue motivo de bromas generosas y de prudentes debates en y extra cátedra que de ocasionales sarcasmos. La extraordinaria madurez de Pepe, su don de frase y argumento y aquella dulzura ardiente que de todo él trascendía, le granjearon la estima y el cariño de los profesores, con los cuales se le veía a menudo salir de la Universidad por las tardes en animado coloquio. Circunstancias todas nada adversas, por supuesto, a que, al mismo tiempo que adelantaba sus estudios de Derecho, finiquitara los de bachiller en el Instituto provincial.

Mucho le embargaba esta doble empresa, pero aún le dejaba ocio para abismarse en lecturas históricas, frecuentar las tertulias del café y del *Diario de Avisos* o el estudio del pintor Gossalvo, que solía acompañarle de noche por las calles tortuosas y enlunadas, a contemplar la silueta misteriosa de la Aljafería o la cimitarra del Ebro silencioso.

En las mañanas de asueto sumergíase en la nave de la Seo, que le llenaba de una suave emoción religiosa. No era él nada beato: las muchas lecturas ateas y la disciplina de los "hijos de la viuda", como llamaba a los masones la España burlona, le tenían ya muy menguada la poca fe sectaria que lograra inculcarle doña Leonor. Pero había sin duda, un Dios, y a ciertas horas, cuando las beatas no estorbaban demasiado, su presencia parecía sentirse como una gran sombra fría en la nave callada e inmensa.

Frente a las piedras viejas de Zaragoza daba Martí rienda suelta a su poder de evocación, repasando en imágenes la historia recién leída en los libros. Gustador de las minucias y vicisitudes de los estilos, apuntaba cuidadosamente sus observaciones, asistidas por la erudición local de Gossalvo. Un cuaderno se fue llenando de las versiones lujosas de aquellas visitas.

Por el invierno llegaban de Madrid compañías tolerables de drama y de comedia, y Pepe y Fermín no faltaban al teatro Principal, ocupando el palco número 13, que superstición local esquivaba. Eran entonces blanco de las miradas los dos cubanos: Fermín, esbelto, con su cara de niño azorado; Pepe, con su aire de doncel doliente y sus maneras elegantes.

Una noche descubrió en el patio de butacas unos ojos color avellana que, sorprendidos *in fraganti* fingieron ignorarle. Dos veces más ocurrió esto. A la cuarta Pepe se puso más pálido, y la espectadora, blanca y rubia, más rosa. En el último entreacto le fue presentada. Blanca se llamaba ella; Blanca de Montalvo. Y ya aquella noche Pepe, acompañante decidor después de la función, se quedó largo tiempo arrobado frente a una fachada señoril de la calle de Platerías hasta que desapareció la claridad de una ventana.

Lo demás fue cosa de pocos días y visitas. El amor, que hasta entonces solo le había rozado juguetonamente, prendió esta vez con violencia. Encontraba buen combustible: un haz de finos nervios criollos, un espíritu tomado de nostalgias y tan ávido siempre de ternuras, que la amistad misma se llenaba en él de una calidad apasionada. Fermín se había reído muchas veces del acento del noviazgo que Pepe ponía en las cartas a la madre y a las hermanitas lejanas, a Ana sobre todo, que escribía "en poetisa". Desprendida de sus raíces, quemada por una gran impaciencia, la juventud de Pepe había sido hasta entonces un poco seca y dramática. En su jovialidad notábase siempre cierto esfuerzo que le daba un tinte melancólico. Ahora observaba Fermín con gozo y aprensión a un tiempo, que Pepe se reía como no le había visto reír desde hacía años. En efecto: el almendro del jardín alzaba "su rama oscura en flor" hasta la ventana del cuarto de los amigos, y Pepe sentía que algo primaveral había entrado en su vida.

En la primera fase del optimismo amoroso ni se le ocurrió la idea de que aquel arrebato pedía cautela, ya que andaban de por medio los miramientos y los cálculos de una familia distinguida y su propia condición de ave de paso. Se entregó al primer amor con un ímpetu de perennidad, no exento, sin embargo, de filosóficas consideraciones. Embebido del armonicismo germánico que en España privaba desde que Sanz del Río se trajera a Krause de Alemania, Pepe opinaba líricamente que "cada ser en mitad viene a la Tierra":

Así es toda la vida del humano:
¡buscar, siempre buscar, su ser hermano!

Y estaba seguro de haberlo encontrado en la dulce y dorada Blanca de Montalvo. Por lo demás, sus pensamientos se asomaban a su "casto amor" tan inocentemente "como el césped mi margen de los ríos". Y Fermín vigilaba.

Solo pasajeros agobios del mucho y apurado estudio y alguna que otra carta nostálgica de La Habana turbaban la semiformal placidez del idilio. En agosto, apenas examinadas siete asignaturas de Derecho y diez de bachillerato, había matriculado Pepe ocho de Filosofía y Letras. Desde La Habana doña Leonor hablaba del asma paterna, las estrecheces y lo delgadas que estaban las niñas con el crecimiento. Don Mariano había vuelto a quedar cesante, y como en la isla, asolada por la crisis y la quema de ingenios, cundía la miseria, el emprendedor valenciano hablaba de irse a México con todos los suyos para ver si mejoraba de fortuna. Doña Leonor y Ana aprobaban con entusiasmo el proyecto, pues así podría ir Pepe a reunirse con ellos cuando terminara sus estudios, si es que la isla le seguía vedada.

Estas noticias y las que traían las cartas de Carlos o se leían en los periódicos sobre la revolución, cada día más pujante en Cuba, despertaban en Pepe ímpetus adormecidos por los arrullos de la vida provinciana. Blanca le encontraba entonces silencioso y como trabajado por una súbita impaciencia. Pero el amor solía volver por sus fueros, secuestrando para sí aquellos arrebatos. Pepe acababa justificándose ante su propia conciencia: estaba preparando las armas para cuando tuviera "esfera real" en que moverse. Otras veces un dulce egoísmo de enamorado lo acallaba todo.

Vino el otoño, con su fiesta del Pilar baturra y solemne y sus vendimias retozonas. Vinieron las Pascuas de zambombas, nacimientos y hojaldres. (¡Qué linda, Blanca, con su mantilla negra cerniéndole el oro del pelo!) Y llegó, con lo recio del invierno, la ventisca helada del Pirineo. En la casona de Platerías era dulce el coloquio apartado del corro familiar, al amor de los braseros.

Una noche se hablaba de que en el Casino había gran alboroto porque de Madrid llegaban noticias increíbles de que el general Pavía había disuelto el Congreso en la madrugada anterior. Los ánimos estaban indignados con aquella puñalada trapera a la República. A Pepe no le tomó muy de sorpresa el acontecimiento. Había seguido con curiosidad los apuros del régimen: la deserción de Figueras, el fracaso de Pi y Margall en su pretensión de calmar con filosofías los extremismos de los cantonales que, impacientes por la demora del régimen federal, habían llegado a alzar en Cartagena bandera de autonomía. Pepe conocía con cierta intimidad esta divertida intentona por las cartas de Carlos, que tenía un vago primo español, Alfredo Sauvalle, metido en aquellas andanzas: ¡nada menos que ministro de Hacienda del Gobierno cantonal! Por escrúpulos doctrinales, Salmerón no había querido castigar severamente aquella indisciplina, que había distraído del Gobierno los recursos necesarios para sofocar la guerra carlista, más impetuosa que nunca; y ahora, un espadón barría, de la noche a la mañana, el Gobierno de Castelar, cuarto presidente de la República en el espacio de ocho meses.

Zaragoza está revuelta al día siguiente. Por la noche han sonado en la calle gritos y trabucazos. Cuando Martí se levanta y va a preguntarle a Simón qué acontece, el negro contesta tiritando: "Niño, hay un frío que se jielan las palabras".

Pero algo más grave está sucediendo. Los republicanos se han echado a la calle dispuestos a repetir la asonada del 69. Están alzando barricadas, de acuerdo con la gloriosa tradición de los Sitios. Simón, que solo le teme al frío, entra y sale trayendo noticias del tumulto. En los subterráneos del Coso se están repartiendo armas a los vecinos airados y a los milicianos del gorro frigio. El general Burgos, capitán general de la región, ha ocupado ya con las tropas las bocacalles principales.

Apenas recobró el aliento y se calentó un poco en la cocina, Simón volvió a salir, diciendo que él también iba a pelear por su segunda patria. Mientras tanto, las "paticas verdes" rezaban a la Pilarica y dirigían a Pepe y a Fermín miradas patéticas. En la calle arreciaba el tiroteo, se oían gritos y galopar de caballos. Los cubanos quisieron salir. Don Félix, que recordaba el trágico antecedente de 1869, los disuadió. ¿Qué le debían ellos a la República? ¿Y no les cumplía reservarse para una causa más propia y más querida? El argumento fue decisivo.

Toda la mañana y buena parte de la tarde continuó el tableteo de la fusilería, amenizado a intervalos por el estruendo bronco de los cañones Krupp que el general Burgos había emplazado sin contemplaciones contra las barricadas. A la caída de la tarde se aplacó el estrépito, y poco después volvía Simón, con la chamarra en jirones, manchada de sangre y de pólvora: "¡Alabao! ¡Peol que l'Abana, niños!", gritó al entrar.

Todos le hicieron corro, y el negro, en tono casi festivo y en su lenguaje congo, sembrado cómicamente de zetas españolas mal situadas, narró los sucesos del día. Se había batido él, hasta el último momento, en la barricada grande de la plaza del Mercado. Los soldaditos tiraban a matar, y no habían respetado mujeres ni niños. Junto a él habían caído diez o doce hombres después de pelear como fieras. Lo mismo había ocurrido en la puerta de San Ildefonso, en la Tripería, en la calle Mayor. Los cañones habían hecho estragos en puentes y edificios. Ya los soldados tenían copada la ciudad y estaban fusilando a cuantos vecinos cogían con armas: "Un milagro ha zío, niñoj, que yo me pudiá ejcapal. Pué zé que po el colol..."

Al otro día, Zaragoza estaba tranquila. Piquetes de soldados patrullaban las calles. En la plaza del Mercado, donde cayeran antaño

69

las cabezas de Lanuza y de Padilla, Pepe y Fermín vieron todavía en pie algunas porciones de barricada con charcos secos de sangre en torno. El enamorado fue a cerciorarse de que ningún daño había sobrevenido a la casa amada. Regresó luego a la suya con cierto melancólico enardecimiento. En Zaragoza también la República había muerto a manos de un generalote ganoso de algunos entorchados más.

Cuando días después vinieron a pedirle a Martí que hablara en la velada que iba a celebrarse en el Principal a beneficio de las viudas y huérfanos de los maños valientes, no pudo negarse. Era la primera vez que Zaragoza le solicitaba para un servicio público, pensando acaso que ninguna voz como la del joven *insurrecto*, a pesar de su modestia, para entonar con la necesaria prudencia la elegía de su libertad.

Martí compuso un poema heroico-filosófico que habría de leer el actor Leopoldo Burón, y preparó, con todos los frenos del caso, un discurso acerca de la Muerte, la Caridad y el Amor. Pero ya en el escenario, se olvidó completamente del discurso, e improvisó un fulgurante epinicio a la rebeldía cívica, que hizo al delegado de la autoridad moverse inquieto en su palco. Mientras Blanca, más sonrosada que nunca, destrozaba un pañolín de encaje, el teatro se estremecía con la ovación y Fermín acudía a estrujar a Pepe entre bastidores.

En mayo tuvo que darse una escapada a Madrid "por causa de enfermedad". Aunque la vida provinciana había fortalecido mucho a los dos maltrechos Criollos, últimamente Pepe se había resentido bastante del exceso de estudio y del exceso de amor. La devoción purísima por la rubia damita de la calle de Platerías causaba los naturales estragos en su naturaleza ardiente. Y el sarcocele del presidio volvía a darle quehacer.

Encontró Madrid conturbado por la política, sobre la cual don Calixto tenía que decir, como siempre, cosas audaces y pintorescas. Todavía se comentaba airadamente en las tertulias la *humillación* que los Estados Unidos habían infligido a Castelar y a España con motivo de la captura del barco expedicionario *Virginius*, cuya tripulación bilingüe había sido mandada fusilar sin contemplaciones por el gobernador militar de Santiago de Cuba. La causa de la isla había perdido simpatías en Madrid. Lloraban aún los cubanos más recatados la muerte de Céspedes, ocurrida a principios de año, y se consolaban con vagas noticias de las victorias de Máximo Gómez, que estaba llevando la insurrección a su apogeo. Martí echó de menos el tranquilo entusiasmo de Carlos, que ya se había marchado de España.

Al regreso del viaje facultativo le esperaban los exámenes finales del bachillerato y, en seguida, los de grado para la licenciatura en Derecho. No aspiraba más que a un aprobado en éstos, y lo obtuvo. Había hecho sin amor aquel aprendizaje formalista de una materia que le repugnaba un poco por como dependía de las Querellas de los hombres. En cambio, ¡con qué entusiasmo y ahínco se había entregado a los estudios de Filosofía y Letras, "que espontáneamente amaba y que con insaciable aliento de pobre deseaba para sí"! Para pagarse la matrícula de ellos había ido a pedir trabajo —cualquiera que fuese: "intelectual, de versión, manual" — a un editor-librero. No lo obtuvo. Pero su "aliento de pobre" venció. El sobresaliente campeaba ahora en esa otra hoja académica. De los temas sacados a la suerte para el examen de grado, eligió, naturalmente, el que proponía "la oratoria política y forense entre los romanos". Le permitió hablar de Cicerón con párrafos que al Tribunal le parecieron casi ciceronianos ellos mismos, salvo la abundancia tropical.

Era el 24 de octubre. Llovía. Al regresar de los ejercicios recibiéronle las "paticas verdes" con algazara. Le tenían preparado almuerzo de santo, con todos sus platos preferidos. Pero Pepe sonreía con un poco de tristeza. Solo Fermín, al abrazarle en silencio, comprendió. La preparación había terminado; ahora, la vida grande, el gran deber, aguardaban.

Al mismo editor que meses antes denegara su solicitud de trabajo le dirige por escrito una petición más rara. Ha terminado sus estudios —le informa con sobrio orgullo— y comenzará muy pronto fuera de España el ejercicio de su carrera. Necesita para ello el Diccionario de Escriche y los Comentarios de Gutiérrez. "Y sobre esto me alegraría llevar conmigo las dos obras filosóficas de Azcárate." No tiene dinero para comprar esos libros. Solo le puede ofrecer, en pago, el artículo que le envía, y tanta más labor de pluma cuanto sea menester si con

71

ella puede hacerse de las obras que han de servirle "para el desempeño de mi carrera, no para vida mía, que para esto no seguiría yo más carrera que la de hombre", sino "para sostén y ayuda de mi pobre y agobiada casa".

Aguardó en vano. Las responsabilidades le urgían, pero todavía el amor se fue inventando plazos a sí mismo. Fermín no se había decidido aún, y ¡estaban las Pascuas tan cerca!.. Una noche de noviembre fue ya inevitable la decisión. ¿Por qué se había formado, desde niño, aquella idea tan imperiosa del deber? ¿Y qué presentimiento, qué íntima vocación era la que le hacía sentirse más obligado al porvenir incierto que a la dulce realidad presente?

Ella también comprendió, o fingió comprender. Todo el tiempo le había amado con una angustia de provisionalidad, como algo fatalmente irretenible... Lloraron aquella noche, frente con frente, cambiando las promesas de la mentira conocida. Al día siguiente, Zaragoza vio partir a las aves de paso. La rama de almendro era ya un gajo seco en el retal de cielo gris. Con dolor de alma dejó Pepe la tierra "donde rompió su corola la poca flor de su vida".

IX
EL ROMÁNTICO

Que un límite de amor no diera encanto
a la grave ambición de mi deseo.
(Sin amores.)

Desde el sollado de popa de un vapor inglés, en la travesía de Southampton a Veracruz, un caballerete pálido, con botines de charol y la melena al viento, mira deshacerse la estela en el mar de acero.

¡Qué lejos va quedando todo! Hasta del pasado más cercano se borran ya los perfiles, como si hubiera sido un sueño. Solo persisten las viejas imágenes: un amigo, una tierra florida, una mujer, otro amigo... Sobre ellas, la turbamulta de las impresiones recientes: el vistazo parco y moroso al solar español, a las otras ciudades de siglos y de piedras...; la ávida escapada a Francia; el París inquieto de Septenato, con su hervor de rencores y sus mujeres de *malacoff*, tan bien desnudadas en los cuadros de Gérome y de Jules Lefebvre... El abrazo del amigo en El Havre... Inglaterra, llena de niebla y de olor a pipa; y, en Southampton, la tentación al corazón aventurero: una inglesita suave y cuna media hora luminosa"... Cuatro años; unas cuantas semanas: ¡qué lejos ya todo! Y ahora, rumbo al pasado viejo y al porvenir desconocido, aquí, con sus tres diplomas y su sabiduría del mundo grande, ¡en tercera!

Fermín había insistido en que sacara más digno pasaje. Iba Pepe, sin embargo, escaso de dinero, y ¿quién sabe qué apuros no estarían pasando los viejos en México, recién llegados a tierra extraña, y con Ana enferma?.. Le da náuseas el hedor a lona húmeda y a reses sacrificadas. Le afligen estos emigrantes hacinados que van, con su miseria a cuestas, a buscar fortuna. Pero ¿qué es él mismo, después de todo, con sus diplomas y sus botines de charol, sino uno de ellos, un *lítero* pobre y enfermo que va también a lo desconocido?

—¡Míster Martí!

Se volvió. Era nada menos que el capitán. Venía a informarle que un joven alto, de ojos abultados, que no había querido dar su nombre,

73

había pagado en la oficina de la casa consignataria en El Havre la diferencia hasta un pasaje de primera a favor de míster José Martí.

Con los ojos aguados, inseguro el paso, siguió al capitán hasta la cámara lujosa. Le pareció que el propio Fermín, "algo de su Cuba", le acompañaría en el largo retorno.

La última obra de Víctor Hugo —*Mes fils*— le dio también compañía. Era la sensación literaria a su paso por París. Allí había hecho el viajero una amistad fugaz con el poeta Augusto Vacquerie, amigo de Hugo. Le había vertido al castellano "una hermosa canción", y el poeta le regaló aquel ejemplar de *Mes fils*. ¡Cómo se lo agradecía ahora, en la soledad silenciosa del Atlántico! Dejos de la ira olímpica de Guernesey alternaban aún, en las breves páginas, con las tiernas evocaciones del padre desolado, los arranques mesiánicos, los dolores del patriota por la Francia humillada. No menos que el aire del mar, tonificaron a Martí aquellas elocuentes reflexiones de Hugo sobre la tristeza del proscrito y el placer del sacrificio.

Veracruz, al fin. Cielo azul, mar azul, y sobre las azoteas y los muelles y el castillo aislado de San Juan de Ulúa el sol violento de América otra vez.

Un júbilo casi infantil disipó súbitamente la nostalgia de las cosas idas, de La Habana, pasada de largo en un mediodía rutilante. También aquel de México era suelo de patria, ¡de una patria más grande! La reflexión, que tantas veces se había hecho en sus cálculos de desterrado, tomaba ahora cierto calor emocional. Aquella perspectiva más diáfana, aquel aire espiritoso, aquellos hombres oscuros que, en el muelle, disputaban con un dejo parecido al de Cuba, todo le daba una sensación real de afinidad. Cuando, instalado ya en el tren, vio desfilar sucesivamente la planicie costeña, surcada por las sombras violáceas de los zopilotes, las plantaciones híspidas de maguey, el río de azogue bajo el sol, las ruinas misteriosas y distantes entre las nopaleras, la selva, en fin, y las montañas tocadas de rosa, sintió que las imágenes abstractas de América se le concretaban con un perfil casi familiar. De mera idea, la solidaridad aprendida en las lecturas pasaba a una categoría sentimental: entusiasmo y orgullo. ¡Aquello también era patria!

Fueron dos jornadas de embebimiento en el maravilloso paisaje. Cuando, al fin, cundió por entre los pasajeros la trémula expectación de la llegada, era ya medianoche. En el andén vio en seguida los anchos hombros y la cabeza militar de su padre. Un instante después sintió el viejo roce del bigotazo hirsuto en las mejillas.

Con su padre había venido a recibirle un hombre joven, cetrino, de pulidos ademanes. "Es don Manuel Mercado, Pepe, nuestro vecino." Martí estrechó la mano al amigo de México, de quien sabía ya mucho por las cartas. Observó que su padre vestía cerrado de negro, y la súbita aprensión le heló el ánimo. "Padre, ¿y Ana?"

Don Mariano se demoró tanto en contestar, que la respuesta fue ya innecesaria. Era el primer gaje conocido de la ausencia. La jardinera, ruidosa, sobre el empedrado, se adentró por las calles solitarias, cuya sombra horadaban a trechos los reverberos de gas. Don Mariano hacía vagos comentarios, que Pepe no escuchaba. Iba prendido a la imagen de su hermana. Recordaba sus trenzas rubias, sus cartas largas y algo poéticas que habían llevado tantas veces a sus soledades frías de España un tibio aliento de hogar.

En el entresuelo humilde fue luego, tras las lágrimas y las risas de bienvenido, la evocación puntual. Ana había tenido una muerte romántica. El corazón se le había enfermado de la altura de México y de tristezas de ausencia. Su novio, Manual Ocaranza, había tenido que irse a Europa a ultimar méritos para su aspiración a director de la Escuela de Pintura. Pepe y él, cada cual por su lado, tenían anunciado el próximo regreso. Ella los esperaba todas las noches. Tardaba el pintor. Pepe también se retrasaba con sus últimas andanzas. Y un día Ana *se quedó* sin haber llegado a ver al novio ni al hermano. Tenía apenas dieciocho años. En el entierro todos vieron, pálido y hosco, a su primer pretendiente en México, el joven Venustiano Carranza.

Don Mariano rompió con forzada jovialidad el silencio lloroso. Las niñas contemplaban ruborizadas y circunspectas al hermano que les volvía hecho hombre. Leonor, *la Chata*, con la opulencia de los veinte años; Carmen, quinceña; Amelia, un alboroto de bucles dorados; Antoñica, la prietecita... Las fue besando en silencio, aludiendo a los *recuerditos* que traía en el baúl. Luego se dejó sentar como un niño en el regazo de doña Leonor, que ya veía poco y no cesaba de palparle las manos, la cara...

El piso superior de aquella misma casa, en la calle Principal Segunda, lo compartía Manuel Mercado con su tocayo Ocaranza, que ya había llegado de Europa y pintaba un retrato de la novia inhallada. Frente a la linda imagen Pepe permanecía largos ratos en pie, con los ojos brillantes.

Los dos amigos le iniciaron en el conocimiento de la ciudad grandota y pintoresca, con sus iglesias de tumultuosas fachadas, su lujo de arboledas y plazuelas, bajo cuyos toldos se inmovilizaban las indias en sus petates o discurrían solemnemente hombres greñudos de sombreros descomunales.

Mercado, que era secretario del Gobierno del Distrito Federal, impuso a Martí de la política vigente. El licenciado Lerdo de Tejada presidía la República, que Juárez había recién desembarazado del infeliz Maximiliano. En el Gabinete del *indito* venerado había sido don Sebastián ministro de Relaciones Exteriores. Heredó el civilismo de don Benito; el pueblo le quería, pero no le faltaban enemigos desde que era presidente, sobre todo entre los *mochos* o clericales, a quienes estaba metiendo en cintura. De cuando en cuando armaban alguna *bola* con las inaiadas de los Estados lejanos —"no por nada, sino porque en México se ataca siempre al que está arriba".

Martí escuchaba atentamente. Como no fueran las letras, nada le interesaba tanto como la política. El arte de hacer pueblos y de regirlos se le antojaba todavía algo mágico, que debía de tener su secreto. Y adivinaba que, después de la experiencia española, iba a ser para él un consolador espectáculo el de este pueblo todavía en formación, que exploraba sus rumbos con recobrada turbulencia.

Pero tiempo tendría de ser espectador y paseante. Ahora lo que urgía eran los apuros de la familia. Don Mariano había tenido que recurrir, como siempre, a su *modus vivendi* de emergencia: el trabajo de sastrería en cantidad. Para un tal Borrel, proveedor del Ejército y de otros Cuerpos uniformados, cortaban y cosían incansablemente el viejo, doña Leonor y las muchachas. La casa era todo trapos y penurias. Día hubo en que, recién llegado aún, Pepe tuvo que salir a improvisar penosos auxilios para cubrir la necesidad que en vano doña Leonor pretendía disimularle.

No, los pobres viejos no le apuraban. Conocíale ahora Pepe a su padre la orgullosa delectación con que escuchaba el relato de sus viajes y de sus estudios, tornando a cada punto la mirada para comprobar la admiración de los demás oyentes, mientras a doña Leonor se le llenaba el semblante de beatitud. Ya había hecho ella colgar los diplomas en el testero de honor. El más alto, como una invitación silenciosa, era el de abogado... Pero a Pepe la idea de ejercer la carrera le inspiraba cierta repugnancia, y se argüía a sí mismo que aún no estaba lo bastante hecho a los modos y gentes del país para ingresar en la curia socorridísima. Por lo pronto, se las buscaría enseñando o escribiendo para los periódicos.

Mercado, que tenía vara alta en la Prensa gubernamental, le consiguió algunas tareas humildes en *El Federalista*. Y cuando más tarde le habló al coronel José Vicente Villada, amigo de Lerdo y director de *La Revista Universal*, cuajó la recomendación que ya había hecho de Martí su compatriota Antenor Lescano, colaborador distinguido de *La Revista*. Era esta un apretado diario "de política, literatura y comercio", las tres preocupaciones cardinales de la época en su orden de importancia local.

A principios de marzo ya tenía Martí parte en los trabajos anónimos de la publicación y calzaba su firma unos versos que decían la pobreza de su hogar y su estro angustiado. Pero "la simpatía de los círculos literarios", que *La Revista* le había pronosticado al publicar esos versos, no había de ser todavía para el poeta en agraz, sino para el traductor asombrosamente maduro de *Mes fils*. A Villada no le pareció mal la idea de dar en folletín una versión de la última obra de Hugo, el oráculo poético de América, y a Martí, la ocasión de traducir aquel "libro grave y amado" le produjo "una alegría pueril".

Tomó, sin embargo, todas las precauciones literarias del caso. Él no era un romántico:

> En las estrecheces de una escuela yo no vivo. Ser es más que existir... No hay romanticismo ni hay clasicismo... Yo no amo... sino

77

esta abstracción, este misticismo, esta soberbia con que las almas son análogas, y los mundos series, y la vida vidas, y todo es universal y potente, y todo es grave y majestuoso, y todo es sencillo como la luz y alto y deslumbrante como el sol.

No sospechaba el novicio hasta qué punto su protesta misma de independencia era una fe de adhesión romántica. Pero aquel mismo prólogo declaraba su anhelo de "escribir con toda la clara limpieza, y elegancia sabrosa, y giros gallardos del idioma español", y su traducción logró, en efecto, llevar la turbulenta onda huguesca por un cauce tan límpido y castizo, que los literatos mexicanos se hicieron lenguas de la proeza. ¿De dónde había salido aquella pluma arrogante, tan mal avenida con su anonimato?

La Revista le confió a Martí más delicadas tareas informativas. Por las tardes hacían tertulia en la redacción los mejores ingenios de México. Guillermo Prieto, veterano de las letras y de las luchas políticas, tenía la presidencia natural de las reuniones, con su espíritu pirrónico y su facha de viejo memorialista. A veces le disputaban esa autoridad los dos Ignacios ilustres: Ramírez, *el Nigromántico*, de vasto saber y humor afilado, y Altamirano, que llevaba alma griega en carne indígena. Un poco consciente aún de su foraneidad, el joven cubano escuchaba en silencio las largas pláticas sobre la política del país y los progresos de "las luces". Alguna vez terciaba con aplomo. Pero solo cuando los viejos se iban trababa charla abundante con Manuel Flores, poeta de erótica inagotable; con Justo Sierra, un Píndaro en cierne; con Juan de Dios Peza, sobre todo, a quien "la sonrisa no se le caía de los labios ni el sombrero de los ojos". A menudo, un veterano se quedaba rezagado entre la joven literatura. Era el hereje Juan José Baz, terrible para los curas, pero "benévolo y cordial con el que, huérfano de patria, se amparaba en la suya".

Esta condición de desterrado político de Martí, unida a su férvida juventud y a la abundancia mental y cordial que se le derramaba en gestos y palabras, conquistaron pronto la circunspecta reserva de los mexicanos. Ya le llamaban Pepe Martí y le sentían como de los suyos. Encontraban encarnados en aquel cuerpo fino e inquieto todos los lujos de sensibilidad, de rebeldía y de esperanza gratos a la época.

México estaba viviendo, en efecto, su ocaso romántico. Todavía se desmayaban los versos en ayes y suspiros, y las jóvenes, naturalmente pálidas, se hacían acribillar de madrigales los abanicos.

Hasta una musa romántica había: una de esas bellezas un poco literarias y un mucho seductoras que hacen —y tienen— historia. La Jorge Sand mexicana se llamaba Rosario de la Peña, pero se la conocía por Rosario *la de Acuña* desde que —hacía cosa de un año— el poeta de ese apellido se suicidara, dejando escrito en el álbum de ella un conmovedor "Nocturno", cuyos versos protestaban "A Rosario" su amor tan desesperado como ardiente y le decían su último adiós, visto "el hondo abismo" que de ella le separaba. Naturalmente, todo México, que se sabía de memoria el lacrimario de Manuel Acuña, pronunció culpable a la amada. Pero en el Liceo Hidalgo, el sumo centro literario, llegaron a formarse bandos en pro y en contra de la señorita de la Peña. Fue una cuestión nacional y casi continental.

Desde entonces, orlaba a Rosario *la de Acuña* una aureola fatídica, motivo de más para que las mujeres la siguieran envidiando y los hombres amándola. Ella, entretanto, paseaba su melancolía altiva y su espléndida belleza bajo los ahuehuetes de la Alameda y, por las noches, recibía en su salón a lo más lucido de la gente de letras. Innúmeros y a cuál más rendido eran los homenajes que iban dejando en su álbum, desde cuya primera página el ilustre Ramírez (prendado de Rosario, a pesar de su viudez reciente y cincuentona) había convocado a los poetas a que esparcieran "a los pies de la diosa incienso y flores".

A Martí lo llevaron en seguida a consagrarlo. Halló a Rosario alta, morena, gallardísima, con largos ojos insondables y, en torno a la cabeza, la endrina de sus propias trenzas con algo de diadema fatídica. Todo lo cual le impresionó violentamente.

La florida rama de almendro ya no era sino un dulce recuerdo, Veintidós años fogosos clamaban por una presencia de amor. Había llegado a México "con el mal de un alma en el vacío", mal del siglo, y la noticia de la muerte de Ana lo agravó, obligándole a desahogarse en versos místicos y patéticos. Pero ahora comenzaban ya a tonificarle el aire fino de la meseta y los halagos de la hospitalidad mexicana.

Estaba lleno de impaciencias, de ternuras vacantes. Cuba era todavía un sueño, implacablemente tasado por las responsabilidades inmediatas: en su casa había unos viejos, heridos aún de ausencia, y unas niñas que trabajaban... Pero la misma inhibición del ansia patriótica dejaba en su espíritu una avidez de intensidad. Necesitaba emplear sus fervores y sus sueños. ¡Y Rosario era tan hermosa!

En seguida aventuró en el álbum promiscuo la confesión de un sueño ardiente:

En ti pensaba, en tus cabellos,
que el mundo de la sombra envidiaría.
Y puse un punto de mi vida en ellos,
y quise yo soñar que tú eras mía.

Un punto de su vida y un sueño no más. Pero Rosario sonrió complacida. Le había sido muy simpático aquel cubanito insinuante que traía en los ojos "aprisionado todo el sol de su isla nativa". Solo que Martí quería ir demasiado aprisa. A las pocas semanas llenó otra página del álbum con frases que eran ya toda una declaración. Terminaban confesando: "Soy yo excesivamente pobre, y rico en vigor y afán de amar".

Perita en corazones, Rosario comprendió que el cubano no estaba enamorado de ella, sino del amor. No obstante esta conclusión, o precisamente por ella, decidió seguirle a Pepe Martí la impetuosa corriente. Era emocionante verse cortejada por un poeta proscrito, ¡y este tenía un modo tan cálido de soñar amores!

Casi todas las noches ya es recibido a libre plática con la Musa.

La afición amorosa no logra, sin embargo, consumir todos los fervores del desterrado. Otros instintos, de vocación más pública, necesitan empleo.

Ávido de realidad política, Martí se consuela con la que le brindan los asuntos nacionales, dominados, como siempre, por la batallona cuestión clerical. El problema religioso tenía en el país una tradicional virulencia. Por curioso contraste, el clero, que había dado a las luchas por la independencia sus dos hombres más esforzados, Hidalgo y Morelos, venía siendo en la República el fermento de todas las discordias civiles. Juárez lo había sometido, al fin, con las leyes de la Reforma, que Lerdo acababa de incorporar a la Constitución, amenizando su programa masónico con una sensacional expulsión de monjas y jesuitas.

Estas medidas tenían aún apasionada a la opinión. El fervor religioso tradicional se defendía del incesante ataque de los escritores liberales, a quienes el positivismo armaba ya contra las blanduras románticas. Lerdo había inaugurado hacía poco el ferrocarril de Veracruz a México y Gabino Barreda la afición a Spencer.

Positivismo y laicismo iban mano en mano con una natural querencia materialista. Pero como aún no estaba desalojado enteramente lo romántico, la negación de los valores espirituales encontraba resistencia hasta en el propio sector liberal, donde el sentimiento religioso, divorciado de la Iglesia, optaba por acogerse a las hospitalarias lucubraciones de Allan Kardek.

Tanta beligerancia había ya asumido esta doctrina, que el muy remirado Liceo Hidalgo se aventuró, no sin escándalo, a proponer como tema para uno de sus debates públicos "La influencia del espiritismo sobre el estudio de las ciencias en general". Martí, que un mes antes había sido admitido como socio en el Liceo, usó de la palabra en la sesión inicial, obteniendo en su primera presentación ante un público mexicano lo que *La Revista* calificó de "un triunfo envidiable".

En la segunda sesión se había de ceñir el debate. Expectación. El pequeño teatro del Conservatorio resultó insuficiente y tuvo que trasladarse el torneo a palenque más amplio. Gustavo Baz, que había asumido la ofensiva contra el espiritismo, desplegó una táctica razonadora. El enemigo se hizo fuerte en consideraciones sentimentales.

Martí escuchó las voces sin Dios e hizo examen de conciencia. Como siempre que miraba dentro de sí mismo, halló dos hombres dispares en él: un sentimental, para quien la vida no tenía sentido sino como empresa del espíritu, y el racionalista que las lecturas y el siglo habían ido superponiéndole. Pero los años españoles acababan de impregnarle también de idealismo krausista y de vagas esencias orientales, dejándole un turbio poso de convicciones sobre la Armonía Universal, la Inmortalidad del Alma y su depuración migratoria

81

por "antevidas y postvidas". Aliadas al impulso romántico, estas ideas se le rebelaban ahora contra la negación de lo espiritual, pero sin arrastrarle demasiado.

Yo vengo a esta discusión con el espíritu de conciliación que norma todos los actos de mi vida. Yo estoy entre el materialismo, que es la exageración de la materia, y el espiritismo, que es la exageración del espíritu.

Esta simple formulación de equidistancia resultó sensacional. Pero los testimonios interiores de Martí se inclinaron mucho del lado del espíritu. Baz ironizó. El público, que tenía su alma en su almario y no sabía de dialécticas, quedó conquistado por las afirmaciones voluntariosas del cubano. La plana mayor del materialismo las encontró irremediablemente líricas.

Al comentar la sesión, los periódicos dedicaron a Martí elogios entreverados de reservas. "Cuanto de su discurso pudiéramos decir —escribió *El Federalista*— sería pálido. Una cascada, un torrente de ideas vertidas de la manera más galana y florida fue su alocución..." *El Eco de Ambos Mundos* le brindó al debutante el parecer de "una persona que juzgaba imparcialmente las peripecias de la sesión".

Este joven —nos decía— será terrible en la plaza pública a la hora de una conmoción popular; podrá arrancar lágrimas al borde de un sepulcro; será el orador favorito de las mujeres, de los niños y de los creyentes; pero nunca, y esto depende de su sistema nervioso, de su imaginación viva y arrebatada, nunca convencerá en un Parlamento, ni se sobrepondrá en medio de las discusiones frías y serenas de la ciencia.

Había una considerable justeza en el diagnóstico. Solo que el opinador olvidaba que el señor Martí no tenía más que veintidós años.

Rosario le quiso más por aquellas fogosas demostraciones. La amistad con la Musa se había hecho ya muy íntima, pero sin que amenguaran las demás distancias, muy a pesar de Martí, que era todo codicia amorosa. Desde su pupitre en el Congreso, cuando debía estar escribiendo la crónica de la sesión, enviaba a Rosario billetes nostálgicos, en que se encarecían inolvidables agradecimientos que mis labios hubieran querido concluir en las manos de usted. Pero Ramírez me está haciendo mucho daño hoy.

El Nigromante, en efecto, seguía haciendo a Rosario objeto de una adoración sofrenada en la conciencia de su propia vejez —"ciprés que arraiga en una tumba"— y se empeñaba en ironizar sobre el amor de Martí tanto como este en convencerse de su propio amor.

Pero el tono a un tiempo dubitativo y vehemente que tenían las protestas de Pepe no convencía tampoco a Rosario. ¿Qué compleja sinceridad, sin embargo, superior a todo personal afecto había en aquella efusión? ¿Desde qué altura miraba aquel muchacho cuando le escribía: "Mía, Rosario. Mujer mía es más que mujer común"? ¿Y cómo explicarse el increíble candor "tan enamorado de la luz, que todo lo necesita para sus amores sin mancha y sin tinieblas"?

Rosario está desconcertada. Empezó tomando a Pepe Martí por un fino galanteador y divirtiéndose con él. Pero se le ha ido convirtiendo en un apasionado caso místico, con acentos y actitudes de extravagante fervor. De la jovialidad pasa bruscamente a la melancolía, y su palabra es entonces como un hondo arrastre de tristezas viejas.

Una noche Rosario ha tratado de explorar aquel alma vertiginosa. La carta del día siguiente, contestando a unas líneas "pudorosas o calculadamente frías" de ella, es toda una confesión:

Amar en mí —y vierto aquí toda la creencia de mi espíritu— es cosa tan vigorosa... que en cuanto en la tierra estrechísima se mueve no ha hallado en donde ponerse entera todavía... Angustia esto de sentirse vivísimo y repleto de ternuras... en esta atmósfera tibia, en esta pequeñez insoportable, en esta igualdad monótona, en esta vida medida, en este vacío de mis amores que sobre el cuerpo me pesa... Enfermedad de vivir: de esta enfermedad se murió Acuña.

El resto de la carta era una imploración desesperada a la Musa: Rosario, despiérteme usted... Porque vivir es carga, por eso vivo; porque vivir es sufrimiento, por eso vivo; vivo porque yo he de ser más fuerte que todo obstáculo y todo valor... Esfuércese usted; vénzame. Yo necesito encontrar en mi alma una explicación, un deseo, motivo justo, una disculpa noble de mi vida. De cuantas vi, nadie más que usted podría. Y hace cuatro o seis días que tengo frío.

Al terminar la lectura, Rosario creyó al fin comprender. Veía ahora por qué esta carta, como todas, venía firmada con el nombre y el apellido: José Martí. Lo había supuesto una ceremonia tímida, vanidosa acaso. Las letras se crecían ahora misteriosamente ante sus ojos. El nombre completo cobraba una rotundidad lapidaria. A la luz de aquellos párrafos ardorosos, Martí se aclaraba y se difundía a un tiempo como proyectado en imagen sobre no sabía qué destino enorme... No, aquello no era lo de Acuña: no era simple tedio romántico, ni ambición frustrada de mujer. Pepe Martí alentaba, evidentemente, una disconformidad y una ambición más grandes. Su amor era solo una avidez de acción obligada a transmutarse en pasión.

Asustada, Rosario se sintió inferior a la tarea de animadora que pedía aquel queredor de heroísmo. Y el 17 de abril Martí escribió un hermoso poema titulado "Sin amores", elegía a su propia ficción sentimental:

¡Oh, pobre ánima mía,
quemada al fuego de su propio día!

X
"ORESTES" Y LAS FURIAS

Amó puramente, que es redimirse
de terribles sueños.
Y, cargado de deber, amó la vida.
(Elogio de Torroella)

El 5 de mayo, uno de los aniversarios patrióticos, desde por la mañana el estampido alegre de los cohetes puntúa la música de charangas y corridos. Hierve por calles y plazas el charrerío, que ha sacado sus prendas domingueras: los pañolones finos, los sarapes multicolores, los sombreros y chaquetas de rica guarnición. Alguna vez más que otra salen también a relucir las facas en el jubileo de las pulquerías. Pero se quedan ahogadas las querellas en votos patrióticos.

Martí ha querido tomarle el pulso a esa temperatura colectiva de patria que su tierra —¡ay!— todavía no conoce. Los diálogos sorprendidos al paso son de una picardía resentida y dramática. Cuando el pulque desata las lenguas, la alusión a los personajes políticos cobra un tono vengativo. Parece como si, en el jolgorio, la muchedumbre se sintiera liberada de alguna habitual represión.

Al día siguiente, Martí, cuyos valores literarios habían subido mucho desde su pronunciamiento en el Liceo Hidalgo, entraba a figurar ya ostensiblemente en el cuadro de redactores de *La Revista*. Debutó con una meditación sobre el día patriótico, enderezada a demostrar que, en la nueva era de la Razón, el culto a los héroes había venido a sustituir al de los santos. Pero acaso no hacía sino razonar su propio deseo. El júbilo y la expansión de la víspera eran más bien de los mestizos. Los *pelaos* de pura traza india se mantenían, en cambio, al margen del regocijo popular, acuñados en las aceras, impasibles en su mirada de siglos. ¡Ellos no tenían arreos de fiesta! Y cuando los licenciados dijeron sus discursos sonoros sobre la Libertad y el Progreso, ellos apenas parecieron enterarse.

Martí empezaba a percibir la vasta incoherencia de América. Apartamiento y quietud rencorosa del hombre más auténtico de ella;

responsabilidad y ceguera de esos otros más claros, hombres de espadón o de retórica, que aún no le habían sentido la entraña al mundo nuevo. ¿No estaba ahí el deber grande de los nuevos americanos?

La noción de una superior responsabilidad continental surca, por primera vez, su espíritu codicioso de amor y deber. Se entrega a ella. Encargado por *La Revista* de una de sus tareas más delicadas, la de *boletinista*, Martí juzga oportuno firmar esos pronunciamientos editoriales con un seudónimo —*Orestes*—, que le permitirá opinar libremente sobre aquella parte de gestación de una nueva América que a México le toca. Desde el primero, tienen los boletines un acento elevado y doctrinal nada común en la Prensa un poco nimia y sectaria que predomina a la sazón en México como en Cuba. Los letrados encuentran además en esos artículos una calidad de estilo a un tiempo nueva y antigua, el ademán clásico en la frase nerviosa y sanguínea.

Pone Martí en la nueva tarea un fervor americano que le consuela un poco de su inactividad forzada respecto a Cuba. Pero cada buena noticia de la insurrección le sume en alternativas de gozo y de melancolía. "Tengo ante mí, y toda el alma se me va a él, uno de los periódicos que se publican en el campo de la insurrección en Cuba..." Cuenta la hoja proezas, ya casi legendarias de tan antiguas, de los primeros mambises. "¡Ira y vergüenza para los que no luchamos a su lado!"

Al menos, el periodista no desperdiciará ocasión de favorecer en lo que pueda la causa cubana. Tanto, que el bueno de don Anselmo de la Portilla, director de *La Iberia*, se considera en el caso de reprender desde su periódico "al estimable escritor que tanto empeño toma por sacar a plaza en *La Revista* la cuestión de Cuba". Martí no puede olvidar que don Anselmo, en la angustia de los primeros meses, le hizo "un favor tristemente particular". Esto le ha venido conteniendo frente a ciertas alusiones anteriores de *La Iberia* a la causa cubana. Pero ahora, acusado poco menos que de abuso de hospitalidad periodística, se ve en el caso de protestar. Nadie tiene más presente que él la discreción debida a un país "que no ha querido, sin embargo, tratarlo como extranjero". Mas no puede permitir que, mientras él pueda combatirlas, se expresen opiniones erradas e injustas sobre el esfuerzo de sus compatriotas por la libertad. Afirmado su derecho, termina reiterándole públicamente al señor De la Portilla su gratitud por el auxilio de que le es deudor.

Esta elegancia conmovió al director de *La Iberia*, y la escaramuza polémica se resolvió en aclaraciones cordiales. El tema cubano se repliega un poco en *La Revista*. Va al hondón en que Martí sofoca sus impaciencias, y se desahoga solamente en vivaces discusiones con los demás expatriados cubanos: con Antenor Lescano, ya algo mexicanizado; con el bueno y adusto de Nicolás Domínguez Cowan; con Romero Cuyás y, sobre todo, con el poeta Alfredo Torroella, espíritu fervoroso, a quien los siete años que ya lleva en el Anáhuac no le han entibiado la nostalgia ardiente de su isla.

Un destino generoso e irónico acaba de juntarle también en la expatriación con un cubano de quien siempre se encontró muy cerca y muy distante: el ya ilustre Nicolás Azcárate. Martí le respetaba desde niño por reflejo de Mendive. Azcárate había sido, antes del 68, un abogado de fueste, un patrón de las buenas letras, uno de "los siete sabios" habaneros. Le llevó a España la Junta de Información, donde había mantenido con gallarda elocuencia sus ideales reformistas. Pepe Martí oyó hablar mucho en Madrid de las señoriales reuniones en casa de Azcárate, de sus campañas abolicionistas en el diario que le consumió la fortuna, mas no la esperanza en la justicia de España. Al regresar a Cuba hacía unos meses, arruinado y decepcionado, Valmaseda pagó su lealtad a España ordenándole que siguiera con sus maletas a otra parte. Y aquí estaba ahora, en México, sin más que su saber de letrado y su noble prestancia vasca, ganándose la vida de pasante en un bufete y de gacetillero en *El Eco de Ambos Mundos*.

El común amor a Cuba y a las letras unió, al fin, a los dos cubanos. Martí iba a menudo al hotel Iturbide a buscar a Azcárate, y juntos salían a pasear, enzarzados en tremendas discusiones sobre literatura y política. Nunca llegaban a un acuerdo. Solían despedirse algo hoscos, pero al día siguiente podía vérseles de nuevo manoteando por la Alameda o sentados juntos en las lunetas del Principal.

México se va haciendo para el boletinista cubano una preocupación cada vez más absorbente. Su grave espíritu, por naturaleza convidado "a lo absoluto y a lo abstracto", les halla dimensiones insospechadas a los temas más nimios y se empeña en escrutar lo venidero a través de los problemas crónicos del país: el parasitismo social del pueblo hispánico, en que la inteligencia se usa solo de aupadero y de adorno; la economía inestable; los menesteres de obligatoriedad y de laicismo en la enseñanza, y, sobre todo, la explotación del hombre en los campos, la suerte de la raza indígena. Cuando nadie piensa todavía en esa semiesclavitud sino con vago filantropismo, Martí urge a una política previsora: a que se redima al indio por "la misión, el cuidado, el trabajo bien retribuido".

Como *La Revista* circula bastante, hasta en los Estados lejanos se sabe pronto quién es el escritor de mirada tan audaz hacia el futuro, de caridad tan enérgica hacia el humilde, que se esconde tras el seudónimo de *Orestes*. El nombre de Martí se menciona entre los trabajadores de Chihuahua para que los represente en un congreso obrero. En los círculos intelectuales, donde cada boletín de *La Revista* es un motivo polémico, el talento generoso de Peón y Contreras o de Justo Sierra defiende a Pepe Martí cuando algunos le atribuyen alardes zahoríes y violencias de estilo. Pero Martí mismo se encarga de desarmar celillos con la sonrisa. Y hasta a los espíritus parroquiales, que se sienten muy orondos del auge que van tomando las letras en México, les gana para su ambiciosa inconformidad. Se imita demasiado. Quisiera él arrojar sobre el país "los montones de luz de Víctor Hugo", pero manteniéndo lo leal a sí mismo, leal a su vocación de tierra americana.

Cuando el actor Enrique Guasp de Peris logra del presidente Lerdo que le auspicie el proyecto de reanimar en México la literatura y el arte dramáticos, Martí celebra la aquiescencia oficial y pondera, con la emoción del autor que aún no ha estrenado, la eficacia cultural del género, "mediante el cual viértese un espíritu en muchos espíritus ajenos".

Ya los poetas dramáticos en cierne aguzan las plumas y el ingenio para los estrenos que Guasp promete en el Principal con el subsidio del Gobierno. Ya Guasp insiste en que Martí le escriba algo. Una estrecha camaradería les ha unido por la vía de Azcárate, que conocía al actor desde que, años atrás, de ayudante de campo de Lersundi en La Habana y galán joven en las veladas teatrales del Liceo de Guanabacoa, había saltado a las tablas, a la caída de Isabel II, para realizar la vocación de toda su vida. Ahora es un ídolo escénico del México aburrido y sentimental.

La insistencia de Guasp logró al fin persuadir a Martí a que escribiera una bagatela teatral, un proverbio en verso titulado *Amor, con amor se paga*,

> caprichosa distracción
> de un mísero corazón
> que por hallarse suspira.

El corazón que halló fue, sobre todo, el de Concha Padilla, la linda actriz mexicana que hacía con Guasp el diálogo de galante discreteo. De tanto enseñarle, en los ensayos, cómo dejarse amar por el Julián del proverbio, Concha se enamoró de Martí, y el maestro de ella.

Fue un nuevo vendaval amoroso, pero esta vez sin literatura y sin tristezas. Las tablas aún no le habían enajenado a Concha su modosidad de señorita de la clase media, pero si la habían maliciado con aptitudes dramáticas de emergencia. Y como era Concha, además, bastante celosa, y Pepe nada malquisto de las damas, el idilio tuvo, desde su comienzo, bruscas alternativas de beatitud y de borrasca.

La noche del estreno de *Amor, con amor se paga*, todo el México literario y no escasa representación de los salones llenaron el Principal. Pendiente de los labios amados, Martí gozaba, entre bastidores, la angustia del primer estreno. Cuando Concha concluyó de recitar los versos finales

> Nada mejor puede dar quien,
> sin patria en que vivir,
> ni mujer por quien morir,
> ni soberbia que tentar,
> sufre y vacila, y se halaga
> imaginando que, al menos
> entre los públicos buenos,
> amor con amor se paga,

el buen público pagó con largos aplausos, pero Martí se negó en el proscenio a que le pusieran en serio la corona con que Guasp y sus amigos premiaban aquellos esfuerzos.

En un palco contiguo al que ocupaban las hijas del difunto Juárez y el poeta cubano Pedro Santacilia, esposo de una de ellas, doña Leonor, don Mariano y las niñas se enjugaban los ojos. En otro palco de cubanos, a la vuelta opuesta de la herradura, llamaba la atención por su vistosa elegancia una cubana que decían recién llegada con su padre a México. Preguntó Martí quién era. La señorita Carmen Zayas Bazán.

Grato era el rumor de los aplausos para quien tenía vocación de multitudes. Martí se siente ya con alguna autoridad para animar, desde *La Revista*, la formación de un teatro mexicano nuevo de intenciones democráticas. La prédica no cae en el vacío. Se constituye una *Sociedad Alarcón* para proveer al repertorio de Enrique Guasp. La ya existente *Sociedad Gorostiza* se encela, de la intrusa y cunde el cisma entre los fieles mexicanos de Talía.

Pero otras circunstancias más graves impiden que el proyecto de vivificación teatral tome vuelo. La política va asumiendo un cariz ceñudo, y don Sebastián Lerdo, está ya más para protegido que para protector. Se le imputan favoritismos, irregularidades administrativas. El porfirismo vuelve a levantar la cabeza ambiciosa. *El Siglo, El Monitor, El Pájaro Verde* no se cansan de llamar tirano al hombre que les permite cubrirle de ese y otros improperios. Liberal de buena cepa juarista, hombre de talento y de humor, don Sebastián hace la vista gorda. *El Eco de Ambos Mundos* y *La Revista* no le escatiman apologías.

Su condición de extranjero le tasaba en algún modo a Martí la libertad de pasar juicio público sobre la política de partido. Olvidarlo le había costado ya a Azcárate una viva polémica. Pero *Orestes* tenía ciertos deberes para con *La Revista*, y así, cuando el general Riva Palacio desató sobre Lerdo una oposición violenta, so pretexto de vagas reformas administrativas, el boletinista jugó oportuno verter óleos de sensatez sobre las aguas encrespadas. No fue extraño, en otra ocasión, a las censuras que el periódico le dirigió a Porfirio Díaz por ciertas ominosas solicitaciones del alto clero. Finalmente, había asistido a banquetes de desagravio y aun de propaganda electoral ofrecidos al presidente. Los porfiristas guardaron cuidadosa memoria de esas actitudes, olvidando, en cambio, que el cubano había rehusado la oferta de la secretaría del Estado de Puebla.

A principios de 1876 *La Revista Universal* lanzó formalmente la candidatura de Lerdo para la reelección. Los ánimos antilerdistas, contenidos hasta entonces por la esperanza de una renovación electoral, se fueron del seguro. En los primeros días de febrero se hablaba ya de planes revolucionarios concertados por los generales Porfirio Díaz y Donato Guerra, cuyo programa publicaban íntegra los diarios de oposición: "Considerando que la República mexicana está regida por un Gobierno que ha hecho del abuso un sistema político..."

Martí contempla los acontecimientos con una mezcla de impaciencia y de serenidad histórica. El actor reprimido que en él hay quisiera, a menudo, saltar los valladares de la discreción y meterse en lo recio de la contienda. Por otra parte, aquélla le parece una convulsión orgánica. La libertad no es adquisición de un día; tiene su proceso:

> En la formación de los pueblos se empieza por la guerra, se continúa con la tiranía, se siembra con la revolución, se afianza con la paz. Esta nunca es perfecta, pero se va perfeccionando.

No precisa el articulista en qué etapa se halla México, ni si es o no de siembra esta revolución que va cundiendo rápidamente en Oaxaca y otros Estados. Pero el artículo en que tales cosas dice lo reproduce *El Eco* "como oportuno en las actuales circunstancias de la República", de lo cual toman también buena nota los porfiristas.

Ni *El Eco* ni ellos repararon en que Martí añadía lo que probablemente era un enjuiciamiento a fondo del presidente.

> Con ser hombres traemos a la vida el principio de la libertad, y con ser inteligentes tenemos el deber de realizarla. Se es liberal por ser hombre; pero se ha de estudiar, de adivinar, de prevenir, de crear mucho en el arte de la aplicación para ser liberal americano.

Acaso Lerdo no había sabido serlo plenamente. Aquel hombre "sencillo y modesto", a quien con tanta simpatía le oyera Martí alguna vez hablar "de todos los nobles principios y todas las sólidas ideas que calienta una alta inteligencia democrática"; aquel caballero ingenioso y mundano, que gobernaba un poco frívolamente, llevaba tal vez demasiada Universidad en él y escaso sentido de la realidad dramática con que le había tocado lidiar. Pero infinitamente más condenable que su liberalismo sin previsión era este militarismo ambicioso que sumía de nuevo a México en la guerra de hermanos.

En marzo ya la revolución se había extendido al Estado de Puebla. La prensa gubernamental no disimula su alarma. La leva y los impuestos de guerra le han ganado sordas simpatías al porfirismo. Empiezan a desertar los hombres de la situación. Un pronunciamiento sigue a otro pronunciamiento. México está convulso.

XI
LA CRISIS

Martí, en tanto, libraba batallas de amor en su propio corazón. Su amorío con la Padilla venía siendo asediado por una conjuración de fuerzas. Doña Leonor no veía aquello con buenos ojos. Podría ser la muchacha todo lo decente que se quisiera, pero no dejaba de ser una cómica. Ya las niñas tenían terminantemente prohibido visitarla. Un criticastro teatral, a quien llamaban *Juvenal el Tuerto*, por serlo de ojos tanto como de intenciones, se había permitido ironías baratas sobre la coronación, y ahora su chismografía acerca de los amores del cubano con la actriz tenía a doña Leonor soliviantada.

Por su parte, Concha mostrábase cada vez más avara de las atenciones del galán, que, a decir verdad, las prodigaba en demasía con las demás mujeres. Pero ¿qué había de hacerle? Prendada de él estaba, notoriamente, la hija del general G., y Edelmira Borrell visitaba la casa de los Martí muy a menudo pretextando recados de su padre, pero en realidad atraída por el gesto de trovador con que Pepe le besaba siempre la mano al llegar. *Galantuomo* solía llamarle Nicolás Azcárate con afectuosa burla, y Martí, en efecto, le confesaba a su madre, silenciosamente halagada, que "quisiera dividirse en cachitos".

Ni era mal mozo el cubano. Los veintitrés años le habían alzado la talla sobre lo mediano. Tenía los pardos ojos, algo prendidos hacia la sien, como los de su madre, velados y soñadores en los silencios, brillantísimos en el coloquio. Un fino bigote le guarnecía la sonrisa fácil. La melena, ligeramente riza —de pelo *hervido*, como decía doña Leonor en cubano—, comenzaba ya a huir de la frente blanquísima. Pero lo que sobre todo gustaban de él las mujeres era su verba fluida, rica en todos los matices de la insinuación; su extremada galantería, su risa de cristal y la aureola de la fama literaria y del exilio.

"¿No se le figura cuando habla con M. —le preguntaba una dama a Nicolás Azcárate en carta anónima que *El Eco* divulgó— que no le cabe el talento en la cabeza y que, entre nobles aspiraciones y gigantes-

93

cos delirios, hierve aquél en su cabeza con la fuerza expansiva del vapor, a que debe sin duda M. esa especial movilidad que le caracteriza?"

Con tanta admiración, no era de extrañar que, cuando Martí enfermaba, le llegaran a la cama billetes perfumados y bandejas de dulces. El *cachito* que Concha Padilla tenía menguaba visiblemente. Amén de doña Leonor, Manuel Mercado también insistía en apartar a su amigo de aquel amorío de escenario, y "le metía por los ojos", según las niñas, a la cubana Carmen Zayas Bazán, tan fina y elegante.

Martí, en efecto, al conocerla en un baile, días después del estreno de *Amor, con amor se paga*, había encontrado en ella la prestancia tradicional y el fragante señorío de las mujeres del Camagüey. Y ya la acompañaba los mediodías de domingo al paseo de la Alameda, donde la cubana prendía a su paso las miradas con su elegancia "de alto copete y cola grandota, como la usaba Mamá Carlota". Ya iba a su casa todas las noches antes del teatro. Ya le argüía a *la Chata* que lo respingado de la nariz era en Carmen señal de aristocracia. Ya Carmen se oponía a que en las *reprises* de su proverbio *Amor, con amor se paga* saliese Pepe al escenario de la mano de Concha, y el público tenía que localizarlo en la butaca para enfocar el aplauso.

En la primavera, Martí enfermó de su vieja lesión, que de tiempo en tiempo le despertaba la carne a los recuerdos del presidio. Convaleciente, echó de menos un día el maletín en que guardaba, bajo su cama, todos los testimonios sentimentales. Sospechando de Carmen, que había venido a visitarle mientras dormía, quiso acudir al rescate de la comprometedora documentación. Doña Leonor se opuso: estaba demasiado débil. Le cerró la puerta con llave. Pepe se fugó por el postigo.

El incidente tuvo por natural consecuencia la cancelación definitiva del pasado bajo pacto de un solo compromiso solemne para el futuro: Carmen.

Pero el dolor físico, las comparecencias ante sí mismo en su lecho de enfermo, las noticias últimas de Cuba, habían renovado otros fervores, acercándolos también a su compromiso decisivo.

A lo largo de estos meses en que ha querido "vivir en paz con la vida que le arredra", no ha cesado de trabajar sordamente su espíritu el deber cubano incumplido. Más de una vez expresaron sus versos la necesidad de exculpación:

Y si, más mártir que cobarde, libro
tanta amargura de aquel sol lejano,
mártir, más que cobarde, aquí lo adoro.
Atada está, no tímida, mi mano.

Después de la enfermedad, "las aves dormidas" se despertaron ansiosas de vuelo. Pero era ya demasiado tarde. Ahora sus ímpetus estaban tasados por la dulce rienda del amor nuevo:

La voz de la mujer amada
habló de amor con sus acentos suaves,
y las rebeldes aves,
en trémula bandada,
las alas que su cárcel fatigaron
en mi cráneo y mi pecho reposaron.

Avergonzado de esta sumisión, llega hasta a dudar de sí mismo. Cuando, en vibrante epístola rimada, le reprocha a la poetisa cubana Rosario Acuña que corte laureles en la Península, no olvida él su propia deserción y se proclama "desventurado, con alma de mujer, varón formado". Pero los versos siguientes reivindican su virilidad, protestando la flaqueza verdadera:

¡Perdónemelo Dios!, porque mis bríos
con su miseria el hálito han cortado
viejos y niños, carne y huesos míos.

No, no podía él haberse ido a Cuba dejando sin su ayuda indispensable el hogar que se debatía bravamente contra la miseria. Tendría aún que resignarse hasta que llegasen "los venturosos días de espacio claro y de incansable vuelo".

De que su pluma al menos estaba siempre lista para la defensa posible, tuvo prueba otro periodista español, menos discreto y cortés que el de *La Iberia*. Adolfo Llanos dirigía *La Colonia Española* con nostalgias de la colonia histórica. Tenía publicado un libro bajo el título *No vengáis a América*, y en su diario había extremado la inconveniencia, al punto de que algunos periodistas mexicanos le reunieron setecientos pesos por suscripción para que se volviera a su tierra. Siguió en México. Ahora acababa de regresar de las fiestas del Centenario de la Independencia en los Estados Unidos y había dado a entender en su diario el poquísimo caso que en aquel país se le hacía a la revolución cubana y lo nada inclinados que los Estados Unidos se mostraban a reconocer la beligerancia de los insurrectos.

Martí no tardó más tiempo en contestar que el necesario para hacer hueco en *La Revista*, apretada de partes y comentarios sobre la revolución porfirista. Abrumó a *La Colonia* con demostraciones del interés yanqui en las cosas de Cuba, y cuando Llanos contestó que Martí se hacía ilusiones, replicó:

Ilusiones se hacen los que niegan a los hombres el hermoso derecho de conmoverse y admirar. No deduzco yo de los vítores que sean reconocidos por los Estados Unidos los derechos cubanos: tengo fe en que él martirio se impone y en que lo heroico vence. Ni esperamos un reconocimiento, ni lo necesitamos para vencer.

Su optimismo le engañaba; pero un mes más tarde *La Revista* transcribía un artículo en que desde Nueva York, se le daba la razón a Martí en cuanto a los hechos que motivaron la polémica.

Llegan así los últimos meses de 1876. La situación del Gobierno se ha venido haciendo cada vez más comprometida. Por si fueran poco los persistentes avances militares de la revolución, a los hombres de fuerza se han unido los hombres de ley. Inconforme con la reelección de Lerdo en comicios perturbados por la misma anormalidad pública, el presidente de la Corte Suprema, Iglesias, se ha pasado al campo de Díaz. Hallábase ya "el héroe de Puebla" a las puertas de la capital. Odiado por los clericales, desertado por sus propios partidarios, malquisto del pueblo veleidoso, a quien el brillo de armas y entorchados alucina, el heredero de Juárez siente crecer en torno suyo el día del juicio.

La Prensa de oposición, segura ya de su triunfo, y la Prensa acomodaticia, que se define a la hora de las cosechas, empiezan a denunciar las alhesiones al régimen bamboleante y sugieren una San Bartolomé de lerdistas. La antipatía que se ganara *La Revista Universal* lanzando la candidatura de reelección se ha reflejado sobre sus redactores más notorios, y en especial sobre los que alguna vez predicaron respeto para el Gobierno. Hay amenazas veladas. Amigos de Martí le aconsejan que, por sí o por no, se ponga a buen recaudo.

Para tranquilizar a los suyos Martí se halla oculto en casa de Domínguez Cowan el día —24 de noviembre de 1876— en que Porfirio Díaz entra en la capital, de donde Lerdo ha escapado secretamente la víspera. Allá va ahora "el héroe de Puebla", entre vítores y vuelo de campanas, al frente de su tropa andrajosa.

No llegaron a extremarse las represalias. Martí se hallaba demasiado amparado por la estimación y el afecto de aquellos elementos intelectuales con quienes Díaz, césar en cierne, contaba precisamente para iniciar en México una era de despotismo ilustrado. Desde sus primeros pasos el nuevo Gobierno inició una política de conciliación enérgica.

Pero ya no era aquélla la hospitalidad unánime que podía serle grata al proscrito. Por otra parte, inquietudes más hondas le tenían codicioso de nuevos rumbos. Dos años llevaba en México sin haber logrado hacerse de un mediano sosiego económico. La familia seguía pasando estrecheces, y él se había echado encima un nuevo compromiso: el voto a una mujer de casa rica y amor impaciente. ¿Qué hacer?

Tiene entonces un momento de torturadora indecisión. El corazón, de un lado; la conciencia, de otro. En México ha oído hablar mucho de la vecina Guatemala, tierra nueva, ávida de hombres nuevos. Sobre la ilusión de conquistar allá casa segura, una intensa curiosidad americana le atraía a ella. Pero Cuba llamaba también, y el deber más grande, el deber sin gozo. Siente ya madurar en sí el conflicto —hasta ahora atenuado por la confusión juvenil— entre el interés privado y la vocación pública.

Desde el vértice de esos dos rumbos divergentes toma, todavía con el ánimo indeciso, el camino de la vocación. A sus padres, a su novia, les dirá que va a Cuba a proveerse, con el padre de Fermín, de recomendaciones para su tierra guatemalteca. Pero la razón es de manifiesta insuficiencia. Por cuidado tan baladí no se aventura un proscrito en la tierra vedada y bajo nombre supuesto. En rigor, él mismo no sabe a qué va. Va atraído por la nostalgia, por la ilusión, por el instinto. Hace a los suyos promesas de sensatez: no, no cederá al arrebato patriótico incorporándose a una causa perdida.

Pero ¿estaría perdida la causa?

Cuando en la madrugada del 5 de enero avistó desde la cubierta del *Ebro*, que le traía de Veracruz, las trémulas lucecitas de La Habana dormida, una revuelta emoción le ganó el ánimo. Allá lejos, detrás de la masa adusta de la batería de Santa Clara, que se perfilaba sobre el mar de pizarra, quedaban las canteras... Al recuerdo acerbo que la imagen suscitó mezcláronse el gozo de percibir otra vez la fragancia de su isla, la melancolía de llegar a ella clandestinamente, después de seis años de ausencia y, dominándolo todo, la evocación de una noche de campo y luna, vagamente sobresaltada por un siseo pausado en la maleza...

A la mañana no pudo reprimir cierta inquietud al ver los uniformes españoles, las murallas... No era temor al peligro en sí, sino a la posibilidad de una incautación sin gloria. El sargento de Carabineros alternaba la mirada entre el rostro ruboroso y el pasaporte mexicano que Martí se había hecho extender con su segundo nombre y su segundo apellido, para no ser "más que lo necesariamente hipócrita".

Las vigilantes autoridades nunca llegaron a saber que aquel J. Pérez, que el día 7 figuraba en la lista de "Pasajeros llegados" del *Diario de la Marina*, "Órgano oficial del Apostadero", era un laborante de cuidado. Otras cosas había en los diarios que a las autoridades, como al propio Martí, les preocupaban más, principalmente la marcha de las operaciones del excelentísimo señor capitán general Martínez Campos, que, después de restaurar a los Borbones en Sagunto, había venido resuelto a pacificar Cuba.

Los boletines oficiales daban invariablemente una versión optimista para la causa del Orden y de la Integridad. Mientras el capitán general ultimaba sus preparativos para "librar a las Villas del azote de la guerra", sus columnas volantes batían, con inalterable heroísmo, a las escasas gavillas de *latrofacciosos* que hacían acto de presencia en las Zonas cañeras.

Claro que no había que fiarse mucho de aquellos informes oficiales. Pero las fuentes más fidedignas de información a que Martí acudió en seguida no daban por más enérgica la actividad de los insurrectos. Las redacciones y tertulias cubanas, los hogares con hijos *alzados*, los corros juveniles de la Acera del Louvre desbordaban de comidilla guerrera. Todavía algunos optimistas tenaces hacían a Máximo Gómez en la provincia de La Habana y a todo el extremo oriental de la isla en poder ya seguro de la República. Pero los informadores más sobrios daban una versión muy distinta. Se sabía de graves dissensiones en el campo insurrecto. Divididos también y casi dispersos, ya los emigrados de Nueva York no suministraban elementos de guerra a la revolución. El ejército mambí no disponía de más armas que las que podía quitarle al enemigo, ni de otro alimento que raíces y palmiche. La *República* en armas vivía una existencia nómada y precaria, debilitada por la pugna entre el elemento civil y el militar... Todas estas circunstancias, la llegada de Martínez Campos en octubre con grandes refuerzos y la actitud conciliadora que inmediatamente asumió el nuevo capitán general, habían acabado virtualmente con la revolución.

En La Habana misma encontró Martí un ambiente de profundo cansancio. Exangües, maltrechos, consumidos por la fiebre, los soldados españoles en licencia, o a punto de repatriarse se sentaban en filas sombrías al borde de las aceras, provocando la imagen de lo que estarían sufriendo, con menos recursos, los del campo contrario. No se disimulaba ya el deseo de que aquello acabase de una vez: La guerra había costado ya mucho entre impuestos y *candelas* a los ingenios y cañaverales. El espíritu romántico que entre la gente de letras había apadrinado la guerra, cedía a una actitud fría, analítica. *La Revista de Cuba* se iniciaba, y el positivismo con ella.

Pulsado así el desfallecimiento en todas las actitudes, sintió Martí que le rondaba la tentación heroica. Si la causa peligraba, entonces más que nunca le eran menester el auxilio de nuevos entusiasmos. Pero ¿no estaría ya la revolución definitivamente frustrada por su incoherencia? Sin ambiente favorable en las ciudades, sin recursos desde fuera, ¿de qué fuentes morales y materiales podría sustentarse? ¿Ni qué autoridad o poder tenía él para improvisarle fuerzas nuevas?

Tampoco el amor romántico a la patria sabe razonar. Pero ya el sentido político de Martí estaba muy descargado de romanticismo. Además, a sus veinticuatro años, solo su amor de hombre había madurado. Pasada la efervescente adolescencia, otros intereses sentimentales habían ingresado en su vida. Los deberes se le presentaban aún en una jerarquía familiar, bajo el imperio de lo privado. No se sentía con derecho a sacrificar los deberes inmediatos a un prurito, seguramente vano ya, de servicio patriótico. Ya le vendría su hora.

Pero esa pugna honda entre dos instintos le dejó lacerado el espíritu. Cuando, un mes más tarde, se resolvió a marchar a Guatemala, sintió como si se arrancara a su propia entraña. El egoísmo generoso y el cálculo realista habían triunfado, dejándole abierta una brecha interior.

XII
EL DOCTOR TORRENTE

Llegó a Guatemala "pobre; desconocido, fiero y triste". El padre de Fermín y Antonio Carrillo —viejo camarada en Sevilla— le habían provisto de cartas de recomendación para gente de viso en aquella República, incluyendo a su presidente, don Justo Rufino Barrios, de quien el primero había sido maestro. Valdés Domínguez completó el favor entregándole a Martí mil pesos.

Aun sin tales auxilios, no le hubiera sido difícil instalarse pronto en el conocimiento y favor del país. Guatemala era una de esas Republiquitas centroamericanas a medio crecer, en que el ámbito social dista mucho de coincidir con el geográfico. Se vivía en una suerte de intimidad nacional. En sus paseos veloces de mañana y tarde, el presidente Barrios, de sombrero *charrito*, polainas y fusta, se dejaba saludar de todos con un aire entre familiar y reverencial.

Entraba ahora en el quinto año de su mando y manejaba ya el *foete* con singular eficacia. Después de reprimir con mano dura la reacción clerical contra su Gobierno, había iniciado una renovación general de las instituciones y hasta de las costumbres públicas. Estaba decidido a *modernizar* el país, a desarrollar su riqueza, a educarlo, sobre todo, de grado o por fuerza. Había multiplicado las escuelas; mantenía la Universidad abierta a todo talento transeúnte, y una Escuela Normal, para cuya dirección había hecho venir, desde Nueva York al cubano José María Izaguirre, antiguo maestro bayamés, expatriado después de una breve ejecutoria insurrecta.

Martí había oído vagamente en México acerca del éxito alcanzado por su compatriota en la República vecina, y al llegar a Guatemala acudió, casi con el polvo del camino, a solicitar a Izaguirre un empleo de maestro. El bayamés le apreció el porte "decente y simpático", "la manera de expresarse fácil y agradable", y recordó, no con mucha precisión, haber leído el folleto del presidio. No hacía falta más. Quedó Martí adscrito al claustro de la Normal y encargado de los cursos de Historia y de Literatura.

Al terminar su primer día de clase, los alumnos —hembras y varones— salieron haciéndose lenguas del nuevo profesor, de su dulzura y elocuencia. Particularmente pródiga de tales comentarios fue una de las alumnas mayores, la señorita María García Granados, hija del predecesor liberal de Barrios. Por boca de ella, lo mejor de Guatemala supo ya aquella noche que había llegado un cubano importante. Martí vio moverse las celosías a su paso por las calles.

En el camino hacia la capital, cuando "animada de sueños la frente y frío de destierro el corazón", cruzaba "la fastuosa costa atlántica", se le había adelantado la hospitalidad guatemalteca en una forma primitiva y simbólica: la de una espléndida Venus india que se bañaba en un arroyo y a quien halló propicia a un idilio fugaz bajo la selva. Ahora la honesta hospitalidad urbana no se mostraba menos generosa. Pronto se vio alternando con los señorones de la política liberal. El propio presidente le recibió en audiencia, presentado por Izaguirre.

Era un hombre cuadrado, robusto, de pelo cortado a punta de tijera y de facciones aindiadas. Le dejó caer a Martí sobre el hombro, con fusta y todo, la mano, curiosamente pequeña y cuidada.

—Conque cubano, ¿eh? Aquí queremos bien a los cubanos, ¿verdad, Izaguirre?

Asintió el bayamés, mientras Martí examinaba al *guanaco* de frase y ademán voluntariosos. Le era simpático desde que, hacía dos años, se atreviera a decretar el reconocimiento oficial de la independencia de Cuba, provocando toda una contienda diplomática. Por otra parte, Izaguirre ya le había impuesto de los humores de aquel hombre fuerte, que estaba echando adelante el país... a empellones.

No le era grato a Martí el procedimiento: la suave energía obraba también maravillas y no lastimaba lo humano. Pero acaso América seguía necesitando un poco de estos hombres de raíz popular y de intención grande, que le domasen la convulsividad y le abriesen caminos prontos. En todo caso, él miraría, estudiaría, y aleccionado en la experiencia de México, callaría cuanto no fuera justa celebración.

Así se lo manifestó al señor Macal, ministro de Relaciones Exteriores, que le había invitado ya a escribir algo sobre el nuevo Código civil guatemalteco.

...nunca turbaré con actos, ni palabras, ni escritos míos la paz del pueblo que me acoja. Vengo a comunicar lo poco que sé, y a aprender mucho que no sé todavía. Vengo a ahogar mi dolor por no estar luchando en los campos de mi patria, en los consuelos de un trabajo honrado y en las preparaciones para un combate vigoroso... Hay una gran política universal, y esta sí es la mía, y la haré: la de las nuevas doctrinas.

El elogio del Código civil le da una oportunidad para ensayar la formulación de esa política grande. Por más que le atribuya discretamente un sentido universal, piensa en América. Ya ha visto bastante en su porción hispánica para explicarse el hecho americano. Desconcertado y desolado primero por el general primitivismo y el despotismo, poco a poco se ha ido formando una interpretación del dramático suceso. España vino a interrumpir y a frustrar la marcha de las grandes culturas indígenas, superponiendo a estos países formas ajenas a su naturaleza. América necesita restaurar su forma propia dentro del espíritu de investigación y examen de la nueva época. Este ajuste con el medio real es lo que amerita, por ejemplo, la ñamante pieza legislativa guatemalteca.

Entre los juristas de Barrios suscita ese juicio mucha complacencia y admiración. El realismo liberal de Martí les penetra. Nunca se habían explicado tan bien la razón de sus herejías. Ni habían leído un lenguaje tan vivido y vigoroso.

Naturalmente, Guatemala no podía aceptar que aquella pluma quedase ociosa, y se le invitó a colaborar en la *Revista de la Universidad*. De eso a ingresar en el Claustro mismo no había más que un paso; y como don Rufino era omnímodo y su voluntad de procurarle luces a su tierra no iba a reparar en que la Universidad extendiera el ya colmado programa, Martí fue nombrado catedrático de casi todo lo divino y lo humano —de Historia de la Filosofía, de Primeros Principios, de Literaturas...

¿Qué importa que para algunos de aquellos compromisos didácticos no fuera muy cabal su propia disciplina? Se trataba de impartir nociones, y el cubano tenía, sobre la cultura extensa de aulas y lecturas, lo que aún les gustaba más a aquellas Universidades retóricas:

103

la palabra opulenta. Platón, Schelling y el argumento ontológico se prestaban por igual a las improvisaciones brillantes, cargadas de liberalismo y de referencias a "la armonía universal".

La resultante heterodoxia fue poco grata a los clericales, que, reducidos a conspirar sordamente contra don Rufino y sus obras, se ensañaron en la exuberante oratoria del cubano. El mote de *Doctor Torrente* hizo fortuna en los círculos resentidos. Pero tanto en la Universidad como en la Normal, aquel torrente estaba inundando los espíritus jóvenes de un sentido casi místico de la gran tarea humana, de una pasión por el Deber, la Belleza y América.

Cuando habló sobre la Oratoria en una de las veladas artístico-literarias de la Normal, el propio Izaguirre se quedó boquiabierto. La voz, a un tiempo delgada y Viril, el gesto intenso, las imágenes fastuosas, que asociaban miosotis y relámpagos, asombraron a los letrados y estremecieron a las damas. María García Granados le escuchaba embebida. Todos los reclutas de la *Galería Poética centroamericana* aplaudieron con entusiasmo al cubano de pico de oro y se apresuraron, después del discurso, a pedirle noticias de Víctor Hugo.

Al día siguiente, *El Progreso* celebraba copiosamente el discurso de Martí, y la juventud letrada acordaba hacerle vicepresidente de la nueva sociedad literaria *El Porvenir.*

Ya siente el proscrito que va echando raíces en la tierra "hospitalaria, rica y franca".

Desde México, doña Leonor le comunica que la familia vuelve a Cuba. A Antoñica también le ha afectado el corazón la meseta, y el recuerdo de la pobre Ana era decisivo. Además, en la isla don Mariano "se defendería mejor".

Animado por esta esperanza, Martí se deja crecer el ansia del hogar propio. Necesita cariños cercanos para apaciguar la sorda impaciencia que le acompaña siempre. A Carmen Zayas, cuya mano dejó pedida en México, le escribe contándole de la acogida cordial de Guatemala, de los honores y de los cargos. Cree que podrá hacer aquí su nido. Tan pronto sea oportuno, sin violencia para sus tareas, volverá allá para casarse y a traerla. Ya se lo ha insinuado a Izaguirre.

Los nuevos deberes y proyectos no logran, sin embargo, acallar los requerimientos de una responsabilidad más vaga y más grande. En el fondo vive su melancolía de desterrado, y anidado en ella, el recuerdo de aquel juramento de Madrid, compromiso para toda una vida. A veces, hablando con Izaguirre o con el poeta José Joaquín Palma, que fue ayudante de Céspedes en la manigua, tiene Martí bruscos y agitados silencios, como si una tentación o un reproche superior a las palabras le avasallara súbitamente. Sale de estos trances con un breve suspiro y un gesto triste de sumisión.

Para escapar un poco de sí mismo frecuentaba las casas amigas de la gente liberal, donde halla "la paz seductora de la vida guatemalteca. El amor puro, la hospitalidad amable, la confianza histórica, la familia honrada". Todo eso le parece "una gran salvación". La casa que más asiduamente visita es la del general García Granados.

Desde que llegó Martí las fiestas teatrales en la Escuela son más lucidas que nunca. María García Granados toma invariablemente parte en el programa. Tiene veinte años, una bella voz, un rostro pálido y fino. Martí le ha descubierto ya "un amor dormido en la mirada espléndida y suave". Los versos que ha escrito en su álbum dicen otras cosas galantes. Cuando María toca al piano el *Pensamiento* de Catulle Mendés, o algún vals de Arditi, no puede evitar el cubano un desbordamiento interior de ternura. A veces, si el general está enfrascado en su ajedrez y las demás mujeres parlotean en el estrado, suspira el visitante y se inclina mucho sobre el piano.

Solo "con fraternal amor habla el proscrito", declaraba un verso del álbum. ¿Por qué, sin embargo, en casa del general no ha hablado nunca de Carmen, de su noviazgo? ¿Qué pudor del sentimiento inseguro, o demasiado definitivo y profundo, le ha hecho recatar de todos, salvo de Palma y de Izaguirre, aquel compromiso? No se lo había preguntado, acaso por no esclarecerse su propia reserva íntima, por miedo al equívoco de aquel amor formal que, asistiéndose de consejos, enfebreciéndose en imágenes de Cuba, había venido a curar otro amor turbulento...

Y no reparó en que, a la sombra de ese silencio, otra ilusión había ido echando raíz. Al llegar él de visita, María se ponía súbitamente pálida, y luego como más rosada. Solía él pedirle entonces que canta-

105

ra, y ella prefería esperar a que las hermanas se alejaran y el bullicio quedase mermado a un dulce diálogo. No: él no vio al principio sino que en casa del general le confortaba siempre un regalo de cariños, ¡y necesitaba tanto calentarse en esos vahos tibios de la dicha ajena!

Pero un día creyó adivinar. María le había pedido nuevos versos, no para el álbum que todos veían, sino para ella sola... Hubo en su voz un encarecimiento demasiado cálido, en sus ojos un asomo de secretos. En el largo poema que aquella noche le compuso, la clásica deliberación asistía a una fraternal esquivez. "Versos me pides a la Amistad",

y a ti va alegre mi canción de hermano.
¡Cuán otro el canto fuera
si en hebras de tu trenza se tañera!

En esta pugna del escrúpulo delicado con la tentación ardiente, vinieron al auxilio los recuerdos — "¡la nobleza del hombre es la memoria!" —. Los versos evocaron episodios de la amistad en su vida. A su propia alma le exhortaban a que no trocara por otras más efímeras esas victorias del afecto, y a María, a que pusiera en sus cabellos "la flor de los amigos". Pero había además en el poema una alusión a cierto trance penoso en México y a "su esposa arrodillada"...

¿Qué sentido profundo y secretamente exacto pudo tener esta inexactitud? María leyó el poema dolorosamente. La mentira que quiso ser piadosa fue una cruel revelación. Cuando él quiso tomarle la mano en pacto de amigos, ella se llevó bruscamente el pañuelo a los ojos y se fugó del mirador al interior de la casa.

No volvió a verla hasta semanas después, en la feria de Jocotenango, que era ocasión tradicional de jolgorio. Ávido de lo popular americano, Martí acudió al festival típico, en que las gentes de pro y las humildes se mezclaban, y hasta el mismo presidente mandón, perdido entre la muchedumbre, era estrujado y gobernado por ella.

Bajo el sol generoso de agosto, el espectáculo era de una vivacidad y de un colorido restallantes. Martí vio pasar al anciano García Granados, muy marcial en el carruaje, con su esposa y sus hijos. Entrada la tarde, recibió de él un recado invitándole a la clásica merienda de pipián y raspadura, sobre estera de petate. María estaba más pálida que nunca. Entre sus vuelos vaporosos de muselina, con su aire de ausencia, tenía algo de infinitamente espiritualizado. Cambió con ella unas frases cuidadosas, difíciles. A la hora del desfile se excusó de regresar con el general y los suyos. El día se había desangrado en un crepúsculo ardiente, y el poeta le tuvo miedo a la noche tibia, cargada de fatigas, de fragancias y de estrellas.

El 15 de septiembre, en uno de los actos públicos del aniversario patriótico, el general le cubrió de afectuosos reproches por no haber vuelto a visitarles. Martí se disculpó: las cátedras, las sesiones de *El Porvenir*...y un trabajo que estaba escribiendo sobre Guatemala para darle a conocer en México ahora que... —Pensó en María, y terminó con cierto esfuerzo—: ahora que iba allá a casarse. El general le bromeó paternalmente. ¿No había encontrado ojos bastante lindos en Guatemala?

Un mes más tarde la ciudad estaba sobresaltada. Había ocurrido algo sombrío. Las maquinaciones de los clericales, de que venía hablando el rumor público, habían resultado ciertas. Una anciana a quien el presidente hiciera antaño una merced se había presentado a él, asegurándole que los *serviles* tenían fraguada una conspiración para asesinarle. Denunció el lugar de reunión de los conspiradores. Aquella misma noche, *foete* en mano, Barrios se fue completamente solo a la madriguera, abrió de un empellón la puerta y, a golpes de fusta, dispersó a los atónitos conjurados haciéndoles luego prender.

Eran gente de cierto viso, antiguos *remicheros* y jóvenes impacientes. Guatemala se preguntaba qué haría el terrible *guanaco* con su presa. Unas semanas después los hacía fusilar en la misma plaza de Armas.

Consternado por aquel incidente típicamente americano, Martí quiso ahogar en emoción privada su dolor civil. Se fue a la casa de los García Granados. Intentó el general secuestrarle para que escuchara sus invectivas contra el carlismo local, pero Martí prefirió dejarse atraer por la mirada triste de María. Como de costumbre, las niñas se aburrieron del tono sentimental de la conversación y los dejaron solos. El diálogo se hizo peligrosamente íntimo. Enterada por su padre del próximo viaje de Martí y de su objeto, María se las arregló para insinuar un reproche por la mentira del poema. Intentó él una justificación lírica de su engaño. Jamás sintió tanto la irremediable torpeza de toda palabra.

Inminente ya la fecha de su licencia para ir a México, Izaguirre le habló del asunto. ¿Cómo pudo suponer que no se habían percatado? Las mismas niñas le habían dado bromas a María, hasta que ella un día se echó a llorar. Ahora decían que le había caído a la hermana una gran pasión de ánimo.

A Martí le invadió un sentimiento agudo y piadoso de responsabilidad. Muchas veces —como decían los versos mismos dejados en su álbum— hubiera querido "colgarle al cuello esclavos los amores", pero de cierto nunca le había hablado sino "con fraternal amor". Se reprochaba solo la culpa de su ceguera, el daño que no había sabido evitar. Y ¿qué extraño sentimiento de dolor y piedad de sí mismo se mezclaba a aquella compunción? Lo hubiera, en aquel momento, cancelado todo.

Pero el deber triunfó. Cuando la víspera de su salida fue a despedirse del general y los suyos, estuvo como nunca embarazado de frase y ademán. Ella era toda una apretada angustia. En un aparte fugaz le dio una pequeña almohadilla de olor primorosamente bordada. Apenas pudo decir en voz baja: "Guárdela, Pepe... Da buena suerte". Por toda contestación, cedió al impulso de besarla en la frente. Abrasaba.

Deseoso de aprovechar el viaje para completar sus observaciones del país, volvió a México por tierra, atravesando a caballo el río Grande y la Sierra de las Minas hasta Cobán, para desde allí ganar la frontera. Una tierra de selvas y volcanes, donde los cafetales ponían a trechos su manso acento, y el quetzal, símbolo de la América indómita, hurtaba a la mirada curiosa del viajero el lujo inútil de su plumaje.

La inmersión laboriosa en la gran Naturaleza enriqueció su sentimiento americano. Aquel viaje fue una documentación definitiva. Llego a México como embriagado de la visión magnífica y de una vasta esperanza. Guillermo Prieto, Justo Sierra, Peza, Mercado, los amigos todos, le oyeron hablar de América y del indio con frases que parecían tomar su opulencia de aquella misma Naturaleza que describían "¡América está destinada a vivificarlo y calentarlo todo!"

Por el camino había terminado su elogio de Guatemala, un puñado de páginas amorosas. Encargado de llevarlas a la imprenta el guatemalteco Uriarte, no pudo contener su entusiasmo y se permitió el desahogo de un prólogo.

Fue breve la estancia en México. El mes de licencia había coincidido con las vacaciones de Navidad, y Martí debía estar de vuelta al reanudarse las clases con el nuevo año. El matrimonio tuvo ambiente propicio en el regocijo pascual. En casa de Mercado, donde se celebró la ceremonia, se congregó la flor de las letras mexicanas. Un álbum primoroso llenó Carmen con los cumplidos y los votos poéticos de todos, desde Justo Sierra al propio don Anselmo de la Portilla, el antiguo adversario de *La Iberia*. Nicolás Azcárate deseaba "a la brillante pareja de que nuestra Cuba está orgullosa", que nunca llegase a llorar "las amargas lágrimas que cuesta el contemplar en ruinas los altares de su templo".

El día mismo en que vencía la licencia —uno de los primeros de 1878— llegaban a Guatemala los recién casados. Al pasar aquella tarde del brazo de Carmen por frente a la casa del general García Granados, creyó Martí ver insinuarse una silueta clara al fondo del mirador, y sintió, por un fugaz instante, la opresión sutil de lo definitivo.

No tardó el general en pasar a hacerles la visita de bienvenida. Con el candor de la excesiva experiencia, se lamentó de que María no se hallase bien del todo para venir a verlos. Una tarde se había metido en el río, con el sol ya muy de vencida, y desde entonces le venían dando unas fiebres... "Locuras de la gente joven" —comentaba el veterano—. A ver cuándo iban por allá para que las niñas conocieran a la cubana guapa.

A los pocos días Izaguirre trajo la noticia de que María estaba decididamente grave. Martí, angustiado, dudó si ir a verla. A la mañana siguiente doblaban las campanas de la Recolección. La vio entonces en la gran "bóveda helada". Espiado por cien miradas llorosas se acercó a la caja blanca de seda y besó a la muerta la mano afilada.

Guatemala entera se echó a la calle para presenciar el entierro de "la hija del general", con su lujo de flores y la caja nítida conducida en hombros. Cuando todo terminó, Martí, Izaguirre y Palma quedáronse rezagados; se miraron, salieron en silencio. Carmen nunca comprendió por qué su marido había vuelto tan afectado de aquel duelo ajeno. Llevaba ya en el alma el dulce remordimiento de unos versos futuros:

...dicen que murió de frío:
yo sé que murió de amor.

La llegada del folleto de Martí en elogio del país fue todo un acontecimiento. Nunca se había visto la pequeña República tan generosamente ensalzada. No quedó aspecto del paisaje o del vivir guatemaltecos que no recibiera allí su cumplido. Hasta pecaba de largueza el elogio, porque Martí lo había escrito como un deber de gratitud y de americanidad. Guatemala le había dado hogar. Le había hecho maestro, que era "hacerlo creador". Allí había encontrado campo para su inmensa impaciencia americana".

Pero había otra razón más urgente para el encarecimiento. América estaba dividida, y era preciso unirla por el conocimiento de sí misma. "Puesto que la desunión fue nuestra muerte, ¿qué vulgar entendimiento, ni corazón mezquino, ha menester que se le diga que de la unión depende nuestra vida?" Que hiciera cada cual su obra. Él no esquivaría la suya. "Para unir vivo lo que la mala fortuna desunió".

Ningún lenguaje más grato para aquellos liberales federalistas que solo sabían rezar a Bolívar. Durante muchas semanas no se habla en los círculos letrados de Guatemala sino del formidable elogio nacional. Algunos jóvenes poetas no se resignan a no verse citados por su nombre, pero todos convienen en no haber leído nunca adjetivos tan exactos ni descripciones de tanto brío y primor.

Como el matrimonio ha aumentado las atenciones y ya la cátedra no resulta tribuna suficiente, Martí aprovecha el éxito para lanzar una *Revista Guatemalteca*. Ya va a la imprenta el razonado y elocuente prospecto, anunciando la próxima aparición.

Pero entonces sobreviene algo tan grave como imprevisto. Con motivo de su santo, a Izaguirre le han dado una fiesta en el salón de actos públicos de la Escuela. Los colegas de otras instituciones menudas, que desde hace tiempo le vienen moviendo sorda guerra por la sombra que les hace, aprovechan la coyuntura para, acusar al cubano de narcisismos y devaneos en el ejercicio de su cargo. Hasta el mismo presidente han llevado la acusación. Cogen a don Rufino en uno de sus días prontos a la fusta, y el director es llamado a la augusta presencia. Barrios no es hombre de tomar excusas, ni Izaguirre de darlas.

110

Se limita este a manifestar que ha cumplido siempre con su deber, y presenta la dimisión.

Entérase Martí de lo ocurrido; volar a Izaguirre y anunciarle su inmediata renuncia es todo uno. El bayamés trata de disuadirle. Martí se tiene en su resolución.

—Lo que han hecho con usted es una cosa indigna. Renunciaré.

—Pero, Martí, ¡si su sueldo de profesor es lo único con que cuenta para sostener y mantener a su esposa!

—Renunciaré, aunque mi mujer y yo nos muramos de hambre.

* * *

¿Qué misteriosa comunidad de signos ajusta una vez más las vicisitudes de su vida con las de la patria soñada?

Mientras Martí, desesperado de Cuba, se consuela con fervores americanos y con "las preparaciones para un combate vigoroso", en la isla la revolución ha acabado de desmedrarse. Las noticias que llegan a Guatemala son vagas y escasas. Apenas hablan ya de la causa cubana los periódicos de México, y las cartas de la familia, de los amigos, solo traen referencias desalentadas —o contentas de que aquello "va a acabarse pronto".

Pero no es posible volver todavía. Y ahora, bruscamente desalojado de Guatemala cuando sentía ya crecer en ella sus raíces de amor y de estima, ¿qué le queda, sino irse a otra tierra de América, a Venezuela, quizá, madre de todas?

En este momento los periódicos de fuera traen una noticia dolorosa, gozosa. La guerra de Cuba termina. Españoles e insurrectos han pactado sobre una base que no es la independencia. A lo que parece, hay todavía dudas, disentimientos. Maceo es el indómito de siempre... Martí espera. Ya en el verano, las cartas de Cuba aseguran que todo ha terminado. Siente entonces la inevitabilidad de "las venideras y originales luchas de la patria" y se embarca con su mujer para La Habana.

Ha pedido prestado, para leerlo a bordo, un ejemplar de la *Colección de Estudios sobre Agricultura*, del conde de Pozos Dulces, donde halla muchas cosas que él ya había pensado y "otras que no hubiera sido capaz de pensar nunca". En el álbum de Carmen el general García Granados pone unas líneas leales de despedida el 26 de julio de 1878.

XIII
"OLVIDO DE LO PASADO"

> Era de la raza selecta de los que no tra-
> bajan para el éxito, sino contra él.
> *(Amistad funesta)*

El pacto de Zanjón hizo posible el regreso a Cuba de centenares de cubanos que se hallaban dispersos, principalmente por los Estados Unidos y otros países americanos. Muchos habían emigrado desde el comienzo de la guerra. Al cabo de diez años de anhelante expectación y, en no pocos casos, de trabajos y miserias sin cuento, volvían a su alero como las golondrinas después de la tormenta.

La base segunda del pacto había quedado estipulada con un eufemismo. El general Martínez Campos había propuesto "indulto general". Los mambises rechazaron la implicación delictuosa, sugiriendo "amnistía general". Pero esto a su vez parecía suponer un reconocimiento excesivo de beligerancia. Se convino, como transacción, "olvido de lo pasado". El destino irónico de esa frase que encubría todas las actitudes y dejaba a salvo todos los criterios, no alcanzaba a percibirse todavía en aquellos días veraniegos de 1878 en que Martí regresaba a Cuba, con su señora en estado y un vago acento mexicano.

En el ambiente denso de la canícula flotaba aún una excitación difusa, un entusiasmo algo elaborado con fuertes dosis de *fraternidad, concordia, raza*, y otros ingredientes análogos. España había vencido, pero los peninsulares, bajo la inspiración del hidalgo Martínez Campos, recataban su júbilo integrista, trasmutándolo en respetos y zalemas. Se habían ocultado discretamente los uniformes de rayadillo y las escarapelas rojo y gualda. En cuando a los mambises, Maceo, Máximo Gómez y otros jefes importantes habían preferido salir de la isla; los más habían vuelto a su campesinaje; algunos se dejaban ver en la Acera del Louvre, donde se les miraba con admiración. En los vestíbulos abiertos de algunos establecimientos de fotografía, grupos discutidores o silenciosamente irónicos contemplaban retratos de soldados mambises, casi todos en pareja, con los machetes cruzados por encima de los sombreros de jarey. Cerca, en grandes atriles, los generales Jovellar y Martínez Campos, con el pecho constelado de placas y medallas.

Todavía les sacaban lascas los periódicos a los discursos del banquete que los cubanos mansos y liberales le habían ofrecido al *Pacificador* en el teatro Tacón hacía algunas semanas. Don Pedro González Llorente, el abogado ilustre, había estado elocuente en la apología, explícito en la doctrina reparadora. "Nosotros queremos, en el seno de nuestra antigua unidad nacional, los que consideramos nuestros derechos; pero queremos obtenerlos, usarlos y defenderlos por las vías legales." El general admitió estos conceptos "como expresión de los sentimientos del país, y recordó que las reformas que España le acababa de conceder a Cuba eran provisionales, a reserva de las que más tarde pudiera la isla obtener mediante su representación en Cortes "si abrigaba más amplias aspiraciones".

Las reformas, en verdad, no podían haber sido más tasadas. Pidieron los capitulantes la *asimilación* de Cuba a las provincias peninsulares. Martínez Campos no quiso prometer sino derechos políticos iguales a los que Puerto Rico disfrutaba desde la Revolución de septiembre. Cuando los cubanos quisieron precisar estos derechos, de los que se hablaba como de una panacea, el general se vio en un apuro y le consultó por teléfono a su coasociado en el mando. Jovellar contestó desde La Habana que no sabía a ciencia cierta, pero que "podía decirse que la provincia de Puerto Rico y las peninsulares estaban fundamentalmente asimiladas". Los mambises aceptaron.

Ahora, al cabo de varios meses, se enteraban de que Puerto Rico estaba legalmente en estado de sitio. Un capitán general había suspendido en 1874 las concesiones de *la Gloriosa*, y la vecina Antilla no disfrutaba de otro derecho político que la representación en Cortes, lo único que, por lo pronto, le había sido concedido a Cuba... Parecía una broma pesada. Algunos criollos recalcitrantes empezaron a comprender por qué Maceo, aprensivamente, se había negado al pacto, irguiéndose frente a Martínez Campos bajo los mangos de Baraguá.

Pero la confianza prevalecía. *El Pacificador* era, sin duda, hombre de buena fe. Él mismo le había aconsejado a Cánovas "entrar francamente en el terreno de las libertades". Las gentes de representación en la isla habían ido, por su parte, tomando posiciones. En agosto los liberales se constituyeron en partido para abogar por "la aplicación a las Antillas de todos los derechos consignados para todos los españoles en el título primero de la Constitución". Días después también los conservadores, los "españoles sin condiciones", se organizaban con un programa de calculada vaguedad: "conciliar la tradición de un pasado de que no puede prescindirse, con las legítimas exigencias del presente y las nobles aspiraciones para el porvenir".

Dos meses después, en un modesto despacho de la calle de San Ignacio, dos abogados debatían cálidamente sobre las nuevas alternativas de la isla. Uno era don Nicolás Azcárate, que tan pronto como recibió en México la noticia del Zanjón se sacudió la prestigiosa penuria y regresó a Cuba. El otro era Martí.

Cuando llegó este a La Habana ya Azcárate tenía bufete abierto. El viejo amigo le invitó a que trabajase con él, y Martí aceptó. Mas como los pleitos aún no eran muchos, los eternos discrepantes se hacían uno sobre política todas las tardes. Detrás de la historiada mesa, harto limpia de papeles, don Nicolás erguía su busto poderoso y su gran cabeza leonina:

—Pero ¿no ve usted, Pepe, que...?

Incapaz de estarse quedo, Martí recorría el despacho de un lado a otro, con las manos en las sisas del chaleco, moviendo la cabeza negativamente. No; el *asimilismo* del antiguo reformismo no podía convencerle. ¡Asimilación! La palabra misma era absurda. ¿Cómo podía Cuba, tierra de América, cuna de un pueblo que acababa de luchar diez bravos años por su independencia, resignarse a ser *asimilada* a una provincia española?.. Baza, lenguaje, tradición: muy bien; mas por sobre todo eso estaba la voluntad ya madura de constituir entidad propia, vocación americana de Cuba. Menguada perspectiva era la asimilación.

—Pero ni eso, Nicolás, ya lo verá usted, querrá darnos España.

Azcárate, tan tolerante para la opinión contraria como fogoso en defender la propia, insistía en sus viejas aprensiones. La independen-

114

cia era el peligro yanqui o el peligro negro. Ahí estaba la protesta de Maceo, cargada de ambición racista... Esa gente solo quería la libertad para ellos...

Se interrumpió. A la puerta del despacho acababa de asomar, como al conjuro de la alusión, un joven mulato, pequeño de talla, vestido de levita y chistera. Se lo presentó a Martí:

—Juan Gualberto Gómez, un amigo mío de México... —Y añadió sonriendo—: Pero este es de los nuestros.

El recién llegado no alcanzó el sentido de la alusión. Envolvió a don Nicolás en una mirada leal y afectuosa; estrechó efusivamente la mano que Martí le tendía y, arrellanándose en una butaca, sacó un veguero inmenso y le redondeó golosamente la perilla con los labios abultados.

La charla se enhebró en una evocación de los días aún cercanos de México, donde el joven de color había conocido a Azcárate. Martí se interesó con delicadeza por los antecedentes del visitante, y este no fue remiso en contar. Muchacho todavía, sus padres le habían mandado a Francia a aprender lo único que por entonces podían ejercer útilmente los hombres de color en Cuba: un oficio. Solo que Juan aprovechó bien la estancia en París, y además de la técnica de la carruajería, adquirió una ilustración francesa. Cuando el viejo patriota Francisco Vicente Aguilera fue allá a conquistar para la insurrección a los cubanos adinerados de París, no encontró nadie más listo ni más dispuesto que el mulatico para llevarle la correspondencia. Él le hizo político, y separatista. Años después, expatriado en México, ¡cuánto tenía discutido con Azcárate en aquel comedor del hotel Iturbide!.. Pero Juan Gualberto le quiso siempre a don Nicolás por el tesón con que había luchado por la redención de su raza.

Se expresaba con vivacidad y abundancia. De todo él trascendía una alegría candorosa de niño, un hálito leal. Martí le escuchaba risueño. Cuando terminó el mulato sus evocaciones, le estrechó la mano en silencio y dirigió a Azcárate una mirada que quería decir: ¿Lo ve usted? ¿Lo ve usted? ¡Todos somos unos!

Desde aquel día Juan Gualberto se acostumbró a ir todas las tardes por el bufete a conversar con los ociosos letrados. Los temas preferidos eran la guerra pasada, con sus diez años de tesón ilusionado, de heroísmos magníficos y de tristes pequeñeces con sus Agramontes y sus Vicente García..., la fatiga final, la entera inconformidad de Maceo, el vacío...; y ahora, la inquina, que cada día se acentuaba más, entre los dos partidos insulares... Ya ambos estaban enseñando la oreja. A la Unión Constitucional no le faltaba más que pedir el *statu quo* y confesar que detestaba la abolición. Los liberales comenzaban a impacientarse y a hablar de autonomía...

Otras veces Juan Gualberto encontraba a Martí y a Azcárate enfrascados en cosas literarias. Don Nicolás había vuelto a sus viejos placeres de patrón de las buenas letras. El Liceo de Guanabacoa, que él contribuyera a fundar allá por el 61 y que había suspendido sus actividades durante la guerra, acababa de abrir de nuevo sus puertas. En la vetusta Villa de las Lomas —residencia de numerosos habaneros de jerarquía— reinaba con ese motivo mucho entusiasmo. El Liceo era una pequeña gloria local que resurgía.

Azcárate alistó en seguida la colaboración de Martí, haciéndole nombrar miembro de la sección de Literatura. No tardó en acreditar su competencia. Los letrados guanabacoenses celebraron la facundia y el aire de natural autoridad de aquel joven, desconocido de casi todos, que hablaba con extraordinaria fluidez y demorando un poco las eses, y que después de cada sugerencia preguntaba modestamente: "¿No?.." Siempre había que aprobarle. Sus programas de veladas eran perfectos.

Un acontecimiento privado, sin embargo, obligó a Martí a hacer planes más graves y personales. El 12 de noviembre le había nacido su primer hijo, un varón. La vida se colmaba súbitamente de responsabilidad. Ya no podría seguir viviendo con Fermín Valdés Domínguez que, casado él también, le había llevado a compartir su morada en los primeros meses del regreso. Ni serían suficientes las escasas onzas que le daba a ganar Azcárate en su bufete. En cambio, el licenciado Miguel Viondi, uno de los próceres de Guanabacoa, tenía necesidad de alguien que le ayudara con la mucha clientela. Martí va de pasante a su bufete.

Allí continúa visitándole a menudo Juan Gualberto. Ha llegado a formarse entre los dos jóvenes una amistad fraternal. Martí aprecia

116

cada día más la inteligencia y la simpatía criolla del amigo de color, que escribe a la sazón artículos políticos muy resueltos para el diario de Márquez Sterling, *La Libertad*. El periodista le provoca mucho los instintos, pero Martí se sofrena todavía.

El matrimonio y la paternidad "le pesan en las alas", mas le consuelan mucho de las largas jornadas de pasante, de los "lances de curia que a veces le hacían sentir ansias y vuelcos" —como dirá algún día, recordándose a sí mismo en el protagonista de una novela suya—, de la grisura y el poco aliento de aquella vida provinciana, aguijada de urgencias materiales. Como en México y en Guatemala, siente ahora en Cuba la tragedia de la inteligencia, común a los rudimentarios países de América, donde la educación, demasiado retórica, anda divorciada de las necesidades y posibilidades reales. ¿Cómo no ha de verse tanto politiqueo codicioso, tanta discordia vana y corrompida sumisión?.. Reducido por los deberes corrientes a ejercer su "engañosa profesión" de abogado, procurará él ejercerla al menos sin merma de su independencia y decoro.

Los meses van pasando y las promesas del Zanjón no se cumplen más allá de la menguada representación en unas Cortes donde los cubanos han tenido que oír ya muchos desdenes del general Salamanca, enemigo acérrimo de Martínez Campos y de su obra. Este ha escrito por centésima vez a su Gobierno pidiendo mejoras para la isla:

Preciso es decirlo: los habitantes de esta *Provincia* quieren ser provincia, y no estampo aquí sus quejas, que hoy pronuncian en voz baja y que tal vez digan demasiado alto mañana, porque no debo ser eco de ellas y, sobre todo, porque no pueden ocultarse a la alta penetración de Su Majestad y del Gobierno.

No escribía Martínez Campos a humo de pajas. Aun cuando le complacía oírse llamar *el Pacificador*, sabía que la paz era todavía un retoño muy tierno. Si su sagacidad política no había llegado a penetrar el sentido verdadero de tregua, más que de desistimiento, con que los mambises se habían avenido al Zanjón, su malicia militar le permitía ver que la insurrección estaba dispersa, pero no extinta. Aún quedaban partidas sueltas dando quehacer por la manigua; una nueva chispa de indignación por las esperanzas defraudadas podía volver a encender la guerra.

Ni ignoraba el general que los emigrados separatistas en Nueva York distaban mucho de estar ociosos. El Comité Revolucionario que allí habían constituido a los tres meses del Zanjón intensificaba ahora sus actividades bajo la dirección de uno de los pocos jefes de la guerra que no habían firmado el pacto y que conservaban incólume su prestigio: el general Calixto García. El representante de España en Washington aseguraba que desde La Habana se estaban remitiendo fondos al Comité y que algo serio se tramaba de nuevo en la isla. ¿No veía el Gobierno de España que era una insigne imprudencia retardar más las reformas tantas veces prometidas?

La insistencia del general se hace enojosa a los directores del cotarro madrileño. Decididamente, Martínez Campos se ha vuelto más papista que el Papa. Su presencia en Cuba es ya un estorbo, y Cánovas, al fin, se decide a llamarle, para hacerle ministro de una vez y gastarle las ínfulas. *El Pacificador* ha anunciado ya su regreso a la Península para comienzos de enero.

Con la morosidad de España, Martí ha visto crecer el malestar y el recelo, acuciados por la mala situación económica. Ha caído en sus manos un ejemplar del manifiesto lanzado en octubre por el Comité de Nueva York excitando a los separatistas de la isla a que se organicen en agrupaciones secretas para "trabajar por todos los medios conducentes al logro de la independencia, arbitrando y reuniendo recursos pecuniarios y elementos de guerra".

Acaba de llegar a Cuba, tras ocho años de dura ausencia. Tiene una mujer y un hijo. Y la patria le llama de nuevo. ¿De qué lado está el deber más imperioso?.. Esta tarde, como todos los días, los vendedores del periódico de Márquez Sterling —el primer diario que se vocea por las calles en Cuba— pasan, hiriendo la tarde con sus gritos: *¡La Libertad!... ¡La Libertad!..* Martí se estremece.

Al día siguiente la charla vespertina con Juan Gualberto es más larga, más íntima que nunca.

118

XIV
EL CONSPIRADOR

Pronto se le depara a Martí ocasión de revelar su actitud anterior. Alfredo Torroella ha muerto. Vino de México, con el canto del cisne en los labios, a descansar en la tierra que tanto amó. El Liceo, de cuya Sección Literaria era vocal, expone el cadáver del poeta en su salón de Juntas. La triste ceremonia reúne a un grupo de amigos. Frente al féretro, Azcárate dice unas palabras temblorosas; Luis Victoriano Betancourt, poeta festivo, lee unas quintillas melancólicas. Habla luego Martí. Evoca blandamente, en voz casi confidencial, los días del común destierro, los versos bajo la noche estrellada de la altiplanicie, los suspiros de la juventud romántica, la camaradería en la amistad y en los amores. En la sala silenciosa la evocación cae grávida de melancolía en párrafos de una belleza lacerante. La luz de los hachones centellea en los ojos húmedos de todos.

Un instante después esos mismos ojos se miran con alarma. Martí ha perdido un poco los estribos, ha alzado la voz y, a propósito del destierro, está diciendo cosas muy duras para España. La alocución termina en una atmósfera cargada de aprensiones. Azcárate mueve deplorablemente la gran testa.

Ello no obstó, sin embargo, para que, días después, le confiase también a Martí la oración fúnebre en la velada solemne que el Liceo acordó celebrar en memoria de Torroella. "Solemne, Pepe...", se limitó a subrayar Azcárate.

Era la primera vez que Martí hablaba en Cuba frente a un público numeroso. Azcárate lo presentó con generosas ponderaciones. Muy pálido, pero "ruborizándose a cada mirada como una colegiala", surgió el novel orador en la prestigiosa tribuna en forma de púlpito.

No quiero hoy la palabra ardorosa, en flores de dolor que arrebate el viento, tributar pasajero homenaje al muerto bien amado de la patria. Aunque si la patria le ama, no está muerto... Quieren sus buenos amigos que mi mano trémula, caliente aún con el fuego

119

que secó en vida su mano generosa, sea la que revele aquel espíritu férvido y preclaro, con que puso más lauros en la frente ceñuda de la patria, cargada ya de lauros enlutados.

Estas referencias a "la patria" —en días en que todavía se decía "la isla" o "el país" —, a la patria "ceñuda" y "de lauros enlutados", inquietaron ya a Azcárate en su butaca presidencial. El auditorio, sin embargo, estaba arrobado ya por aquella voz melodiosa, que tan pronto vibraba de energía como se velaba con sordos acentos elegiacos. No hacía sino contar la vida del poeta, pero la narración estaba sembrada de reticencias cubanas, y el rostro de don Nicolás pasaba del embeleso a la alarma. Cuando, al fin, Martí terminó con una invocación magnífica a la Muerte, el público está electrizado. El doloroso silencio estalló en una ovación tenaz, y Martí fue arrebatado de la tribuna entre abrazos.

Estaba consagrado. Al otro día, las gacetillas saludaban con entusiasmo al "águila naciente de nuestra tribuna". Cuando, una semana después, se supo que terciaría en el debate que el Liceo venía sustentando sobre "El idealismo y el realismo en el Arte", se colmaron los salones, la galería y hasta el patio contiguo.

Irredimibles pérdidas, gimientes voces, augustas sombras me pueblan el espíritu; pobres labios que no saben decir, ni pueden decir, lo que dirían...

Y como no podían, se contentaron con celebrar en su exordio al Liceo y a Guanabacoa, a "estos pueblos, hijos mimados de la patria, que conservan puras y sin mancha todas las glorias del recuerdo..."

La Patria, al reseñar el acto, extremaba sus elogios al "joven y ya célebre orador señor Martí". Había estrenado en Cuba un modo de oratoria distinto del usual: una elocuencia nerviosa, brillante, difícil y embriagadora.

"Ustedes son los únicos que hoy conspiran en Cuba", solía decir el licenciado Viondi al ver cómo menudeaban las entrevistas misteriosas de Juan Gualberto con Martí en el bufete.

Pero se engañaba el licenciado. La organización subterránea recomendada por el Comité Nueva York había adelantado mucho. El

120

general Blanco, que había sucedido a Martínez Campos en la gobernación, estaba sobre aviso. Según su comandante Polavieja, existía ya en Oriente una trama dirigida por Calixto García desde Nueva York y por Antonio Maceo desde Jamaica, Lo que acaso no sospechaba aún el capitán general eran las ramificaciones que ya la conspiración tenía en otros lugares de la isla, y en La Habana particularmente.

Esta, en efecto, no quería ahora quedarse atrás. Aparte el celillo local, había ciertas lecciones de la guerra pasada, principalmente la de que un movimiento comarcano era demasiado vulnerable. La efectividad de la guerra futura dependía de que lograse ser una rebelión simultánea de toda la isla. Calixto García no cesaba de excitar el orgullo occidental, y por más que Oriente, algo desdeñoso aún en la conciencia de su ejecutoria, pareciese todavía querer actuar por su sola cuenta, el coronel Pedro Martínez Freyre cuidaba de mantener el nexo entre los dos extremos de la isla. Por orden suya, José Antonio Aguilera iba y venía sigilosamente desde *Cuba* a La Habana, trasladando las instrucciones del propio Martínez Freyre, de Flor Crombet y Mayía Rodríguez; deteniéndose en las Villas para ajustar planes con Francisco Carrillo y Serafín Sánchez; ligando, en fin, los acuerdos en la capital con gente más nueva: Martí, Juan Gualberto, Cirilo Pouble...

Martí ya ha vencido las últimas resistencias del hombre privado y hasta alguna tentación a la mansedumbre política. Cuando el abogado oriental Urbano Sánchez Echeverría, a instancias de algunos liberales de aquella región, apuntó la idea de proponerle para diputado a Cortes por el Departamento en las elecciones ya inminentes, Martí contestó que en caso de venirle diputación semejante, se entendería que la aceptaba para defender en el Parlamento español lo único sensato que, a su juicio, podía entonces defender un cubano: la independencia. Portador y mensaje cayeron en manos de la policía. Propuesto, sin embargo, a última hora, el nombre de Martí cosechó un centenar de votos, y aquel equívoco electoral se grabó en algunas memorias celosas.

Pero no tardaría ya en fijar públicamente su posición. El 26 de abril el partido liberal le ofrece un banquete a Adolfo Márquez Sterling, correspondiendo a otro que este le diera anteriormente con miras a una posible inteligencia entre aquel partido y el republicano que él dirigía. Márquez Sterling confía a Martí el discurso de agradecimiento. Tiene lugar el homenaje en los históricos *altos* del Louvre. El licenciado Gálvez lo ofrece con un discurso circunspecto, optimista, lleno de moderación liberal: una glosa del programa del partido. Luego, un poco imprevistamente para los organizadores, se le concede la palabra al sinsonte del Liceo de Guanabacoa.

Las primeras frases de Martí le muestran consciente de su precaria representación. Habla en nombre de "los espectadores de las gradas", él, "átomo encendido que tiene la voluntad de no apagarse", chispa de un incendio que no se extinguirá jamás sino bajo un "abundantísimo raudal de libertades".

El tono y la ambición sorprenden a los señores de la presidencia. Más aún cuando Martí, para celebrar la hombría pública del periodista agasajado, sentencia vibrante: "el hombre que clama vale más que el que suplica...; los derechos se toman, no se piden; se arrancan, no se mendigan..." El disparo es de bala rasa. En algún extremo de la mesa se oye "Bien... Muy bien..." Pero el licenciado Gálvez ha fruncido el ceño, ha tomado agua, ha cambiado una mirada rápida de sorpresa con Govín, el secretario de la Junta, y con Rafael Montoro, el joven tribuno del partido. Los semblantes se muestran tensos de expectación. Después de aludir a la "incompleta libertad conquistada, de nadie recibida", Martí se lanza en un crescendo de hipótesis que suspenden el aliento de todos los comensales. Si la política liberal cubana ha de procurar enérgicamente el planteamiento y solución radical de los problemas todos del país,

...por soberbia, por digna, por enérgica, yo brindo por la política cubana. Pero si, entrando por senda estrecha y tortuosa, no planteamos con todos sus elementos el problema, no llegando, por tanto, a soluciones inmediatas definidas y concretas; si olvidamos como perdidos o deshechos, elementos potentes y encendidos; si nos apretamos el corazón para que de él surja la verdad que se nos escapa por los labios; si hemos de ser más que voces de la patria disfraces de nosotros mismos..., entonces, quiebro mi copa: ¡no brindo por la política cubana!

Martí, que había lanzado ligeramente la copa, la coloca de nuevo, con mano trémula, sobre la mesa desordenada, y el choque de ella con otros cristales produce en el tenso silencio un tintineo dramático.

La elocuencia secuestró momentáneamente la discreción y la pusilanimidad, pero el aplauso final es ya una transacción entre la cortesía y la disciplina de partido. Encendido por la palabra valerosa, José Rafael Izquierdo da su voto cálido por la política que Martí acaba de esbozar. Gálvez le pasa un recado discreto a Montoro y este, se levanta a contestar. Es una gallarda figura, sólida y clásica, que contrasta con el endeble manojo de nervios románticos que ha copado la atención momentos antes. En el ambiente congestionado, la frase tranquila y elegante del joven tribuno del liberalismo es como una sangría. Celebra la elocuencia de Martí, el fervor del señor Izquierdo. No se propone discutir sus puntos de vista: quiere solo hacer constar que ellos no representan la ideología del partido liberal, cuya doctrina no es ni más ni menos que la contenida en su manifiesto-programa. A los liberales les parece que todo lo que no sea eso es indiscreto extremismo. Cada hora tiene sus posibilidades, y la política es el arte de ajustarse a ellas.

Los varones de la presidencia dan grandes cabezadas de asentimiento, salvo Márquez Sterling, a quien se ve cohibido por el imprevisto sesgo polémico que ha tomado el homenaje. Martí escucha con la barbilla sumida entre las manos enclavijadas. Cuando Montoro concluye, el aplauso tiene algo de ordenado, justo y metódico como su propio discurso. El señor Saladrigas, y luego Gálvez, en el resumen diplomático, acaban de cerrar la brecha, y la comensalía se dispersa al fin en una cálida incoherencia.

Los campos han quedado dramáticamente escindidos.

Una hora después ya el general Blanco estaba impuesto de lo acontecido en El Louvre. "¿Quién es Martí?", preguntó.

Al día siguiente quiere saber por sí mismo. El Liceo de Guanabacoa celebra una velada en honor del violinista cubano Díaz Albertini. Émulo de la política conciliadora de Martínez Campos, procura también el nuevo capitán general congraciarse con aquel nidal de criollos locuaces. Dícenle, además, que el tal Martí va a hablar en la velada, y aunque no le da mucha importancia al nuevo sinsonte silvestre, desea Verle la pluma.

Martí no le escatima la oportunidad. Su elogio del violinista criollo es tan intencionado en la reticencia, tan mondo de disimulos en la alusión a "la patria" y al porvenir cubanos, que el capitán general, al retirarse lleno de dignidad y de cruces, comenta ominosamente: "Quiero no recordar lo que he oído y no concebí nunca se dijera, delante de mí, representante del Gobierno español. Voy a pensar que Martí es un loco. Pero un loco peligroso."

No estaba solo el general en esa opinión. Otros, más cerca de Martí, más animados de simpatía hacia él, empezaban a creer que había algo de excéntrico, de desequilibrado en aquel joven de hablar ardoroso y de movilidad incesante, que todavía hablaba de otra guerra... La de los Diez Años había costado a España y a Cuba 200.000 muertos y 700 millones de pesos; ¿no era bastante ya?; ¿no veía Martí que lo que en Cuba se apetecía era paz, paz para descansar de las angustias todavía recientes y para reparar los estragos de diez años de erogaciones y candelas?

A quienes así pensaban no les resultaba difícil encontrar en las demás manifestaciones de Martí la evidencia de que se trataba de un visionario. Daba pábulo a ese juicio el estado de exaltación, de embriaguez ideal en que vivía, como si quisiese defenderse así mejor de las tentaciones vulgares del medio. De tanto mirar a la realidad, llegaba a perder a veces el sentido de lo cotidiano. Cierto día, un empleado del bufete hablaba de que el licenciado Cortina disertaría por la noche acerca de "un inglés que dice que el hombre viene del mono". Martí, de ordinario tan suave y comprensivo, se indignó.

—¡Ese inglés a quien usted se refiere se llama Carlos Darwin, y su frente es la ladera de una montaña! Y ante el asombro de cuantos contemplaban la escena le espetó al asustado curial una pequeña conferencia sobre la teoría del origen de las especies.

Convencido de que Juan Gualberto y Martí se traían algo serio entre manos, Viondi acabó por cederles un cuarto trasero del despacho para que conspirasen a sus anchas. Pero cuando la reunión era nutrida, Martí prefería que tuviera lugar en su propia casa, unos *altos* modestos en la calle de Industria.

124

Era ya, con Aguilera, uno de los directores de la conspiración de La Habana. Sus pronunciamientos en el Liceo, y sobre todo en el comentadísimo banquete a Márquez Sterling, le habían destacado mucho. En una asamblea secreta de los Clubs, celebrada en el vecino poblado de Regla, se le había elegido presidente de la Junta Central de La Habana, compuesta de delegados de todas las organizaciones revolucionarias de la provincia. A su vez, el Comité de Nueva York había nombrado delegado y subdelegado suyos en La Habana a Aguilera y a Martí, respectivamente.

La conspiración adelanta sin tregua. Aúnanse voluntades. Se levantan fondos y se remiten a Nueva York para la compra de armas. En Güines hay ya un contingente, preparado. Carrillo, Serafín Sánchez y otros movilizan secretamente las Villas. Solo en Oriente ha habido Contratiempos graves. El comandante Polavieja, que allí manda, ha deportado preventivamente a Flor Crombet, Martínez Freyre y algunos más. Pero Santiago responderá; responde siempre.

Los conspiradores habaneros sienten adensarse en torno suyo el recelo oficial y evitan reunirse. Martí se vale de Juan Gualberto para mantener sus comunicaciones. El inteligente mulato le ve a diario en el bufete, o en el "rinconcito blanco" de la calle Industria, donde suele quedarse a almorzar del suculento tablero de *La Perla*, que es solo para Carmen y para Pepe, "pero da para un regimiento". Alguna noche Martí se ha presentado de improviso, por razón de urgencia, en la humilde casita donde Juan Gualberto está visitando a la novia modista... Ha sido tan cortés en la excusa, tan cariñoso, que toda la familia mulata se ha quedado prendada de él, y ni la novia le tiene a mal que se lleve a su Juan.

Las gentes libres de color reciben todavía en la isla, del criollo blanco, un trato que recuerda demasiado al amo. La actitud de Martí es delicadamente igualitaria, sin ánimo de condescendencia. Un día que el Liceo se dispone a escuchar al violinista mestizo Palmero, cuyo elogio está encomendado a Juan Gualberto, se duele Martí de que el mucho trabajo le prive del "placer de ver manos blancas aplaudir a un mulato artista".

Está realmente embargadísimo: Las clases con que se ayuda a vivir en el Colegio Plasencia le roban mucho tiempo. Aún lo halla, así y todo, para seguir ayudando eficazmente a Azcárate en sus labores del

Liceo, para hablar allí de nuevo sobre el teatro de Echegaray o para reunirse algunas noches en casa de los Valdés Domínguez con el ya viejo y siempre amado Mendive y con otros hombres de dignidad y de letras. Hasta puede leerles una noche un drama romanticorrealista de su propia composición: *La adúltera.*

Pero todo esto no es sino marginal al trabajo continuo de la conspiración. Las actividades literarias están demasiado teñidas por el positivismo ambiente, y él es un idealista; o por el casticismo tradicional, y él es un americano insumiso que, entre burlas y veras, se excusa con Viondi de tener que escribirle una esquela en papel español. Repugna todo lo oficioso hispánico. No hay tarde, sin embargo, que no vaya a besar al padre valenciano y a la madre canaria.

A principios de agosto el partido liberal, que barrunta la tormenta, se decide a conjurarla, pronunciándose —aunque todavía con cierta timidez— por la autonomía. Pocos días después el comandante Polavieja avisa a Blanco que los separatistas tienen fraguado un alzamiento general para fines de mes, y propone hacerlo abortar a tiempo, prendiendo, desde luego, a los promovedores conocidos. Pero Blanco aún se hace ilusiones. Govín le asegura que el partido liberal-autonomista estará a su lado. Polavieja, feroz, se irrita con esa política de imprudente blandura.

Los hechos le dan la razón. El 28 de agosto se sublevan en Santiago los jefes de color José Maceo, Moncada, Quintín Banderas. Siguen otros pronunciamientos en el resto de la comarca y en las Villas. Se sabe que Calixto García y Maceo acechan desde fuera la posibilidad de pasar a Cuba a asumir la dirección del movimiento. Polavieja recibe, al fin, instrucciones para proceder con mano dura, y no se muestra ni tardo ni escrupuloso. Medio Santiago pasa a aguardar en los calabozos del Morro el barco para las penitenciarías de Mahón y de Ceuta.

En casa de la colaboradora Anita Pando reciben Aguilera y Martí, de manos de Eusebio Hernández, un pliego manuscrito con las instrucciones que desde Jamaica dirige Antonio Maceo a los comprometidos de Occidente. Aunque el levantamiento estaba ordenado por Nueva York para mediados de noviembre, ha tenido que anticiparse por los mismos amagos de Polavieja. No hay sino llevarlo adelante ahora. Aguilera, Martí, Hernández se reúnen a diario para activar los despachos de armas al interior.

El 17 de septiembre, Juan Gualberto almorzaba con Martí y su señora. Tocaron a la puerta de la calle. "Pepe: el señor que vino a verte antes." Martí pasó a la saleta. Un instante después apareció de nuevo muy tranquilo, llamó a su esposa al cuarto y habló con ella en voz baja. A Juan Gualberto, que saboreaba lentamente su tabaco entre sorbitos de café, le comunicó que se veía precisado a salir para un asunto urgente... Apenas lo hubo hecho, Carmen, desfallecida, gritó: "Se lo llevan, Juan; ¡se llevan preso a Pepe!"

El amigo saltó del asiento, corrió a la calle; pudo aún seguir a distancia a Martí y al celador. Cuando tomaron un coche, los siguió en otro hasta la Jefatura de Policía. Seguro ya del destino de Martí, corrió a avisar a Azcárate. El viejo amigo se echó las manos a la cabeza. "¡Tenía que ser! ¡Tenía que ser!" Y encasquetándose la chistera, salió con Juan Gualberto a la gestión sin esperanza. Logró que se le permitiera comunicarse con Martí. Por su mediación este pudo hacer llegar a Viondi aviso de que quemara cuantos papeles hallase en la mesa de los conspiradores y le entregara a Juan Gualberto, para Aguilera, un maletín de importancia suma.

El general Blanco, sin embargo, estaba ya suficientemente informado. Los registros en Santiago habían dado mucha luz. Cajas de un flete enviado por Aguilera y Hernández al Manguito se habían abierto por accidente en el andén, derramándose su contenido de cápsulas. Hubo otros *accidentes* menos explicables... Los conspiradores tuvieron, demasiado tarde, la sensación de que habían venido siendo espiados desde entre ellos mismos, traicionados.

Pocas semanas después, Aguilera y Juan Gualberto eran presos y embarcados para Ceuta; Anita Pando, para la isla de Pinos. Y mientras otros comprometidos lograban escapar a Nueva York, el movimiento, frustrado en Occidente, cundía desde el extremo oriental en espera de caudillos. Cediendo a requerimientos y presiones de amigos de Martí, Blanco hizo llegar a este la insinuación de que le excluiría del proceso si declaraba en los periódicos su adhesión a España.

—Digan ustedes al general que Martí no es de raza vendible.

El 25 de septiembre salía en el *Alfonso XII* para España bajo "partida de registro".

XV
EL RUBICÓN

El mar otra vez. El mar, gran confidente, silencioso incitador de revisiones. Y de nuevo el mismo camino hosco de España, el camino de hacía nueve años.

Ya el adolescente de aquel primer destierro es un hombre enriquecido de ternuras, de dolor, de pensamiento. Ha aprendido que la injusticia no es un designio, sino un error de los hombres. Conjuga el suspiro y la sonrisa. Cuba, que entonces no era más que una herida en el alma y en la carne niñas —una mera experiencia—, es ahora, sobre todo, una idea que busca su destino real.

¿Lo busca o lo espera? ¿Qué será, en rigor, la Historia: una elaboración o una paciencia de los hombres? Ahí en la isla, por el Oriente bravío, quedan unos centenares de cubanos lanzados de nuevo a la realización de un anhelo que ya parecía amenazado por su propio ímpetu inicial. Ellos son la inconformidad. Su impaciencia traerá a Cuba hambre y duelo otra vez. En la capital, otros cubanos honrados prefieren irle ganando batallas al tiempo. ¿Quiénes tendrán razón?

En la sombra de la alta noche sintió un paso detenerse junto a él y una mano posarse en su brazo. Era un compañero de viaje, el coronel cubano Ramón Roa, que había sido uno de los firmantes del Zanjón. Iba ahora a España, según decía, a recabar de Martínez Campos el cumplimiento de los "pactos secretos" del convenio... No podía dormir, y había subido a cubierta a orearse un poco el desvelo.

Hablaron, naturalmente, de política, ¿No se había Martí acreditado de irremediable soñador cooperando en esta nueva intentona? Le sorprendía que un hombre de su talento se hubiera engañado así... Cuba no estaba madura para la independencia; se lo decía él, que había luchado en la manigua hasta el último momento. Había ya cubanos que censuraban el pacto. ¡Era fácil censurar!.. Pero aquello había sido inevitable, y a Cuba no le quedaba más recurso que el de una paz inteligente: sacarle el mayor partido posible al convenio.

Martí dejó que el otro se explayara. Comprendía que le estorbasen el sueño sus propios pensamientos. No se vive en balde una gran ilusión. No se deserta de ella impunemente. Pero aquel hombre, que había sido un bravo en la guerra, se perdía para Cuba, y había que salvarlo... Allá en el hondón de sí mismo, Martí sentía aún los asaltos de la duda, pero no se dejaba ganar por ella, no le permitía resolverse en menguado ventajismo. Cuba estaba madura para la independencia desde que le era imposible vivir dignamente sin ella. ¿Qué importaba que la opresión política hubiera amainado algo con los simulacros liberales si persistía una opresión más sutil y profunda: la que hacía al cubano vivir como de prestado en su propia tierra; la que le obligaba a una existencia vegetativa y mediocre; la que oponía el valladar de la tradición y de las ideas viejas a la libre expansión del espíritu americano, afanoso de novedad? Y ¿cómo podía España darle a Cuba lo que, por hábito secular, era ajeno a ella misma?.. La separación resultaba una necesidad histórica urgente. Si aún no estaban todas las voluntades cubanas dispuestas a conseguirla, el deber era trabajar por decidirlas, no engañarlas con esperanzas vanas.

Apelando a los orgullos del ex mambí, enhebró evocaciones tan precisas de la guerra pasada, que Roa se asombró de que pudiera dar testimonio tan vivido quien no había estado en ella. Era el milagro de la elocuencia y de la fe; de una fe que se estaba defendiendo a sí misma... Pero el otro movía mucho la cabeza y el discurso cálido se lo llevó el Atlántico.

Todavía en dos ocasiones más, en esos encuentros obligados de la comunidad a bordo, el capitulado insistió en vencer la fe acusadora de aquel *Cristo inútil*, como le llamaba irónicamente, Martí acudió al terreno del realismo político en que Roa prefería situarse. España no añadiría un ápice a lo que había concedido. Más libertad para la isla significaba —y esto siquiera lo veían claro en Madrid— acabar de quebrantar los vínculos que aún la contenían; significaba lesionar, en la misma medida en que esa libertad se concediese, intereses materiales privilegiados en la misma Península...

Mas el coronel se aferraba a pequeñas literalidades, a no sabía qué misteriosas estipulaciones tácitas del Zanjón. Y Martí decidió no encontrarse más con él. Prefirió ir a pasar las veladas charlando con el contador del barco, que desde el primer día de viaje, y por recomendación de un común amigo de La Habana, se había ofrecido muy cortésmente al deportado.

El contador señor Viniegra era un joven español efusivo, sentimental y con una vaga inclinación a las cosas del espíritu. Desentendido de todo lo que fuera política, aludía a ella con cierta timidez admirativa, como si se tratase de alguna magia peligrosa. Desterrado político, por ese solo hecho le pareció Martí heroico desde el primer momento, sintiéndose atraído a él no obstante su separatismo. A su vez, el cubano, orador instintivo, era un ser necesitado de comunicación. Viniegra le escuchó con embeleso las largas especulaciones a que invitaba la inactividad del viaje. Una noche, pesaroso el contador de que España se perdiese un talento semejante, se aventuró al fin a insinuar el tema político. ¿No le parecía a él que los cubanos, al pretender separarse de España, renunciaban a una patria gloriosa?

Martí le pidió su concepción de la patria. La reputó de *encantadora*. Tal era la patria que los cubanos ansiaban, pero no la que España les daba. Cruzó el diálogo una fugaz alusión a la cadena del presidio. "Esa cadena no lastimaba solo mi sentimiento cubano; lastima a toda América."

El contador se quedó algo triste, y ya luego hablaron de otra cosa. También él tenía sus penas y, como todos los marinos, estaba roído de soledades y ávido de camaradería. Martí le escuchó sus confidencias. La faena del baldeo le sorprendió, con los primeros albores ya sobre el mar, llevando al atribulado Viniegra los consuelos de su estoicismo.

No recordaba el contador del *Alfonso XII* otro pasajero que le hubiese jamás impresionado tan profundamente. Cuando el barco llegó a Santander, Viniegra no pudo menos que decirle a Martí por escrito su gratitud.

El modesto contador encarnó un momento para el desterrado aquella otra España noble, generosa, desentendida también de la política, que volvía a ver ahora con la emoción de los recuerdos infantiles. Más que nunca la encontró divorciada de sus hombres públicos.

...fatigada de su servidumbre a una casta absorbente de hombres brillantes y audaces que olvidan, por el provecho de su propia

130

gloria, los intereses legales y agonizantes de la nación que representan.

Pero Madrid —siempre flexible— se disponía a celebrar en grande las bodas de Alfonsito con la princesa de Austria. Visitó Martí el Prado, la ermita de los Goyas nacarados, el estudio del viejo Madrazo. Pasó luengas horas en la biblioteca del Ateneo, alternando en sus lecturas los clásicos del pensamiento político —Montesquieu, Rousseau...— con los del realismo y el criticismo español —Quevedo, Saavedra Fajardo, Gracián, Jovellanos...

En el vestíbulo del Ateneo se topó más de una vez con el periodista Julio Burell, que guardaría un recuerdo profundo de aquel joven "de alma española" que, sin levantar la voz, pero muy brillantes los ojos, le decía, después de confesar su amor a la cultura de España:

—Soy separatista, porque España está aquí, pero no en Cuba. Yo, que entre ustedes soy un igual, no seré allí sino un extranjero; viviré en tutela, sometido, sospechado, con todas las puertas cerradas a mi derecho si pido justicia, a mi ambición si soy legítimamente ambicioso...

¿Y qué, si no ambición lícita, era aquella impaciencia de porvenir que le asediaba, aquel cuidadoso discernimiento y severo juicio con que estudiaba los movimientos más secretos de la política de Ultramar?

Seguían dando juego los asuntos de Cuba. Cánovas se las había, al fin, arreglado para que Martínez Campos aprendiese, en el Poder, cómo una cosa era predicar y otra dar trigo. Y el pobre general, tan aguerrido, se movía medroso entre las urgencias de los diputados antillanos —Labra, Bernal, Portuondo— y la resistencia pasiva de su propia mayoría conservadora. Su elevación al Poder había sido interpretada en Cuba como el primer paso hacia las reformas cabales prometidas en el Zanjón; mas pronto se había echado de ver que *el Pacificador*, secuestrado por su propia mayoría parlamentaria, estaba solamente "guardándole el puesto a Cánovas contra las apetencias del sagastismo. Al reanudarse las Cortes era evidente que *el Pacificador* estaba ya gastado.

Martí le escribe a Viondi sus impresiones de esa política de triquiñuelas, sorda a las demandas de la isla. Y añade:

131

¿Qué me hago yo, en tanto... que tan reñida e inútil batalla libran aquí sobre las cosas de mi tierra?.. Empleo el largo tiempo en echar de mi aquello que para nada ha de servirme, y en fortalecer lo que de bueno tengo. Estudio inglés con fervor tenaz. Y reúno cuidadosamente todos aquellos datos que puedan serme útiles para la obra que desde hace años intento.

Sabía, en efecto, que su suerte estaba echada. Y sabía que su Rubicón era el Atlántico otra vez. Aunque apenas tenía noticias fidedignas de la nueva guerra, con la más larga perspectiva comenzaba ya a verle su precaria viabilidad. El Zanjón, en su sentido menos aparente, había sido una tregua impuesta por la necesidad de crear un espíritu unánime de toda la isla. Este requisito, indispensable para una decisiva liberación, no se había cumplido. La nueva rebelión se había fraguado cuando todavía muchos cubanos tenían esperanzas puestas en las reformas. Ahora el deber era apoyar el intento hasta que se evidenciase su inutilidad, pero si llegaba a frustrarse, la revolución del futuro tendría que responder a un largo proceso previo de maduración, y ya era para Martí evidente que esa preparación no podía efectuarse desde Cuba. La base política de operaciones tendría que ser los Estados Unidos, en cuyas colonias de emigrados cubanos se mantenía vivo el anhelo de una patria libre. Martí se hacía, por tanto, del inglés, "con fervor tenaz".

Ciertos asuntos de bufete que Viondi le había encomendado diéronle ocasión de conocer a Cristino Martos, el "hábil y elocuente concertador de los esfuerzos liberales". En la antesala de su casa —recordará años después— "había un cura; había un periodista de alquiler, muy untado y charolado; había un hombre hosco y mugriento, caídos los faldones por los lados de la silla, las manos apuñadas sobre la cabeza del bastón, la leontina bailándole, los becerros llenos de polvo: era el general Salamanca". Martos recibió al abogado cubano en cama todavía, "grueso y femenil, el pelo desrizado, la palabra ya cincelada a aquella hora; los quevedos de aro negro rodeándole los ojos". Hablaron del pleito de testamentaría en que Martos era abogado gestor. Y hablaron de política cubana.

Quiso conocer Martos por boca del colega recién llegado los asuntos de la isla, y Martí se mostró atento a su oportunidad. Fue un alegato. Adujo lo fundamental y lo accidental, lo natural y lo histórico, lo viejo y lo reciente. El cubano había echado alma distinta, y su vida, y sus intereses, y el ritmo de su desenvolvimiento eran contrarios a los de España. El Zanjón había sido un engaño: sufría aún opresión y desplazamiento el cubano; la revolución estaba en todos los corazones, y para vencerla, España no pensaba en activar las reformas, sino en concitar divisiones de raza, haciendo aparecer la rebelión como una conjura de negros. Entretanto, las prisiones de Ceuta, de Chafarinas, de Mahón estaban llenas de presos cubanos desterrados clandestinamente. Aunque España quisiera enmendar todo eso, sería inútil, porque el liberalismo español encontraría siempre recalcitrante al español de Cuba. La independencia era inevitable por la imposibilidad de conciliar elementos tan adversos.

Martos había escuchado religiosamente, asombrado de aquella verba y dominio de datos. Al fin, exclamó con un suspiro: Sí, tiene usted razón... No, se lograría más que ir enconando el caso con los años. O ustedes, o nosotros.

Al día siguiente, Martínez Campos proponía al Congreso la suspensión de las sesiones hasta después del casamiento del rey. Ello le sirvió de pretexto a Martos para censurar con acritud la política reciente hacia Cuba. Desde la tribuna pública le oyó Martí volcar sobre una Cámara irritada todos sus alegatos de la alcoba... Terminó pidiendo "piedad para la isla desgraciada" y, como festejo condigno de las bodas reales, la emancipación de los esclavos. Martínez Campos le apoyó tímidamente. Sagasta hizo un discurso lleno de llores para la princesa austríaca. Y se aprobó la suspensión de las sesiones...

Días después, Martos le escribía a Viondi: "Martí me ha producido tal impresión, que puedo decirle que es el hombre de más talento que he conocido".

Este hombre siente ahora, con el invierno, fríos de ausencia, nostalgias del hogar que ha quedado atrás. Convaleciente aún del primer friazo parameño, escribe: "Es cosa de huir de mí mismo esta de no tener ni suelo propio en que vivir, ni cabeza de hijo que besar."

Con el cuerpo solamente asiste, espectador irónico, a las grandes fiestas de las bodas reales —"intento inútil, fastuoso y bizantino,

133

como todo lo que va a morir por vicio de esencia y, agonizando, se ase al fulgor del símbolo..."—. El alma del desterrado, está lejos. Ha tomado ya resoluciones en cuanto a él: tan pronto reúna los medios necesarios se irá a los Estados Unidos a abrirle campo a la idea cubana. Pero —siempre la angustiosa pregunta— ¿cómo sacrificar a esa aspiración el deber primero de hombre, el deber hacia los suyos?

Este conflicto entre la vocación pública y la devoción privada se hace más íntimo y dramático a medida que le empujan los sucesos. Grabadas están en su memoria las palabras —suplicantes primero, luego más y más reprochadoras— con que la esposa había acogido sus primeras actividades de conspirador. Hija de familia acomodada, hecha a cierto pasivo señorío provinciano, Carmen era, por temperamento y por educación, exactamente el carácter opuesto al de Martí. Había soñado para su marido jerarquías y honores, y a poco que él sacrificase de su lirismo cuanto ella cedía de su inclinación práctica, se equilibrarían a maravilla. Pero Pepe insistía en soñar... Después del Zanjón, ¿qué iluso quijotismo podía justificar que se apartara de las tareas de bufete, en que tan pingüe hubiera podido ser su cosecha?.. El esposo la fue sobornando con tiernas finezas, pero aún recordaba aquel gesto de ella —entre la angustia y la irritación— del día en que fue hecho preso.

Ahora, desterrado ya, las discrepancias, que en las cartas de Carmen cobraban una fría deliberación, se complicaban con la inseguridad y las violencias materiales. Carmen había tenido que irse al Camagüey, al amparo del padre, que no había visto con buenos ojos la boda... Martí sufre demasiado la humillación y se lo cuenta a Viondi en un tono de soliloquio torturado. Determina resolver su problema "con todos sus datos":

> Fuera cobarde buscar para los hombres un gran peso y, en el momento de la lucha, echarlo sobre los hombros de otro. Así es fácil el triunfo, siendo injusto. A mí los que viven de mí. ¿Cómo? Vengan ellos: luego... —aquí tengo mis brazos, no cansados.

Pero la oportunidad de burlar la teórica vigilancia española y de marchar a los Estados Unidos se le presenta antes de lo que tenía previsto.

Tuvo aún ocasión de ver cómo se desinflaba el globo reformista con una crisis de fin de año. Los ministros de Cánovas en el Gabinete de Martínez Campos no se avenían "ni a la abolición de doce años ni al cabotaje" —con ser ambos tan mezquina cosa—, y el aburrido general le devolvió el Poder al *Monstruo*. Con la crisis de diciembre se frustraba la esperanza de reformas que la crisis de marzo había suscitado.

Confirmadas sus previsiones en este punto, Martí sale para la América del Norte vía Francia. En París, y en una fiesta celebrada en beneficio de las víctimas de la reciente inundación en Murcia, conoce a Sarah Bernhardt, vestida de Doña Sol —una Doña Sol "algo asiática, con sus ojos oblicuos, su nariz fina, su frente arrogante, sus frágiles labios" —. En francés escribe el transeúnte sus impresiones de la fiesta y de la actriz, que merecía "ser observada como un estudio de la fuerza de la voluntad humana".

XVI
NUEVA YORK

Año nuevo; mundo nuevo.

Por entre el hormiguero de la ciudad baja, el recién llegado va consumiendo imágenes, distancias y tristezas imprevistas. Ha caminado mucho estos días, un poco a la ventura, para salirse de sí mismo. Ya le conoce a Manhattan el largo urbano, desde la zona apoplética, que se congestiona en el ladrillo rojo de sus fachadas, hasta la región semisilvestre de las cabras y las huertas, más allá de la calle 59. El flamante elevado —monstruo oscuro que baja la Novena Avenida bramando, espantando caballos y dejando caer cisco encendido— le ha traído hasta la zona comercial, donde ya no quedan más residuos de lo viejo que alguna casa ranqueante de estampa holandesa. Todo es apretazón: edificios altos de caliza parda, victorias, tranvías de caballos, gentes de bigote en aparatosas bicicletas, traficantes apurados, damas de bonetillo y polisón que se remangan la cola frente a cada uno de los escaparates de la Ladies Mile, donde se marchitan ya las coronas de *Christmas*.

Blando es el invierno y defraudado de sus nieves pascuales. Pero el cielo tiene una grisura amarillenta, como huevo al trasluz. Y el inmigrante del trópico camina velozmente, negado al asombro. Le ha deprimido un poco, desde el primer día, este mundo áspero, jactancioso de su energía joven. Le hace recordar con nostalgias las ciudades quietas y doradas que hablan español.

Mas ¿no será tal vez porque él lleva la pena dentro? Va "con las carnes sanas y los huesos fuertes; pero con el corazón muy bien —y muy en lo hondo— herido: ¡por la mano más blanca que he calentado con la mía!" Un mes antes, en el Camagüey, esa mano escribió párrafos que aún hieren la memoria del viajero.

Se siente un poco perdido y ajeno, con su dolor, en este mundo extravertido. Cuando regresa a casa de Manuel Mantilla, donde se ha alojado provisionalmente, le confortan el ambiente de estufa y las palabras amigas.

136

Mantilla es cubano. Está casado con una venezolana medio santiaguero, Carmen Miyares. Una niña y un niño alivian de pesares el hogar pobre, que se ayuda con algunos huéspedes cubanos. El padre, a quien la poca salud ha hecho un melancólico y casi un inválido, se ampara en la fortaleza física y espiritual de su esposa, mujer robusta, parlera y de una simpatía cautivadora. La irradiación cálida y luminosa de Carmita conforta también al huésped dolorido. Ya esa tarde puede escribirle a su amigo Viondi: "Acaso sea todo nubes de enero, que pasan con febrero."

Al posarse, con el descanso, las imágenes, le penetra la tónica de su nuevo ambiente. Nueva York no ha perdido aún el gesto pionero de vigor rudo, de confianza en la propia fuerza, acentuado por el resabido puritánico del Norte y, sobre todo, por el optimismo que ha dejado el triunfo de la Unión sobre el Sur, del romanticismo industrial sobre el romanticismo negrero... Se acepta gozosamente la nueva esclavitud al capital porque todo el mundo cree poder llegar a amo. Estas impresiones excitan el sentido mesiánico que el siglo ha ido depositando en Martí y remueven su fondo de convicciones estoicas; "las penas tienen esto de bueno: fortifican".

Pero esa brecha en el amor hay que cerrarla. Su brusco traslado a los Estados Unidos le ha situado en medio extraño sin oficio ni beneficio. Aunque pensó no llamar a su esposa junto a sí hasta "luego de haber echado alguna raíz en la nueva tierra", aquellos rigores epistolares le mueven a hacerla venir en seguida, confiriéndole impensada urgencia a la necesidad de proveer. Camina de un extremo a otro de la ciudad, visitando oficinas, redacciones y trastiendas, subiendo y bajando escaleras, haciendo antesalas. Impecune, se gasta "en salvas de amor sus últimos cartuchos", mandándole a Viondi un sombrero y un abriguito para que su pequeñuelo se resguarde de los fríos del viaje.

A él los nuevos afectos le protegen ya un poco de las nieves tardías y de las acogidas hurañas. Y en la cooperación fervorosa con el Comité revolucionario de Nueva York, a cuyas actividades se ha incorporado en seguida, encuentra los consuelos de ilusión y de acción necesarios a su espíritu.

Bajo la presidencia de José Francisco Lamadriz el Comité está haciendo esfuerzos desesperados por llevar adelante los planes revolucionarios del general Calixto García.

Apenas se tienen más noticias sobre el estado de la revolución en Cuba que las que el propio general trajo en octubre de su rápido viaje a Jamaica. Casi todo Oriente estaba ya en armas. En las Villas, Serafín Sánchez, Emilio Núñez y Francisco Carrillo se habían levantado, desmintiendo así la especie española de que el movimiento era "una revuelta de negros ambiciosos".

Pero los nuevos mambises esperaban a sus grandes jefes: al propio general García, que iniciara el movimiento; y a Maceo... ¿No habían acordado ambos en Kingston que el bravo mulato conduciría la primera expedición y la vanguardia de la primera campaña? ¿Por qué, pues, había resuelto a la postre el general que fuera, en lugar de Maceo, el brigadier Benítez, que no tenía su *arrastre* ni sus prestigios?

En las reuniones del Comité, el brigadier Pío Rosado defendía con vehemencia la decisión, y Roloff le apoyaba con su ruda sobriedad de oso eslávico. Pero no faltaban quienes recordaran por lo bajo que ambos veteranos estaban desavenidos con Maceo por azares de la otra guerra. Entretanto, de Cuba y de Jamaica llegaban rumores de que la preterición había decepcionado a muchos en la isla, y que el *Mulato* se mordía los labios...

Martí oía y deploraba en su fuero interno. Autorizado por su ejecutoria de subdelegado en La Habana y por la representación que traía de los clubs de aquella provincia, había asistido desde su llegada a las juntas del Comité. Y pensaba, en silencio, que esta guerra se estaba haciendo un poco a la diabla, sin la armonía, la organización ni la madurez suficientes. Los centros de conspiración —Kingston y Nueva York— estaban harto distantes e inconexos; los recursos eran escasísimos, porque a las emigraciones —pobres y cansadas ya de dar en vano para "la Causa" — se les pedía demasiado de una sola vez y sin los estímulos previos de una propaganda adecuada. Observaba, en fin, que entre los mismos organizadores había cierta recelosa incoherencia, una como ficción de entusiasmo y disimulada aprensión. Acaso Máximo Gómez había visto claro al negarse a secundar el movimiento, aduciendo que no se contaba con otros elementos para él que los ya liquidados en el Zanjón...

Pero la ilusión era demasiado bella, y mucho ya el decoro empeñado, para pensar en retroceder. El ansia de libertad en Cuba era tan honda para quienes sabían medirla, que acaso lograra superar ya todos los obstáculos. Nunca antes se había iniciado un movimiento tan formidable. No quedaba sino poner el hombro a la tarea de aventar aquella hoguera. Y *el general* confiaba.

Con el conocimiento directo, Martí había confirmado la idea que tenía del jefe indomable que, después de cien bravas jornadas, se había disparado su revólver por la sotabarba en el 74 para no caer vivo en manos de los españoles. Milagrosamente la bala no acabó con su vida. El Zanjón le devolvió su libertad, y ahora los cubanos, impacientes veían en Calixto García al jefe más autorizado para alzar de nuevo la enseña, porque "él no había pactado". Le admiraban la apostura arrogante, el gesto natural de mando, la severidad del rostro en cuya frente la cicatriz de la bala mambisa parecía una estrella solitaria.

Al incorporarse Martí al Comité, García no dio mucha importancia al recién llegado. Como todos los jefes veteranos, abrigaba cierto menosprecio de los colaboradores civiles, y más si eran del tipo oratorio. Pero Martí se fue ganando al general con su digna reserva, con la precisión realista de sus pareceres, y también con finezas de visitante asiduo hacia la familia de García... Al cabo hizo prosperar su opinión de que convenía estimular a la colonia con actos públicos que levantaran los ánimos y la recaudación. El general se dejó persuadir de que también hablar era un modo de hacer, y el 24 de enero, ante un público cubano heterogéneo, que llenaba Steck Hall, Martí pronunció su primer discurso en los Estados Unidos.

La frase inicial: "El deber debe cumplirse sencilla y naturalmente", se perdió en un foro rumoroso. Se conjeturaba quién sería aquel orador nuevo, tan pálido y delgaducho, cuya frente hacían parecer hinchada los destellos de los reverberos de gas. A poco se vio a los oyentes delanteros acomodarse mejor en sus sillas, y a los que estaban en pie apretarse ávidamente. Era lo inesperado: la evocación conmovedora de la guerra pasada, "aquella pasmosa y súbita eminencia de un pueblo, poco antes aparentemente vil, donde se hizo perdurable la hazaña, fiesta el hambre, común lo extraordinario"; el contraste entre los cubanos mansos, los teóricos, los poderosos —con "su urbana y financiera manera de pensar" —, y ellos, los emigrados que le escuchaban, los que habían preferido la labor modesta, llena de fuerza digna, "al placer de levantar casa sobre los cadáveres calientes..."

Halagado, el auditorio estalló ya en un aplauso de justicia al orador, que tan bien sabía hacérsela. Alcanzó entonces el discurso alturas adonde apenas podía seguirle la tensa atención. En los *meetings* revolucionarios no se había oído jamás un lenguaje como aquél, raro y apretado, que pasaba abruptamente de la argumentación sentenciosa al detalle plástico y a la metáfora relampagueante. La voz clarísima descargaba en el aire como un efluvio eléctrico que erizaba a los oyentes y les robaba el aliento.

Una hora llevaba ya hablando, y el auditorio, enfebrecido, no se movía, no dejaba oír más que, a intervalos, el estallido del aplauso, en que se ahogaba algún breve grito de aprobación. Las caras del general y de los hombres del Comité que presidían con él el acto no disimulaban su asombro. Ni su inquietud cuando Martí, después de enjuiciar todo lo acontecido en Cuba posterior a la tregua, se atrevió a abordar la cuestión de los negros. Era un punto demasiado escabroso.

Algunas caras allá, al fondo del salón, eran caras oscuras, caras de negros y mulatos, artesanos o tabaqueros humildes, que habían sentido también en Nueva York la repulsión brutal del yanqui rubio y la disimulada esquivez del compatriota blanco. Ahora estaban en pie, y detrás... Y se les vio la emoción al proclamar el orador su confianza en "los negros y los mulatos, porque no debe hacerse misterio de un hombre como todos los demás, natural y sencillo, evocando el ejemplo de los indios que habían ayudado a hacer la libertad de América". La ovación de las últimas filas se tasó a sí misma por la avidez de oír el resto del paralelo inusitado. Gravemente continuó Martí, alzando la voz, como para que se le oyese aun fuera del recinto:

> Y sea dicho de paso, desde esta tierra adonde la conquista llegó de rodillas y se levantó de orar para poner la mano en el arado; sea dicho desde esta tierra de abolengo puritano, para descargo de las cul-

pas que injustamente se echan encima de los pueblos de la América latina, que los monstruos que enturbian las aguas han de responder de sus revueltas ondas, no el mísero sediento que las bebe; que las culpas del esclavo caen íntegra y exclusivamente sobre el dueño. ¡Que no es lo mismo abrir la tierra con la punta de la lanza que con la punta del arado!

El argumento era demasiado sinuoso y profundo, pero clavó su sentido. Amenazado un momento de escisión por el tema racial, el interés del auditorio se unió en la referencia americana, en el común resentimiento. En los Estados Unidos, aquellos blancos de Cuba, humillados por la ejemplaridad soberbia del norte sajón, se sentían todos un poco negros... Y la teoría americana de Martí venía a darles, por primera vez, una explicación de la inferioridad histórica que tanto se les había hecho sentir en su vida cotidiana.

Pero también se hizo patente la intención cubana y revolucionaria de aquel homenaje a la masa. La revolución nueva tenía que ser obra democrática, obra de todos, hecha de "cordura y cólera, razón y hambre, honor y reflexión". Por primera vez también los humildes se sintieron convocados.

Cubanos tibios, del tipo señoril y paseante, habían ido a Steck Hall aquella noche por capricho nostálgico o por compromiso. Ahora se sentían arrastrados de entusiasmo unos, inquietos otros, por escapar a aquella malla de elocuencia que amenazaba envolverles tantos prejuicios y tantos intereses. Y cuando Martí, recaudando el brío ya casi agotado por la peroración de dos horas, proclamó la decisión de los cubanos honrados en la nueva hora de guerra, las manos estaban enclavijadas nerviosamente en las rodillas, en el respaldo de los asientos. La imprecación final se quedó casi ahogada en el clamor. Los oyentes delanteros que alcanzaron a oírla la hicieron cundir luego de boca en boca por entre la multitud que salía enfebrecida:

¡Antes que cejar en el empeño de hacer libre y próspera a la patria, se unirá el mar del Sur al mar del Norte y nacerá una serpiente de un huevo de águila!

Aquel discurso dejó a Martí reconocido —con Salvador Cisneros Betancourt, Lamadriz, Arnao y otros veteranos civiles— como uno de los asesores del separatismo en Nueva York.

Los hombres del machete comprendieron por qué en el principio fue el Verbo. Parecía que al movimiento solo le había estado faltando, entre la colonia, la unidad de conciencia y la claridad de convicciones que Martí había logrado infundir aquella noche. Resabios de las antiguas disensiones en la Junta Revolucionaria de Nueva York habían mantenido cierta dispersión. La masa humilde, el elemento de color que había oído hablar de "el peligro Maceo", se había tornado algo esquiva. Pero aquella noche un pintor mexicano, un pequeño indio profético, se había acercado a Martí después del discurso y le había regalado una tarjeta con el dibujo de una locomotora impetuosa, seguida por un caminero que agitaba en vano su banderita gritando: "¡Peligro!"

Todo pareció sólido tras aquella soldadura ardiente. *La Independencia* registró latidos más enérgicos en el pulso de la colonia. Aumentaron las colectas populares; Martí se fue a ver, con Roloff, al opulento Miguel Cantos. Arguyó. Suplicó. Don Miguel se puso en pie y, echándole el brazo por encima del hombro, le dijo:

—Vamos, hijo; ya lo tienes todo: ya tienes el barco. ¡Ya tienes armas!

Con su fuerte donativo y con el dinero que desde las Villas y de su peculio había mandado Francisco Carrillo, se halló, al fin, el general García en condiciones de salir de Jersey City, con 26 expedicionarios más, el 17 de abril en la goleta *Hattie Haskell*. Por determinación del Comité, Martí quedó en los Estados Unidos encargado de fomentar el sustentamiento de la guerra. Evidentemente, podría servir mejor a Cuba con su palabra que con aquel cuerpo endeble, que los fríos, las penurias y los "vapores del alma" traían muy desmedrado.

XVII
LA GUERRA CHIQUITA

The true day for my soul dans in the
midst of night.
(*The Hour*, oct. 28, 1880).

Su temperamento, regido por la necesidad de servir y de amar, había ya recobrado equilibrio en la acción política. Así como la inacción o la vida pequeña le tomaban melancólico, el esfuerzo útil le hacia irradiar optimismo sobre el mundo en torno. Hallábale, pues, ahora un sentido trascendente a la enérgica militancia yanqui, tan distinta de "la vida haragana y la inutilidad poética de nuestros países europeos", y se sentía contento de vivir en un país "donde todo el mundo parece su propio amo".

De cuanto le impresiona va dejando en un cuaderno rápidos apuntes, que le sirven al propio tiempo de ejercicio en el lenguaje, pues los escribe en inglés. A tal punto ha logrado ya dominar el "rebelde y hermoso" idioma, que el creyonista cubano Guillermo Collazo —que se hospeda también en casa de Mantilla— no encuentra mucha dificultad en hacer que se le franqueen las páginas del nuevo semanario The Hour, una revista dedicada "a los intereses sociales" y a procurar que Nueva York se parezca lo más posible al Londres Victoriano. Había declarado en su primer número que a los colaboradores no se les pediría que escribiesen "hoy sobre la luz eléctrica y mañana sobre la música de Wagner", sino que se limitaría cada cual a su especialidad. Puesto que Martí venía de Francia, se le encomendó, naturalmente, la crítica de arte.

La rindió con mucha sensibilidad y exigencia, acusando en sus notas "de superfino a Fortuny, de escasez de invención a Meissonier, de negligente y ligero a Détaille, de rosáceo y sedoso a Bouguereau", y aunque "escribía en español con palabras inglesas", toda la vibración caliente de su estilo se transmitió a aquellos artículos, fundiéndole al idioma extraño la sobriedad y un poco la gramática. Entre las demás prosas circunspectas de la revista, los juicios enérgicos y los románticos exabruptos de Martí conservaban, por más que la dirección los puliera, un sabor de pronunciamiento. Si Whitman los leyó debieron de temblarle de gozo las barbas paganas.

Con esto y algunos trabajos irregulares de correspondencia y traducción se ha ido desempeñando. Hasta ha podido permitirse algunos lujos y amenidades de paseante. "Hoy tenía un peso y lo he gastado en tazas del Japón; mi mujer viene." En su cuaderno hay referencias a otras fragilidades de su soltería provisional.

Por más que el presidente Hayes tenga proscritos los alcoholes de su mesa en Washington y guste de mostrar la lechuza disecada que adorna la alcoba de su esposa, el cosmopolitismo va venciendo ya todos los resabios puritánicos. Hace un año que Edison ha inventado la luz eléctrica, alegrando considerablemente los nocturnos de Nueva York. Las damas cultivan la finese en los salones para compensar la vulgaridad de sus maridos, empeñados en hacerse napoleones de la industria. El flirt como espectáculo público de sus primeros vagidos en los skating rings, y un cuadro de Bouguereau preside ya la Hoffmann House, el bar popularísimo, exhibiendo un desnudo victorioso sobre todos los sermones.

Martí no es nada insensible a estas gracias primerizas de la sociedad neoyorquina. Desde que se sintió vivir otra vez en la devoción a una causa grande se han movilizado todos sus naturales ardores. Las damas que coleccionan cuadros y porcelanas con cierto fetichismo le hallan —por extranjero y por intelectual— interesting. Y él se deja gustar. Ha asistido a fiestas literarias, ha conocido señoras serias y señoritas alegres, le han traducido versos suyos, le han decorado el ojal del frac — "y en una, bulliciosa fiesta cordial hasta me coronaron con una bombonera en forma de cabeza de pollo".

Así y todo, lo que menos le place en los Estados Unidos, lo que le tiene como "en una viudez inconsolable", es el modo de ser de las mujeres. "Este es el único país —confiesa— de cuantos he visitado, donde he podido pasar una semana sin concebir una devoción particular y un afecto profundo por alguna mujer..." Hecho al régimen sentimental latino y criollo, según el cual la mujer debía ser, como quería don Pepe de la Luz, "Sol del hogar y Luna del mundo", Martí encuentra que la de los Estados Unidos gira demasiado en su propia órbita. A unas, "su dominio de sí mismas, su seguridad de ser respetadas, su calculada frialdad, su desprecio de las pasiones, sus secas nociones prácticas de la vida les dan una singular audacia y una peculiar franqueza en sus relaciones con los hombres". Otras, en cambio, ejercían su pudor como una profesión.

Una mañana, el tren que traía a Martí de una breve excursión al balneario de Cape May descarriló cerca de Filadelfia. Hubo el aturdimiento consiguiente entre los viajeros. En una de las sacudidas, una señora ya entrada en años rodó por el piso del vagón. Martí acudió, a levantarla, pero la señora prorrumpió en gritos agudos: "¡Por las manos, no! ¡Por las manos, no!", dejándole desconcertado en cuanto a los asideros que la dama consideraba más decorosos. Al registrar el episodio en su cuaderno, Martí se preguntó gravemente: "¿Sería una vieja puritana?"

Entre esos extremos de audacia y de gazmoñería en la feminidad yanqui, el cubano prefería quedarse las largas veladas en la casa de huéspedes, conversando con Carmita Mantilla, que era una mujer fuerte y tenía, sin embargo, la blandura de las tierras cálidas.

Pero al apuntar la primavera llegan su mujer y su hijo. Pepito es ya un delicioso diablillo de dos años. Todas las mañanas, desde el cuarto contiguo, uno de los huéspedes cubanos, el joven doctor Eusebio Hernández, oye cómo Martí juega con su hijo en la cama, riendo alegremente y dedicándole los más insólitos apelativos: "mi reyecillo", "mi despensero".

La compañía de los suyos le hace ahora "más llevaderas las amarguras de una existencia seriamente difícil", que le obliga a emplear todas sus energías "en un mundo, y contra un mundo, completamente nuevo". Y le confía a Viondi, con regusto amargo: "No es esto lo que me debilita. La herida me viene de la soledad que sentí. No la siento ya ahora, pero las raíces, aun luego de bien arrancadas, dejan largo tiempo su huella en la tierra."

La raíz verdadera no estaba arrancada aún; no lo estaría ya nunca. Carmen ha encontrado a su marido embargado otra vez por esa cosa

145

odiosa: "la política". Con el traslado de Lamadriz a Cayo Hueso para estimular las suscripciones de guerra de los emigrados cubanos, que allí son legión, Martí ha quedado sustituyéndole en la presidencia del Comité revolucionario. Después de su trabajo agobiador del día, las noches y la salud se le van en juntas y papeleos. Carmen, ceñuda, suspira. Invoca él solemnes compromisos: la dignidad, el destino, la patria. Ella: la tranquilidad, el porvenir, el hijo.

Martí escucha sus lamentaciones y las comprende tristemente. Mas él no puede sino vivir su propia naturaleza. A Viondi le comunica su propósito de escribir algún día un libro en que examinará "esa vida falsa que las convenciones humanas ponen enfrente de nuestra verdadera naturaleza, torciéndola y afeándola..." Su mujer, como tantos otros, le juzga un visionario. "Usted, Viondi, sabe que, por imaginativo y exaltable que yo sea, he sufrido y penado bastante para que en mi corazón no quepa gozo que mi razón no crea justo. Lo imposible es posible. Los locos somos cuerdos." Y en un golpe de intuición segura y tranquila, que le desmentía a los ojos de la esposa y del amigo, añadía bruscamente: "Aunque yo, amigo mío, no cobijaré mi casa con las ramas del árbol que siembro."

A todas las colonias de emigrados cubanos lleva la semilla, urgiéndoles a organizarse en pro de la guerra, exagerándoles su confianza en ella. "Tan fausta nueva esperamos de los campos de batalla..., que por temor, injusto ya, de que no se realice, no me atrevo a enviársela."

La fausta nueva llega al fin. El 7 de mayo el general Calixto García ha desembarcado en Cuba. Lanza el Comité de Nueva York una extensa proclama informando a los emigrados del suceso. Martí hace vibrar en ella los acentos de un júbilo conocidamente prematuro. La presencia del general en Cuba señala, "con el triunfo que autoriza, el espíritu de la voluntad popular que enfrena al triunfador".

Extraño lenguaje. Pero a Martí le importa mucho subrayar ese carácter democrático de la nueva guerra: no olvida que en la anterior el autoritarismo excesivo de algunos jefes fue tan funesto como la celosa injerencia civil. La República debía nacer de cuna militar, pero democrática.

146

Encandilados por esta visión y por las frases tremolantes con que Martí los llama a constituir, "para un ejército de hombres que combaten, un ejército de hombres que auxilian", los emigrados de Nueva York se congregan y agitan ávidamente en torno a su líder civil. Martí no tiene, a la verdad, muchas noticias que darles. Solo sabe que el general ha desembarcado en el Aserradero, cerca de Santiago, con seis de sus expedicionarios. Los gallardos manifiestos que supone lanzados a raíz del desembarco los conoce por las copias que de ellos se reservó al redactarlos un mes antes... Pero se asegura que la isla está en ascuas, y a la hora de animar, el optimismo es en él una política.

El verano transcurre, sin embargo, morosamente. Los rumores que llegan de la isla, de las demás *emigraciones*, son vagos, contradictorios, a veces muy desalentadores. Maceo, bloqueado en Haití por el Gobierno de aquella República, escribe desesperadamente pidiendo recursos, que no le pueden ser enviados porque el tesoro de la Agencia de Nueva York está exhausto. Martí se quema en su propia impaciencia. Tiene que mantenerse tenso a sí mismo para poder conservar la fe y el entusiasmo en torno suyo. Los remisos y poltrones, que son siempre los más sanguíneos en la ambición, se extrañan de que ya el cable no haya anunciado por lo menos la toma de Santiago. Martí sale al paso de todas las suspicacias, justifica, frena.

Poco a poco la desazón va minando su propio optimismo. Rebajada su actividad política a un plano secundario, le faltan ya, contra las asperezas del medio, las defensas del entusiasmo. Empiezan a asfixiarle los vacíos de la vida yanqui. Los tres largos artículos que *The Hour* le publica, bajo el título maliciosamente periodístico de *Impressions of a fresh Spaniard*, son de una urbana franqueza. Ha recogido y articulado en ellos muchas de las observaciones que venía apuntando en su cuaderno. El conjunto es una confesión pintoresca, pero llena de graves aprensiones.

Los Estados Unidos son, en efecto, la esperanza del mundo. Pero ¿cuentan en realidad con todos los elementos espirituales necesarios para servir de hogar seguro a la verdad, a la libertad, a la dignidad humana? ¿No está su prodigiosa energía excesivamente canalizada hacia los fines materiales más burdos? "Cuando lleguen los días de

147

pobreza, ¿qué opulencia, sin la de espíritu, podrá ayudar a este pueblo en su colosal infortunio?"

Publicadas sin corregir, en su propio inglés recargado y extraño, estas impresiones "de un español fresco" debieron de parecerles a los lectores de *The Hour* harto desprovistas de la timidez y zalamería usuales en los extranjeros recién llegados.

Entretanto las cosas en la manigua se habían venido sucediendo mucho peor de lo que el animador imaginaba, aun en sus momentos de más angustiada incertidumbre. La prolongada demora de Antonio Maceo, la del propio Calixto García, que no daba señales de vida, mantenían la rebelión incoherente y acéfala. El brigadier Benítez, fracasado en su intento de levantar al Camagüey, había sido copado por el enemigo a poco de llegar. En las Villas, Emilio Núñez, Serafín Sánchez y Francisco Carrillo se defendían como podían. Y en Oriente, donde el movimiento había tomado al principio más vuelo, los hermanos de Maceo y el bravo negro Guillermón apenas podían contener ya el desaliento de sus tropas.

¿Qué era de García? Acosado por los españoles desde el mismo día de su desembarco, impedido de comunicarse con los dispersos núcleos insurrectos, que ignoraban su llegada, diezmados ya sus expedicionarios por la persecución, el hambre y la fatiga, enfermo de fiebres él mismo, erraba por el monte con solo seis compañeros, desnudos y descalzos. Al fin, el día 1 de agosto no había tenido más remedio que entregarse a una de las columnas volantes del general Blanco. Este comunicaba el día 15 a su Gobierno: "Lo he tratado cariñosamente, y en el correo del 15 le envío para la Península. Me parece un caballero en todo, y es al mismo tiempo un hombre muy simpático..."

El foco de la rebelión estaba sofocado. No quedaban más que las Villas por pacificar, y antes de salir para España, el propio general García les había escrito a Carrillo y a Núñez exhortándolos a deponer las armas, por considerarlo todo perdido. El primero atendió el consejo. Núñez, inconforme con las bases de paz propuestas, que "juzgó peores que las del Zanjón", se resistía bravamente. Acosado, sin embargo, por la concentración española, se decidió a parlamentar, a condición de que el general Blanco le permitiese solicitar de la Junta Revolucionaria de Nueva York la autorización correspondiente.

A los veinte días el capitán comisionado regresó del Norte con pliegos firmados por Martí, Lamadriz y Pouble. Con la autorización oficial venía una carta de Martí en que a la amargura del fracaso se mezclaba una clara visión de sus causas y una severa entereza de propósito.

Hombres como usted y como yo hemos de querer para nuestra tierra una redención radical y solemne, impuesta, si es necesario y si es posible, hoy, mañana y siempre, por la fuerza; pero inspirada en propósitos grandiosos, suficientes a reconstruir el país que nos preparamos a destruir..., Nuestra misma honra, y nuestra misma causa, exigen que abandonemos el campo de la lucha armada. No merecemos ser, ni hemos de ser tenidos por revolucionarios de oficio, por espíritus turbulentos y ciegos..., capaces de sacrificar vidas nobles al sostenimiento de un propósito —*único honrado en Cuba*— cuyo triunfo no es ahora probable.

Todo ha terminado. Mientras en Cuba el capitán general declara "sometida una vez más la nefanda bandera separatista", el Comité de Nueva York se disuelve, cesa de publicarse *La Independencia*, los roedores de causas perdidas se entregan a un triste mordisqueo de reputaciones.

Allá, al otro lado del Hudson, en una casita humilde, el animador se defiende solo con el silencio de las consideraciones del amor práctico... Defiende, sobre todo, sus propias reflexiones sobre la triste experiencia. No, la guerra no había muerto por falta de jefes solamente, ni solo por aquella incoherencia y dispersión que desde un principio le parecieron manifiestas, sino también por lo que él no había alcanzado a ver entonces: porque el país no la había querido bastante. ¿A qué engañarse? Lo que en Cuba había de conciencia iluminada, de intereses decisivos, se había puesto esta vez —al contrario de lo que sucedió en el 68— del lado de un legalismo expectante e iluso. Los que pudieron decidir, no vieron. Y los que vieron —también al contrario del 68—, no supieron disponer. Cuba era un pueblo cansado... Había que esperar.

Ahora puede él pensar otra vez en sí, en los suyos. A lo largo de estos meses agitados, a duras penas ha podido "ir sacando a flote un noble y hermoso barco, tan trabajado de viajar que ya va haciendo agua". Tristes han sido sus tareas de pan ganar, salvo alguna que otra crónica que *The Sun*, por benevolencia de su editor Dana, viejo amigo de los cubanos revolucionarios, le publica vertida del francés. Ahora el hogar pudiera ser un consuelo. Su hijo está ya en ese delicioso despertar en que el niño salva con sus gracias la distancia paterna. A solas, en el *ferry*, en la oficina, Martí va poniendo en versos las hazañas de "su reyezuelo", la guardia que le monta contra las penas.

Pero estos encantos de la intimidad nueva no logran borrar otras distancias, ni compensar estrecheces. La reticencia flota en el ambiente de pobreza. Su hermana Amelia va a casarse, y Martí le escribe tiernas admoniciones contra el peligro de "confundir la simpatía amorosa con el cariño decisivo e incambiable que lleva a un matrimonio que no se rompe". Añade: "Ayúdate de mí para ser venturosa, que yo no puedo ser feliz, pero sé la manera de hacer feliz a otros." En toda la carta hay un silencio de nostalgias, de íntimas defraudaciones.

Carmen adivina, pero no comprende, el drama que pasa dentro de su marido. Le irrita un poco verlo sumirse en interminables silencios y suspirar. Él no se queja. Experimenta hasta cierta fruición de humildad con aquella vida dura de tenedor de libros y de escritor anónimo, pero echa de menos un ideal que servir. Desde el *ferryr-boat*, que le devuelve, caída ya la tarde, al hogar en Brooklyn, esparce la mirada melancólica sobre el panorama nebuloso del río, helado a trechos, con su guardia de sombras grises en la distancia. Y piensa que su propia vida es también algo así, un caudal de anhelos que se van petrificando en el cauce del deber, algo lleno también de niebla y de gris vecindad.

Leandro Viniegra, el contador del *Alfonso XII*, visita al matrimonio en una de sus escalas en Nueva York. ¡Cuántos recuerdos le trae el español bueno, conocido en aquella hora de adusta esperanza!.. Ahora ya todo es recuerdo. ¡Pero aún queda el porvenir calculable, la hora grande para quien sepa prepararla!.. De sobremesa Martí se deja arrebatar por la visión redentora. Hacía tiempo que no hablaba de eso. Carmen frunce el ceño, besa al niño que tiene en sus brazos y pregunta sordamente:

—Pepe, ¿y nuestro hijo?

De regreso a Nueva York, Viniegra va pensando en la incoherencia evidente de aquel hogar, donde un hombre y una mujer disimulan con ternuras el drama eterno de la Mujer frente al Hombre, del espíritu que conserva frente al espíritu que añade. ¡Si alguno de los dos pudiera ceder! Pero en uno y otro la Naturaleza manda. Carmen no admite más pensamiento que su casa. Y Martí sueña con una casa más grande.

En el invierno se cumple el pronóstico que le había hecho en su carta a Núñez:

...Yo, que no he de hacer acto de contricción ante el Gobierno español; que veré salir de mi lado, sereno, a mi mujer y a mi hijo camino de Cuba; que me echaré por tierras nuevas, o me quedaré en esta...

Se va por tierras nuevas.

XVIII
"TIERRA DEL SOL AMADA"

Cuentan que un viajero llegó un día a Caracas al anochecer, y sin sacudirse el polvo del camino no preguntó dónde se comía ni se dormía, sino cómo se iba adonde estaba la estatua de Bolívar. Y cuentan que el viajero, solo con los árboles altos y olorosos de la plaza, lloraba frente a la estatua, que parecía que se movía, como un padre cuando se le acerca un hijo.

Desde que desembarcó en La Guaira estaba como embriagado de esta emoción histórica. Aquellas montañas del codo andino, que separaban de la costa el valle caraqueño, habían presenciado las galopadas de 1811. Aquel tibio regazo del Ávila, en que reclinaba la capital su ameno caserío, había conocido los primeros dolores del nacer americano. Estaba en tierra sagrada.

¡Y cómo la sintió en seguida de suya y familiar! A pesar de sus puentes y de sus riachos y de su guardia de cumbres, ¡cómo le recordaba a las demás ciudades de América que él había conocido: a México, a Puebla, a Guatemala y a la Antigua, a la misma Habana! Mostraba ese aire recoleto y manso que les da a nuestras ciudades la tradición colonial y el tener fuera de sí las fuentes económicas: algo de señoril y parasitario, como que se nutren del pasado y del campesinaje. Ahora les veía bien esta peculiaridad, viniendo de aquella Nueva York agitada y ruda que no vive de recuerdos, sino de apetencias, y que tiene en sí misma su taller y su despensa.

El viajero se ha ido perdiendo por las estrechas calles enlunadas. Ha remontado la cuesta del Calvario y penetrado en el jardín silencioso, donde la poda municipal lucha en vano contra la voluntad selvática del suelo. Desde el Catuche se ha llegado hasta las barrancas fragantes por donde serpea el Anauco a ciudad traviesa. Ha contemplado la catedral, el palacio del arzobispo, el lujoso templo masónico... En una gran plaza central ha encontrado una excesiva estatua ecuestre dedicada al "Ilustre Americano, Regenerador y Pacificador de Venezuela"... Y en otra plaza más pequeña, una segunda estatua, pedestre esta, y también dedicada a Guzmán Blanco.

Martí sonríe con un poco de tristeza y recuerda a su amigo Bolet. En Nueva York aún, el desterrado venezolano había tratado de disuadirle de que fuera a su patria, y le había contado muchas veces la historia tragicómica de esos monumentos. Siempre con alguna compunción, porque no había sido él mismo extraño a la iniciativa de ellos. En 1875, cuando la apoteosis de Guzmán Blanco, también a Bolet le había parecido que el caudillo de la Revolución Azul era el hombre providencial, y hasta había dedicado a su gloria un poema que fue laureado oficialmente... Acabando ya el Septenio, se convenció del error de aquella deificación y contribuyó a echar abajo las estatuas del césar en la histórica jornada de "los demoledores"... Triste ejemplo —pensaba Martí— de la veleidad y de la impaciencia que tan a menudo llevaban hasta a los hombres mejores de "nuestra América" a creer que una sola mano fuerte era capaz de enderezar los destinos de un pueblo. Semejante ilusión se pagaba cara. Ahora las estatuas estaban de nuevo en sus pedestales y Guzmán Blanco era más amo que nunca de Venezuela.

Del propio Bolet y de otros venezolanos de Nueva York había traído cartas de presentación para gente de cuenta en el país. Carmita Mantilla descendía, por la línea paterna, de uno de aquellos Paoli que lucharon contra Génova y contra Francia por la independencia de su Córcega nativa. El linaje se dividió entre Venezuela y Cuba, donde el apellido, trocado en Peoli, se había visto muy envuelto en la Conspiración de los Soles de Bolívar el año 23. Martí a menudo le decía bromeando a Carmita que ella había heredado su temple con esa sangre libertaria. Ella prefería hacerle mimosas ponderaciones de su tierra caliente, "tierra del Sol amada", como la había llamado Baralt en verso famoso.

Tales recuerdos contribuyeron no poco a compensar los consejos de Bolet y a aguzar el deseo viejo que Martí tenía de conocer aquella tierra, matriz de América. Ahora, una carta de Carmita a su prima Merced Smith de Hamilton, vagamente emparentada con Guzmán

Blanco, le franqueó en seguida ese ambiente afectuoso de hogar que era su remedio de peregrino.

Más que nunca necesitaba de él ahora que nuevos vientos le habían separado del hogar propio. ¿Podría reconstruirlo en Venezuela hasta que llegase la hora de las graves decisiones patrias? Esta hospitalidad criolla con que le reciben las casas ricas anima sus ilusiones. Pero la imagen de Pepito no le abandona, y mientras Caracas se esfuerza ruidosamente por olvidar, en las pasajeras franquicias del Carnaval, la falta de más reales libertades, Martí contempla en su cuarto el retrato del hijo ausente y prende a la cartulina el ramo de violetas con que una dama le ha obsequiado... Toda esa noche la pasa escribiendo sus nostalgias de padre en verso de una ternura matinal: "Príncipe enano", "Mi caballero", "Mi reyecillo", "Mi despensero"...

Cecilio Acosta le recibió una mañana en su casita "entre Velázquez, y Santa Rosalía". Por muchas elogiosas referencias conocía ya al insigne humanista y jurisconsulto, y sabía de su fecunda ejecutoria como estimulador de cultura y formador de conciencias. Acudió a él como un discípulo.

Acosta vivía con una modestia austera. En la amplia estancia, "desnuda de muebles como él de vanidades", una penumbra a modo de capilla se acentuaba con el débil resplandor de una *mariposa* encendida frente a un altarcillo colonial de hoja doble, con un crucifijo en el centro. Entre estantes colmados, algunos estampas religiosas... Después de saludar con cierta beatitud a su visitante, don Cecilio se envolvió en su ancha capa y se acomodó en el sillón frailuno. Era un hombre pequeño, flaco, con una cara rasurada y dulce y una frente altísima. En aquel ambiente tenía algo de ascético que sorprendió y hasta embarazó un poco a Martí. ¿Sería de veras aquel hombre el escritor más egregio de Venezuela, el patrón de la libertad y del progreso que le habían pintado?

Creyó que la visita se quedaría en breve cumplido. Estuvo allí dos horas. Cuando salió a la luz dorada del mediodía, a la visión del Ávila, que recortaba su cumbre malva en el marco de una bocacalle lejana, llevaba él también lleno de luz el espíritu. Había tocado, a la vez, cuerpo de sabio y de santo. No recordaba haber conocido nunca otro hombre tan por encima de los usuales niveles humanos. ¡Y qué

154

enérgica fe la suya al hablarle de América! Solo cuando la conversación rozó la actualidad venezolana una sombra veló el semblante del maestro, pero se disipó en seguida en el resplandor de una convicción: "Las usurpaciones son dramas pasajeros. La victoria ha de declararse al fin por la fuente del Poder... El pueblo triunfará..." Y ni una sola palabra contra el déspota que —Martí lo sabía— le tenía amenazado y reducido a la miseria.

Lo bien que Acosta a su vez pensó de aquel joven cubano tan insinuante y suave en el preguntar, lo fue sabiendo poco a poco la gente de letras de Caracas. Sobre todo los jóvenes universitarios, que acudían a la casita del maestro con una frecuencia y una devoción rituales y también con cierto ánimo tácito de protesta. Acosta los adoctrinaba suavemente en la teoría y en la práctica del liberalismo, y los muchachos salían, por lo común, muy alebrestados contra el dictador.

Guzmán Blanco, que sabía cuanto pasaba bajo cada techo venezolano, no ignoraba tales incitaciones. Pero el prestigio y el saber de Acosta le imponían aún ciertos respetos. Había tratado de ganárselo por todos los medios. Desairado, quiso herir al maestro en sus vanidades. La Academia Venezolana de Literatura se reorganizó sin que figurara en ella el polígrafo que, con su erudición y su pulcritud vigorosa de lenguaje, había asombrado a los inmortales de la Península.

Hombre de no escasa cultura él mismo y aficionado a todos los lujos, incluso el de las ideas, Guzmán Blanco hubiera apetecido una corte fastuosa de Siglo de Oro, con él de Presidente Sol. Solía dolerse de que las agitaciones de su vida política le hubiesen apartado de las tareas de la imaginación y de las buenas letras, y solo le consolaba su fe "en la omnipotencia popular y en la misión que creo llenar de la Providencia, toda vez que no es de mi criterio aceptar en nada la acción de la casualidad".

Este hombre lleno de soberbia política y de respetos teóricos no se atrevía, pues, a ejercer sanciones directas contra Cecilio Acosta por su decoroso apartamiento. Toleraba que sus amigos letrados —hasta el mismo director del diario oficial, Fausto Teodoro Aldrey— visitaran al prócer rebelde, a quien tal vez lograran ablandar. Más de una vez se encontró Martí con ellos en sus propias visitas y vio desplegarse todas las insinuaciones de la inteligencia cortesana. Pero don

Cecilio se impermeabilizaba en ironías, "como hombre honrado que debe decir siempre verdad, pero no toda la verdad".

En tales reuniones conocieron también al cubano los jóvenes de promesa. Uno de éstos, andando el tiempo, consignaría su recuerdo de aquel "hombre joven, de continente gallardo y respetable, de mirada penetrante y luminosa, de frente ancha y despejada..., y de tal modo comunicativo, franco y atrayente, que, recién llegado, fue dueño de voluntades". Su palabra fácil y su imaginación bullidora contrastaban con el hablar algo tartajoso de Acosta y con su serenidad. Era casi siempre la tertulia un largo diálogo entre aquellos dos arquetipos de dos transiciones literarias: la clasicorromántica y la romanticomodernista. "Sobriedad, sobriedad, sobriedad", recomendaba Acosta a sus discípulos. Pero el cabrilleo de vocablos insólitos con que Martí se expresaba tenía un encanto de novedad lujosa.

Surgió la idea de darle a conocer en una velada literaria. *La Opinión Nacional*, el diario de Aldrey, echó a vuelo todas las campanas de la loa, y tal muchedumbre colmó los salones del Club del Comercio, desbordándose por la plaza contigua, que Martí tuvo que hablar desde un balcón.

Naturalmente, el discurso se inició con un canto a la belleza de las caraqueñas se demoró en el recuerdo de las glorias históricas de Venezuela y terminó con el elogio apasionado de la libertad, que aún aguardaba en América su hora de plenitud. Algunos de los oyentes se inquietaron, pero Martí se refería a su propia patria. Acababa de sufrir por ella. Para ella vivía. El poema de 1810 estaba incompleto y él pensaba ayudar a escribir la última estrofa.

Desde que el general Quesada había estado en Caracas allá por el año 71, organizando veladas y corridas de toros en pro de la causa cubana, esta tenía allí un ambiente de simpatía en que a menudo se descargaban las ansias locales de libertad. Pero Martí hizo ahora vibrar a los caraqueños con la evocación de Las Guásimas, como si se hubiera tratado de las Queseras o de Carabobo. Las señoras se quedaron arrobadas con los madrigales en que había tejido tan lindas alusiones a la flora y a la ornitología del trópico. Y mientras la señora Smith de Hamilton presentaba al orador profusamente, los memorialistas le celebraban en coro su erudición sanguínea, como de un Michelet que le hubiera nacido súbitamente a América, y los hombres de más estricta preocupación literaria discutían vivamente aquel tipo nuevo de oratoria: los verbos viejos, los adjetivos inéditos, la construcción barroca.

Martí también quedó satisfecho. Al día siguiente le escribía su agradecimiento a Jugo Ramírez, uno de los organizadores de la fiesta. Y al director de *La Opinión Nacional*. En esta carta, que el diario hizo pública, hablaba de sus "devaneos y ensueños de futuras proezas", y se explicaba un poco:

> De caer vengo del lado de la honra. Pero perder una batalla no es más que la obligación de ganar otra. A servir modestamente a los hombres me preparo; a andar con el libro al hombro, por los caminos de la vida nueva; a auxiliar, como soldado humilde, todo brioso y honrado propósito, y a morir de la mano de la libertad, y fieramente.

Mas por lo pronto está en Venezuela y tiene que ganarse la vida. Podrá tal vez enseñar, hacer periodismo. Quisiera lanzar una revista. El discurso en el Club del Comercio ha hecho de él una sensación literaria. Se le discute. En los círculos académicos se tacha su estilo de *amanerado*. Viven esos conservadores en la tradición de serenidad y limpidez clásicas de los Bello y los Baralt. Con Martí ha llegado a Venezuela un tono nuevo que ya alguien llama, sin deliberación histórica, *modernista*.

Naturalmente, los jóvenes están por el modernismo. Un grupo de muchachos con entusiasmos literarios le pide a Martí clases de oratoria. Como el cubano gusta del placer generoso de enseñar, varias noches por semana se reúne con los jóvenes en el aula grande del colegio de don Guillermo Tell Villegas y les inicia en los misterios de la antítesis y del apóstrofe. Las lecciones son otras tantas improvisaciones fastuosas. El discípulo Juvenal Anzola recordará mucho tiempo después la sesión en que sirvió de tema el pueblo de Israel. Martí narró con vividos colores su historia.

> Creíamos que no era posible decir cosas más hermosas ni poéticas, pero cuando el orador se considera en la cumbre del monte Nebo

y presenta al pueblo israelita y a Moisés contemplando la tierra prometida, su elocuencia fue nueva, sorprendente, y lo sublime parecía poco ante aquel espíritu...

Generalmente los temas no son tan remotos ni tan apacibles. Por más que Martí se haya percatado ya de que ciertas palabras —libertad, decoro, democracia—, dichas allí y entonces, equivalen a mentar la soga en casa del ahorcado, no siempre puede, ni quiere reprimirse. Está en Venezuela, y se siente de continuo visitado por las sombras augustas que sus lecturas históricas convocan. Además, hay que ir dándoles; lo suyo a aquellas conciencias juveniles que jadean en el aire enrarecido. Aquellos muchachos —Gil Fortoul, Alvarado, Zumeta, Picón Febres, López Méndez, Brito...— son los ciudadanos del mañana, y el hoy les oprime. Todas las noches de clase salen espiritados.

Tanto entusiasmo muestran con el improvisado maestro, que los directores de los colegios *Santa María* y *Villegas* invitan a Martí a ejercer formalmente el profesorado en sus respectivos establecimientos. Ya es una base de sustento para el huésped ilustre. Literatura y francés enseña ahora, y ni estas materias más ceñidas le estorban para seguir insuflando en los jóvenes ideas de libertad.

Si a Acosta se le hace la vista gorda, Martí ya es otra cosa. En los planos oficiales no se ven bien ciertos estímulos. El "Ilustre americano" tiene sus propias ideas acerca de cómo se ha de redimir a Venezuela, y en su repertorio la libertad solo figura a título de teoría. La práctica tiene otras exigencias. A Guzmán Blanco, liberal de filiación y de doctrina, la práctica le ha convertido en un crónico apóstata de sí mismo. Toda su ejecutoria pública ha sido un conflicto entre la norma y la realidad, entre el querer y el hacer. Caudillo de una revolución libertadora, entronizó la dictadura de su partido y, dentro de ella, el gobierno "de un modo absoluto y muy singular". Demócrata de principios, querría para Venezuela un mando popular que se transmitiese legal y pacíficamente, pero ha ocupado siempre el Poder por la revolución y ha gobernado imperialmente. Progresista, implanta constantes reformas para que las vivan sus sucesores, mas cuando, a virtud de ellas, el país torna a la anarquía, Guzmán Blanco recobra el mando personal y absoluto.

A Martí se le ha deparado la oportunidad de estudiar de cerca un ejemplar excelente del hombre retórico en política: del caudillo fino, empeñada en vestir de galas europeas el cuerpo impetuoso de América. Ahora mismo, recién llegado de un viaje a Europa, ¿no le ha impuesto a Venezuela una Constitución nueva de traza helvética? Quisiera —ha dicho en un discurso— convertir la presidencia en "un puesto de autoridad moral solamente". Pero, como siempre, la terca realidad no le deja: por la frontera de Colombia se le acaban de entrar unos cuantos generales en son de guerra; el senador Baptista le ha estado dando quehacer en el Senado, y un periodista anda sonsacando la opinión por Maracaibo... El presidente, con gran dolor teórico, a todos los mete en cintura. Unas semanas después reina de nuevo la paz asustada en Venezuela, y el Congreso, dócilmente, le prorroga al "Ilustre americano" las facultades extraordinarias de que ya estaba revestido.

Martí no olvidará estas lecciones de realidad americana. Pero Guzmán Blanco también le está observando a él. Sus contactos con Acosta y con los estudiantes, su aureola de libertad en cierne, su insistencia en ciertos temas oratorios empiezan a resultar molestos. El césar hubiera preferido, con mucho, que Martí, como aquel periodista platense que visitara el país años antes, se dejase oír en alguno de los coros oficiales. Pero el cubano no ha pasado de escribir algún que otro artículo muy desentendido y señero para La Opinión Nacional, y eso a instancias tenaces de Fausto Teodoro Aldrey, que es un cumplido caballero y un generoso amigo.

En cambio, sigue visitando asiduamente a Cecilio Acosta, cuya salud se ha quebrantado mucho. A pesar de que solo tiene cincuenta años, el maestro se va acabando a ojos vistas. Dos mariposas arden ya frente al altarcillo. El arzobispo acude frecuentemente a la cabecera husmeando el tránsito del siervo egregio de la Iglesia. Llegan también masones circunspectos, académicos, estudiantes, godos antiguos, musitadores de la inconformidad política... En torno al lecho se hacen, a veces, los más embarazosos silencios.

¡Cómo ha de extrañar Venezuela esta gran voz que se apaga! Tan necesitado anda el país de una coordinación espiritual, de un terreno común de concordia entre los hombres honrados, que Martí ha decidido proveer a la necesidad con una revista literaria, pero no retórica;

una revista a la que él pueda comunicar cierta neutralidad de extranjero, junto con su fervor americano. Y ya ha anunciado la aparición de la Revista Venezolana, "a toda pasión doméstica y caso de debate interno decorosamente ajena".

En el primer número, que sale el 1 de julio, publica Martí una semblanza del prócer de la Independencia, Miguel Peña. "Honrar honra", escribe el cubano, y nunca más oportuna esa apología del bravo patricio que ahora, cuando su ciudad natal de Valencia se dispone a inaugurarle una estatua. Con este motivo se preparan grandes fiestas, y el mismo Guzmán Blanco ha emprendido viaje allá con gran séquito de palaciegos.

Caracas lee, entretanto, con mucha complacencia la descripción cálida y justiciera de "aquella vida que comienza en monte y termina en llano". Martí, a quien el tiempo le ha sido poco durante estos meses para las lecturas americanas, evoca el turbulento período de formación de las Repúblicas andinas con un dominio de hechos y un vigor de presentación insuperables. La imagen de Peña, se mueve en esas páginas con toda su talla histórica y su ocasional pequeñez humana. Es una semblanza perfecta. ¡Y en qué lenguaje! La prosa, algo ácida todavía, de Guatemala le ha madurado ya. Se ha enriquecido de las "imágenes gráficas y osadas" y las "palabras precisas y nervudas que al propio Peña le celebraba".

Ni una palabra en esas páginas para el "Ilustre americano" que andaba por Valencia haciendo discursos y recogiendo vítores.

El día 8 de julio murió Cecilio Acosta. Fue hondo y medroso el duelo de Caracas, por el sabio que no había sabido adular. Casi listo ya para la imprenta el segundo número de la *Revista*, escribe Martí, con destino al mismo, una semblanza majestuosa del gran ingenio. Si el elogio de Peña había revelado su entusiasmo por el americano de acción y de pasión, el de Acosta no tasa su reverencia hacia el americano de pensamiento ejemplar. Como si cada uno de esos próceres representara una mitad de su propio espíritu, pone mucho de sí mismo en la caracterización de ellos. "Todo pensador enérgico —confiesa— se sorprenderá y quedara cautivo y afligido viendo en la obra de Acosta sus mismos osados pensamientos." Acaso por este parentesco espiritual el juicio resultó de una penetración y plenitud imponentes.

Demasiado se percató de esa compenetración el sumo censor oficial. En alguna pausa del regreso de Valencia, Guzmán Blanco debió de analizar hoscamente el retrato de su enemigo por aquella pluma esquiva. ¿Qué mejor momento para tomar una medida secundaria de sanidad interior? Martí sobra ya en Venezuela. Quien ha osado escribir que Cecilio Acosta, el más disfrazado de los *demoledores*, era "de los que quedan despiertos cuando todo se reclina a dormir sobre la tierra"; quien al eterno inconforme le celebra, aunque sea en lo intelectual, "aquella independencia provechosa, que no le hacía siervo, sino dueño"; quien de tal modo enaltece al hombre que él, Guzmán Blanco, se empeñó en oscurecer, no resulta menos inconveniente que el difunto. Y ¿quién es, además, este sublimador de rebeldes? ¡Un aventurero de la política y de las letras, un extranjero que se permite el lujo de adoptar actitudes libertarias!

El "Ilustre americano" formó su resolución y la hizo llegar a su destino. Todavía se le encontraría indulgente si Martí, en el próximo número de su *Revista*, se mostraba atento a la gloria del Regenerador. Si no..., de La Guaira salía esa semana un vapor para el Norte.

Caracas, 27 de julio de 1881.
Señor Fausto Teodoro de Aldrey. Amigo mío: Mañana dejo a Venezuela y me vuelvo camino de Nueva York. Con tal premura he resuelto este viaje, que ni el tiempo me alcanza a estrechar antes de irme, las manos nobles que en esta ciudad se me han tendido... Muy hidalgos corazones he sentido latir en esta tierra; vehemente pago sus cariños; sus goces me serán recreos; sus esperanzas, plácemes; sus penas, angustia; cuando se tienen los ojos fijos en lo alto, ni zarzas ni guijarros distraen al viajador en su camino: los ideales enérgicos y las consagraciones fervientes no se merman en un ánimo sincero por las contrariedades de la vida. De América soy hijo: a ella me debo. Y de la América, a cuya revelación, sacudimiento y fundación urgente me consagro, esta es la cuna; ni hay para labios dulces copa amarga; ni el áspid muerde en pechos varoniles; ni de su cuna reniegan hijos fieles. Deme Venezuela en qué servirla: ella tiene en mí un hijo.

XIX
EL PRECURSOR

Ahondó tanto, en lo que venía, que los
que hoy vivimos con su lengua hablamos.
(MARTÍ).

Aunque apenas ha durado medio año, su estancia en Venezuela ha
sido el impulso final en una de las dos direcciones que van a regir el
curso de su vida: la dirección americanista.

Su destino ha operado con una precisión y economía geométri-
cas. Le ha llevado a conocer tres países del continente hispánico: uno
al Norte, otro al Centro, otro al Sur... A lo largo de esa triple experiencia, su sentido de la realidad americana se ha ido redondeando. México le inició en el sentimiento de la fraternidad continental. Guatemala
le enseñó los valores primitivos: la tradición, el paisaje, el hombre
natural. En Venezuela, con el contraste de su pasado y de su presente,
ha encontrado, al fin, toda la dimensión trágica de América.

De esos tres países ha tenido que salir por algún roce personal
con el Poder. Lo cual no ha hecho sino acrecentar su fidelidad hacia
esos pobres pueblos que, ricos de virtudes esenciales, se ven sujetos
a un compás violento entre la anarquía y el despotismo, porque el hecho público no se ajusta al ritmo interior de su realidad americana. Se
sufren las consecuencias de haberles impuesto formas —culturales,
políticas— ajenas a su condición natural e histórica... América debe
encontrarse de nuevo a sí misma una cultura útil y una libertad inteligente. Estos pueblos tienen que ir con Bolívar de una mano y con
Spencer de la otra...

Martí ve ya claro su deber. A él le corresponde luchar por la independencia de su rincón americano, primera condición de su libertad
interior... Entretanto ayudará en la tarea continental —la tarea de unir,
de estimular, de enseñar—. Cuenta con un poderoso instrumento: la
pluma. Y con un gran muestrario de ejemplos: los Estados Unidos.

Por esta época se ha cicatrizado ya al Norte la herida profunda de
la guerra de Secesión. *Dixie*, la tonada bélica del Sur, figura en el re-

pertorio patriótico de las bandas nacionales. La solidaridad ha echado adelante la industria, la inmigración, la democracia federal. Medran los *napoleones* de la finanza y los lujos. Es la época inaugural de los patines de ruedas, los peinados de raya al medio, los *carnets* de baile. Con Mark Twain irrumpe un sentido literario vernáculo. Nacen los superlativos. La mujer afinca su dominio. Ídolo de multitudes, Blaine tiene ya una idea muy clara y económica del papel imperial de los Estados Unidos. Imperan el patetismo y el *Danubio azul*.

Apenas llegado a Nueva York comienza Martí a escribir crónicas para *La Opinión Nacional*. No quiso Aldrey perderse, con la distancia, el privilegio de aquella pluma; mas para no violentar al amo, encargó a Martí que firmase sus cartas "M. de Z.".

Olvidaba el buen director que hay naturalezas y estilos que se entregan. ¿Cómo va a sustraerse el flamante corresponsal al imperio del dramático suceso que, desde poco antes de su llegada, tiene en suspenso la atención americana? El 2 de julio un desequilibrado ambicioso le había disparado dos tiros al presidente Garfield, hiriéndolo gravemente. La nación entera está en vilo. Se habla de maquinaciones políticas, de conjuras canallescas. Los periódicos explotan la ira y la expectación angustiosa del pueblo. Garfield, "el enfermo de la nación", se debate entre la vida y la muerte. Hasta la celda de Guiteau, el asesino, llega el clamor popular que pide venganza.

Siente Martí vivamente esa tensión colectiva. Ve el espectáculo de "este país, señor en apariencia de todos los pueblos de la Tierra, y en realidad esclavo de todas las pasiones de orden bajo que perturban y pervierten a los demás pueblos". Y resuelve edificar a América con las enseñanzas de ese ejemplo. Porque los Estados Unidos son "la nación única que tiene el deber absoluto de ser grande. En buena hora que los pueblos que heredamos tormentas vivamos en ellas. Este pueblo heredó calma y grandeza: en ellas ha de vivir".

Así terminaba su primera carta a *La Opinión*. Pero ya las demás no tendrán nada de amonestadoras. Serán una versión detallada, explicativa y morosa de los momentos del largo drama presidencial —el fracaso de la ciencia frente al misterioso itinerario de una bala, el gran duelo público, el proceso sensacional de Guiteau, el colofón vengador de la horca—. Las prensas americanas jamás habían conocido un reportaje tan entrañable y Vivido.

En Caracas y en las redacciones del canje americano se preguntan los lectores qué pluma infatigable será aquélla, capaz de tales vigores descriptivos. Solo unos cuantos amigos de Aldrey lo saben, pero la evidencia de la identidad trae algo desazonado al director. Afortunadamente, con las cartas sobre el caso Garfield van llegando también crónicas del mismo corresponsal sobre la actualidad española —las últimas elecciones, la boda de la infanta Eulalia con el príncipe francés, las pugnas de Cánovas y Sagasta—. Martí escribe de todo con un color y riqueza de datos cual si lo hiciera desde un mentidero madrileño.

A menudo hiere en lo español podrido o roza la herida cubana. Enérgicas apreciaciones quiebran entonces el tono aparente de indiferencia, y Aldrey se alarma con ciertos desahogos aislados: "La libertad no muere jamás de las heridas que recibe. El puñal que la hiere lleva a sus venas nueva sangre..." ¿Qué ha de hacer el cubano si no sabe fingir? El estilo mismo de estas crónicas, que quiere ser rápido y opaco, despide a veces, cuando el entusiasmo lo enciende, chispas y resplandores que son harto conocidos en Caracas.

Menos mal que otras cartas tratan de la actualidad en Francia, en Italia, en México... Desde su cuarto modesto en casa de los Mantilla —doña Carmita se esfuerza por que los niños no le hagan demasiado ruido— despliega Martí una actividad asombrosa como corresponsal viajero...

De eso ha de vivir mientras no establezca otras conexiones. Buena parte del día y de la noche se la pasa a la mesa, entre un mar de periódicos, llenando cuartillas y más cuartillas con una letra que la prisa y el brío interior despojan de su normal regularidad. A veces viene a interrumpir la interminable tarea alguno de sus amigos venezolanos, a quienes se siente ya como hermanado en la experiencia —Bolet Peraza, Gutiérrez Coll, Pérez Bonalde, sobre todo, el poeta andariego que ha vertido a Heine al español y tiene su mismo humor agudo y escéptico.

Enrique Trujillo le trae las últimas noticias de la patria común. Alto, cenceño, de barba corta que parece tiznarle el rostro, Trujillo

164

es uno de los muchos santiagueros que Polavieja deportó al estallar la Guerra Chiquita. Fugado también de España, vino a establecerse en Nueva York con toda su familia. Pronto se distinguió entre los emigrados por su *espíritu* de compadrería criolla, su separatismo y su hospitalidad. Una especie de hotel cubano es su casa, donde no todos los huéspedes pagan religiosamente. Por las tardes Trujillo viene a discutir con Martí sus proyectos políticos y periodísticos.

El corresponsal le escucha en silencio. No ve aún llegada la oportunidad política. Está demasiado reciente todavía el fracaso de la última intentona. Muchos jefes menores están perseguidos o presos en Ceuta y en Mahón. Los más importantes andan dispersos por las otras Antillas y por las Repúblicas de Centroamérica. Inclinada por su triunfo a una dilatoria benignidad, España le manda a Cuba "migajas de libertad servidas en plato pomposo por un general hidalgo". En Madrid, Portuondo y los demás diputados de Ultramar derrochan elocuencia en favor de las islas. Martí piensa —y "M. de Z." lo suscribe en *La Opinión*— que sus demandas son punto menos que inútiles. "Ni blandura de nombres ni indirectos caminos quiere la política honrada y saludable. Lo que urge ha de pedirse urgentemente." Mas ¿cómo todavía, si la isla, "desmayada, desconcertada y empobrecida", no tiene ánimo entero para la demanda? No se arrastra un pueblo a la libertad; se espera que madure el anhelo de ella. "De la espera viene fuerza. De la demora viene empuje." Él sabrá esperar.

Mientras tanto, las correspondencias son una disciplina que le obliga a escrutar y analizar las realidades. Sus crónicas de España estudian la estrategia menuda de la metrópoli. Los extensos artículos sobre la actualidad yanqui le dan ocasión de comprender la historia y el ambiente social de los Estados Unidos, las condiciones de su libertad. Su observación se va haciendo cada vez más penetrante, su criterio más realista.

Poseer: he aquí la garantía de las Repúblicas. Un país pobre vivirá siempre atormentado y en revuelta. Crear intereses es crear defensores de la independencia personal y fiereza pública necesarias para defenderlos.

En Venezuela, y fuera de ella, muchos jóvenes con chifladura literaria están aprendiendo en esas crónicas los modos de que una gran pluma se vale para decir lo grande con naturalidad y hacer parecer sublime lo nimio.

Ha querido llenar de expectación su vida, que es siempre el mejor modo de esperar.

Pero el vacío íntimo duele a veces. Entre los fríos, han vuelto a asediarle las nostalgias de lo cálido criollo —la tierra, la pasión, la mujer, el hijo—. Ha levantado ya la cosecha de poemas a este, y sus amigos —Pérez Bonalde, sobre todo, que es buen catador— ha encontrado en esas breves composiciones de giro clásico una gracia tan tierna, que le han persuadido a imprimirlas. El libro se titulará *Ismaelillo*, recordando a otro niño de su infancia lejana, pero va dedicado a Pepito. "Hijo: espantado de todo, me refugio en ti... Estos riachuelos han pasado por mi corazón. ¡Lleguen al tuyo!"

El padre nostálgico abrigaba la esperanza de que Carmen se decidiera a reunirse con él en Nueva York. Pareció un momento que Santa Claus le iba a traer ése aguinaldo. Pero allá, en la casona paterna del Camagüey, entre el resplandor dorado de las tinajas, Carmen recordaba, sin entusiasmo los días grises y fríos de Brooklyn, los *meetings* que le sustraían al esposo, el hogar difícil... En su crónica pascual Martí escribé que "la alegría tiene algo de fiebre —¡y la tristeza!" —. Él ha tenido que distraer la suya en casa de Trujillo, donde un grupo de cubanos parleros remeda la Nochebuena oriental. En casa de Mantilla, Carmita ha hecho en la chimenea un gran fuego, fuego de hogar.

No es un hecho trivial que en el invierno sus crónicas, con ser siempre tan impersonales, incidan mucho en la deploración del frío y de su influencia sobre el cuerpo criollo. Las sensaciones son la servidumbre indiscreta que cuenta los secretos de la sensibilidad. Ese frío trasciende la mera carne, aguza las necesidades del espíritu, asume, en fin, cierto papel simbólico. Martí era un hombre necesitado de calor. Solo en las lides del amor o de la acción encontraba su propia temperatura. Aquella carta de la mocedad a Rosario, aquella carta ávida de cariños, terminaba: "... y hace días que tengo frío..." Privado

166

ahora otra vez de sus alimentos naturales de pasión, no es extraño que provea por vías irregulares a esa necesidad de su temperamento. Esta es la época intensa del amor errante y del poeta lírico. El corazón busca su acomodo sentimental y el alma huye de la nieve "al bosque de sí misma".

Después de la media jornada de carpeta comercial en Lyons & Co., donde se ayuda a malvivir "sumas hilando y resolviendo cifras", escribe ahora la mayor parte de sus *Versos libres*, poemas de un lirismo violento, donde se echa de ver la torturada soledad de un espíritu que, no hallando en torno suyo ocasión para su afán de amar y de servir, "de sus propias entrañas se alimenta", soliviándose a un mundo moral heroico creado por su propia imaginación.

Todos sus contactos externos en este momento de su vida le defraudan, comunicando a esas confesiones poéticas acentos de pesimismo y hasta de misantropía. Desviado de su curso natural, todavía el caudal de su pasión no se ha serenado en un cauce único y se quiebra en los riscos de la aventura. Versos oscuros van dejando testimonio del hastío con que el poeta sale siempre de esos episodios de la carne. El suyo, en este aspecto erótico, es el conflicto de una naturaleza ardiente con una sensibilidad moral exquisita, en que el escrúpulo se hace ley o drama.

La idea de la muerte le visita a menudo en esta soledad, pero le detiene, como siempre, su vocación sufridora, su concepto heroico del deber. "El hombre necesita sufrir. Cuando no tiene dolores reales, los crea. Purifican y preparan los dolores." A este estoicismo va naturalmente aneja una emoción religiosa. Contra las direcciones escépticas y aun ateas de su formación intelectual, se afirma en él una noción de dependencia y de vida futura, proveyendo el fondo de fe mística que va a necesitar su heroísmo. Toda su conducta queda así regida por valores y normas superiores al interés inmediato, por una avidez de austeridad.

Pero aquella fina carne de trópico, aquel anhelo dramático de cariño, reclaman lo suyo, rebelándose contra la tentación puritánica a que el mismo ambiente da pábulo. Y un día sus versos dicen ya cómo se sintió henchido de vitalidad nueva:

167

porque a mis ojos los fragantes brazos
en armónico gesto alzó Pomona.

Los *Versos libres* son todavía un acontecimiento literario secreto.
Cuando se divulgue en América esta poesía de "sonoridades difíciles", ya será historia la transformación modernista, y los profesores
de literatura señalarán esa fecha precursora: 1882. Tras la carpeta sór-
dida y en el papel mercantil de Lyons & Co., un cubano desterrado y
oscuro escribía ya ese año versos nuevos por la forma y por la sustancia poética misma. Cuando aún prevalecía en España y en sus colonias literarias el fetichismo de la preceptiva neoclásica, Martí rompía
metros y ritmos para hacer de su verso como "crin hirsuta". Cuando
aún no prosperaban sino los residuos del patetismo romántico, o la
fría plástica de las Academias, él desencadenaba las voces más pro-
fundas y convocaba al lenguaje sus concreciones más enérgicas. La
voz contemporánea y cercana de Whitman le animaba, sin duda, en
aquel ensanchamiento de la provincia poética para que comprendiera
todos los episodios vitales. La poesía no era ya para él forma ni actitud, sino cosas y vida.

Por aquellos días había llegado a Nueva York Óscar Wilde, con
su indumento deliberado y su crisantemo en el ojal. Era la sensación
de la sociedad *snob* y el escándalo de los periódicos que cultivaban la
tradición de la virilidad pionera. Martí fue a oírle a Chickering Hall. Al
día siguiente escribió, para *El Almendares*, de La Habana, una versión
respetuosa de la lectura y del hombre. Con su característica ausencia
de humor enjuiciaba gravemente el atavío del "elegante apóstol", de-
fendiéndole de la vulgaridad yanqui. Pero el epicureismo estético de
Wilde, aquel "pagarse más del placer que de la contemplación de las
cosas bellas", no fue de su gusto, sobre todo en lo literario. Martí era
también capaz de enamorarse de unas porcelanas y, de hecho, su baúl
había vuelto de la América del Sur lleno de cacharrería indígena, pero
las letras no eran cosa de placer, sino militancia y servicio.

Sus crónicas para *La Opinión* preferían invariablemente los
temas edificantes, de temperatura o de paisaje social, por más que
las esmaltara de pintorescas amenidades. Junto con un sentido muy
exacto de lo terreno, alternaba en ellas una nota austera y mística. A

Longfellow, que acaba de morir, le celebra "aquella mística hermosura de los hombres buenos... y aquel anhelo de muerte que hace la vida bella". Y cuando, dos meses más tarde, Emerson también desaparece, no siente Martí dolor, sino celos, porque "cuando se ha vivido bien, la muerte es una victoria". El elogio del sabio de Concord está hecho a su propia escala. Y como en la semblanza de Cecilio Acosta, Martí ha dejado en ese ensayo magnífico —destinado generosamente a un oscuro periódico hispanoamericano— un testimonio de su propia "ternura angélica" y "mente sacerdotal".

En el verano de 1882 tiene que suspender esa colaboración. Fuese que Guzmán Blanco había penetrado al fin el incógnito periodístico o que alguna otra influencia mezquina había visitado a los amigos lejanos, las cartas de Aldrey fueron dejando sentir al corresponsal un creciente despego. Y "la fortuna —advirtió Martí— me tiene mimado en lo de rodearme de gentes que me digan la verdad cuando la he menester; pero que me traten con singular ternura y con una consideración que es mi gozo..." Suspendió las crónicas.

Aquellas cartas, que "habían dado la vuelta a América y se juntaban" ya en libro por manos amigas, habían creado una demanda. Martí tenía invitaciones a colaborar en otros periódicos del continente. El señor Carlos Carranza, a la sazón cónsul de la Argentina en Nueva York, se había interesado en que escribiera para *La Nación*, el gran diario bonaerense.

La iniciativa fue bien acogida por los Mitre, padre e hijo, que la dirigían. Por entonces privaba en aquella República el mensaje civilizador de Alberdi y de Sarmiento. Había que importar al Plata las mejores savias del mundo. Bajo su dirección prócer, *La Nación* era ya una gran ventosa de cultura, y el viejo Mitre, como su amigo Sarmiento, no sabía de mejores jugos de civilización que los que habían hecho de los Estados Unidos el orgullo del mundo nuevo.

Martí recibió la carta de designación menos halagado por el honor en sí que por la aumentada oportunidad de servir. Trujillo lo juzgó gran honra para Cuba, y aquella misma noche de julio de 1882 el locuaz santiaguero dejó muy orondos con la noticia a los cubanos que había reunido en su casa para discutir, con Martí y Flor Crombet, las posibilidades de una nueva conspiración.

Tres meses después publicaba el diario de Buenos Aires la primera crónica de Martí, Mitre hijo le escribió informándole que había sido leída "en este país y en los inmediatos con marcado interés, mereciendo los honores de la reproducción". Expresaba también su satisfacción por tener ya *the right man in the right place*, pero esa complacencia se alternaba en la carta con ciertas prevenciones respecto a las crónicas futuras. En la primera Martí censuraba alguna servidumbre de la grandeza yanqui, y el director, después de consultar opiniones, "al par que las conveniencias de empresa", había resuelto expurgarla de lo acerbo, para "no inducir en el error de creer que se abría una campaña de *denunciation* contra los Estados Unidos". El periódico —añadía Mitre, excusando "la brutalidad de la palabra, en obsequio a la exactitud" — era una mercancía y necesitaba ajustarse a su mercado.

En el mercado argentino tenían ya los Estados Unidos mucha privanza. Y ni el mismo Sarmiento, cuya admiración a lo yanqui era notoria, alcanzaba aún a vislumbrar los gajes de aquella penetración. Martí, en cambio, ya había escuchado los vagidos del imperialismo. Aún ardía en su memoria la frase del senador Hawley un año antes en cierto banquete oficial: "Y cuando hayamos tomado a Canadá y a México y reinemos sin rivales sobre el continente, ¿qué especie de civilización vendremos a tener en lo futuro?" El americano sin patria había contestado en *La Opinión Nacional*: "Una, terrible a fe: la de Cartago."

Su contestación a Mitre se las arregló ahora para deferir al cuidado del editor sin comprometer la propia independencia de observador veraz y de advertidor americano.

Cierto que no me parece que sea buena raíz de pueblo este amor exclusivo, vehemente y desasosegado de la fortuna material que malogra aquí, o pule solo de un lado, las gentes y les da a la par aire de colosos y de niños. Cierto que en un cúmulo de pensadores ambiciosos hierven ansias que no son para agradar ni tranquilizar a las tierras más jóvenes y más generosamente inquietas de nuestra América...

pero no sería él quien juzgase a los Estados Unidos por lo que pensara "un cenáculo de ultraaguilistas", ni quien le negase lo suyo a la nación "en que se han dado cita, al reclamo de la libertad, con todos los hombres, todos los problemas". "Para mí —añadía— la crítica no ha sido nunca más que el mero ejercicio del criterio... De mí no ponga más que mi amor a la expansión —y mi horror al encarcelamiento— del espíritu humano... No hay tormento mayor que escribir contra el alma, o sin ella."

XX
EL PLAN GÓMEZ-MACEO

Al cumplir los treinta años Martí ha logrado serenar un poco su vida.

Como nunca juzgó "prudente ni eficaz" ejercer su carrera en tierra extraña, se había resignado a la esclavitud de aquella oficina comercial, que le exigía "salir de casa por las mañanitas de frío y entrar en casa ya bien arropado en los velos de la noche". Pero ahora, con lo que le manda puntualmente *La Nación*, se ha redimido un poco. La casa Appleton le encarga alguna traducción de manuales franceses o ingleses para el mercado hispanoamericano, como esa *Lógica*, de Jévons, cuyas reglas tiene por "maravillosamente inútiles". En fin, su amigo Estrázulas, cónsul del Uruguay, espíritu fino, muy aficionado a la pintura y a las vacaciones, ha logrado hacerle vicecónsul de su país.

Gracias a estos incrementos, cuando Carmen se resuelve al fin a reunirse con él, puede ofrecerle el alquilado lujo de una casita recién hecha en Brooklyn, que se está poblando rápidamente desde que se ha puesto en construcción el gran puente de los Roebling. Y aún puede más el desterrado: a su madre le pasa una mesada puntual, y hace que don Mariano se disponga a venir a su lado a descansar un poco en la primavera.

Le confortan estas satisfacciones tardías. Ha sentido siempre su indisponibilidad de hijo único como una defraudación a los suyos. Ahora parece que, al fin, se redondean los deberes. En el hogar nuevo hay una paz diplomática. Acaso Carmen no ignora que, en la complicidad del desencanto y de la ausencia, otro amor, sereno ya y doméstico, había sustituido al amor esquivo.

> ¡Como una enredadera
> ha trepado este afecto por mi vida!
> Díjele que de mí se desasiera,
> ¡y se entró por mi sangre adolorida
> como por el balcón la enredadera!

Esta yedra pone claridades y sombras en su intimidad. "En mi —le escribe a su hermana Amelia— hay una especie de asesinado, y no diré yo quién sea el asesino." Por su parte, Carmen sufre también en Silencio. Ambos purgan su error, acallando las voces interiores por el bien parecer, y por el hijo que va creciendo.

Martí lleva, por lo demás, una vida cuidadosa, trabajada y metódica. Se pasa la mañana escribiendo. Además de las cartas para *La Nación*, se ha echado encima una colaboración intensa en *La América*, una revista "de Agricultura, Industria y Comercio" que se edita en Nueva York, y a la que aporta artículos sobre temas muy concretos de estimación americana. Al mediodía se va a la ciudad; despacha cartas y facturas en la oficina de Lyons & Co.; vuelve de anochecido a Brooklyn. El amor y la política ya han percibido también su tributo. Pero solo el domingo, en que la casa se le llena de cubanos, tiene Carmen la evidencia de que su marido ha vuelto a las andadas de conspirador.

Flor Crombet, fugitivo de Mahón, había traído a Nueva York la tentación hacía cosa de un año. Hasta entonces los emigrados rumiaban el fracaso de la Guerra Chiquita. Solamente allá, al Sur, en Key West, un cayo floridano casi a la vista de Cuba, la numerosa colonia de tabaqueros cubanos había seguido cultivando una irritación nostálgica, con algo de suplicio de Tántalo, y José Dolores Poyo, en su periódico *El Yara*, mantenía los fuegos encendidos.

Crombet encontró a los separatistas de Nueva York muy escépticos. Era el brigadier un arrogante mestizo, de tez y ojos muy claros, que denunciaban su porción de sangre francesa. En el exterior pulido solo una cicatriz que le partía el labio recordaba el espíritu indómito que en la guerra anterior había dado tantas pruebas de arrojo singular. Con la impaciencia propia de los veteranos, para quienes la manigua era un reclamo constante, no veía el momento de ceñirse de nuevo el machete. A través de su propia ansia ya todo le parecía propicio. En Cuba la irritación era cada día más viva: ciertas "rectificaciones" arancelarias, impuestas precisamente en los momentos en que la isla atravesaba una situación económica angustiosa, habían provocado

173

por igual la protesta de cubanos y españoles, al extremo de que un peninsular de nota y dinero se había atrevido a declarar que aquellas leyes eran "causa suficiente por sí solas para determinar un movimiento insurreccional en Cuba". El hijo del país se veía sistemáticamente excluido de una administración prodigiosamente corrompida. Los liberales, tratados como agentes sediciosos desde que formularon su aspiración a la autonomía, se retraían de la ficción electoral ante los reiterados despojos. La hora, insistía Crombet, estaba ya madura para una insurrección definitiva.

Martí había escuchado gravemente las incitaciones del brigadier, a quien los emigrados rodeaban con orgullo. No necesitaba él, ciertamente, "de acicates. Pero una cosa era la necesidad de la libertad, y otra la voluntad de conquistársela. ¿Existía ya esa disposición? ¿Respondería esta vez la masa a la voz de los jefes? Y sobre todo, ¿se mostrarían los jefes mismos dispuestos a dar la voz, a juntarse y organizarse, con la cohesión y orden previos que la empresa exigía, para no desvanecerse en un mero intento más?

Flor aseguraba que sí. Ya había escrito a Honduras, que era un nidal de separatistas. El Gobierno de Marco Aurelio Soto —a quien no le venia mal la pericia guerrera para el caso de una convulsión doméstica— había llevado su hospitalidad al extremo de instalar en puestos militares y administrativos a Antonio Maceo, a Roloff, al tuerto Rodríguez, a Tomás Estrada Palma y a otros veteranos de Cuba. El doctor Hernández dirigía un hospital. Solo Máximo Gómez, cincinato arisco, había preferido ir a sembrar añil por su cuenta en San Pedro Sula. Pero *el Viejo*, aseguraba Crombet, estaba listo a pelear de nuevo por Cuba, pues había ya corrido mucha agua desde el Zanjón. De Maceo, ni hablar: saltaría como siempre, a la primera clarinada.

Martí había abrazado a Crombet al terminar la primera conversación. Desde ese día le brillaron más los ojos, y hasta en su casa le notó Carmen una vivacidad inusitada. Flor, que debía seguir viaje a Honduras, fue portador de sendas cartas de Martí a Gómez y a Maceo invitándoles a opinar sobre "los trabajos recientemente emprendidos para rehacer las fuerzas revolucionarias, mover en Cuba de un modo unánime y seguro los ánimos en nuestro sentir y preparar en el exterior... una guerra rápida y brillante..."

Finalizó, sin embargo, el año 82 y medió el 83 sin que estas incitaciones, y las que por su parte recibió Máximo Gómez de Cayo Hueso y otros centros de emigrados, lograran de aquellos jefes una resolución favorable. Firmes en su devoción a la Causa, los dos veteranos estaban, sin embargo, harto escarmentados ya de meros arrebatos. Maceo tenía mucho en que emplear sus arrestos como comandante de Puerto Cortés y Omoa. No menos embargado por sus pacíficos trabajos agrícolas, Gómez había contestado a Martí considerando prematuro el movimiento. Era "tristísimo, pero necesario", dejar que el pueblo que se había cansado en la primera lucha sufriera su escarmiento. "Entonces verá usted que, amalgamado el viejo elemento con el nuevo, tendremos madurado el momento."

Amainaron las cartas a Honduras y los entusiasmos. En Nueva York, un Comité patriótico, presidido por el marqués de Santa Lucía, apenas tuvo ya más que una existencia formal. Algún esfuerzo aislado y no siempre recomendable, como el del equívoco Carlos Agüero, comprometía el decoro de la Causa e indignaba a Martí, para quien toda agitación debía tener aspecto solemne a los ojos de Cuba. "Si nos ven de menor tamaño que aquel de que esperan vernos, esto será como darnos muerte."

Así, cuando Leocadio Bonachea, que había estado agitando las colonias de Jamaica y del Sur, se presento en Nueva York con proyectos de una invasión personal de Cuba; cuando Pachín Varona, después, desde el seno del Club Independencia, no pudo ofrecer otra cosa que unos centenares de pesos y una disposición igualmente temeraria, Martí se mantuvo alejado y triste. No era ése el modo como él soñaba que se hiciera la redención de Cuba. Sin conmover antes a todas *las emigraciones*, sin acumular sus recursos para una acción militar grande, sostenida y enérgica, sin el concurso de los Jefes acreditados, sin hacerse, en fin, respetar a la vez de Cuba y de España, nada podía intentarse que no fuera una triste locura, un modo de gastar el entusiasmo y la fe de los emigrados.

Los hechos no tardarían mucho en probar trágicamente la ineptitud de aquellas aventuras. Todavía en diciembre de 1883 Máximo Gómez le escribía pacíficamente a Maceo sobre la última cosecha, las dolencias de su Manana y "los alardes de Nueva York i el Cayo".

175

Martí, entretanto, mantenía una labor lenta de catequización, de edificación. Sus amigos le escuchaban, embebidos, analizar cuidadosamente las condiciones del éxito y del fracaso, esbozar la gran obra futura. Ponía en ello una mezcla singular de realismo y de lirismo. Cuando el contador Viniegra, de escala en Nueva York, fue un domingo a la casita de Brooklyn a despedirse, la irrupción de su zeta española levantó un revuelo de miradas recelosas entre los cubanos que rodeaban a Martí. Este los tranquilizó con el gesto y siguió hablando de la guerra futura contra España. Irradiaba tal magnetismo, mostrábase su fervor tan libre de odio, que el contador, durante una larga hora, se sintió también insurrecto.

Pero como la oportunidad de la acción no parecía aún cercana, Martí se concentraba en la única militancia posible: el servicio de claridad a América. En la revista mensual de este nombre su colaboración era cada vez más intensa y de una variedad extraordinaria. Tan pronto versaba sobre la educación hispanoamericana, en que urgía "sustituir al espíritu literario el espíritu científico", como sobre las ventajas de ciertos abonos o el modo de hacer buenos quesos. No tenía la vanidad literaria de los temas brillantes: desplegaba laboriosamente su atención con la humanidad de quien solo apetece servir. Pero aquellos consejos útiles estaban constelados de vidente doctrina y de chispazos geniales. A veces, alguna crónica opulento encendía de colores y de luces aquellas páginas de taller, como la que describía la inauguración del puente de Brooklyn, que acababa de estrenar el engreimiento de lo *greatest in the world*.

En todos aquellos artículos, asi como en sus envíos a *La Nación*, lo que más impresionaba era su sentido y su sentimiento de americanidad. Aquel hombre que, en el vértigo cosmopolita de Nueva York, soñaba con la redención de su islita antillana, no perdía de vista la obra mayor de redimir a América por la solidaridad y por la cultura real. Sentía un ideal en función del otro, y a todos sus amigos les comunicaba, con su fervor contagioso, la convicción de que América no estaría completa ni segura mientras Cuba no fuese libre.

Ninguna ocasión más propicia para difundir estas ideas que los actos con que la colonia hispanoamericana celebró, el 24 de agosto

176

de 1883, el centenario de Bolívar. La gran sala de Delmónico colgó flores y banderas para el banquete, al que asistieron los cónsules acreditados en Nueva York y hasta un presidente: Marco Aurelio Soto, el hospedador de los cubanos en Honduras. Después de un torneo oratorio, en que el cubano Antonio Zambrana justó también con galana elocuencia, Martí cerró con un brindis férvido por los "pueblos libres y por los pueblos tristes". Aquella misma noche, en la velada oficial, su majestuoso elogio de Bolívar, que levantó a los oyentes de sus asientos, concluyó también con la referencia al doloroso muñón de América: "¡Señores el que tenga patria, que la honre; y el que no, que la conquiste!"

Aquellos acentos tuvieron extraordinaria resonancia. Desde entonces Martí fue en Nueva York algo más que el símbolo vivo de Cuba, como había de atestiguar Trujillo: fue la encarnación de la que él mismo llamaría sacramentalmente "Nuestra América".

A comienzos de 1884 se multiplican las incitaciones que desde los Estados Unidos recibe Máximo Gómez en su hacienda, y le conmueven al fin.

Atenuado ya el recuerdo de las injustas censuras que se le dirigieron cuando el Zanjón, está dispuesto a emprender de nuevo la lucha por la libertad de Cuba. Pero no sin imponer sus condiciones. En marzo, un agente de su confianza, el coronel Manuel Aguilera, sale para los Estados Unidos con un mensaje "A los Centros Revolucionarios". En ese documento, el general somete un plan de acción al cual debe conformarse cualquier movimiento que se intente; a saber: multiplicación previa de los focos separatistas; creación de una Junta Gubernativa con la cual se entienda el general en jefe de la revolución; facultades amplias para este en lo militar y, *last but not least* —primero y principal—, consecución previa de 200.000 pesos para costear el movimiento. Al mismo tiempo que despacha este mensaje, Gómez le escribe a Maceo enterándole de su decisión. El mulato se pone a su lado.

Aprueba el Club Independencia en sesión solemne las bases de Gómez, que Martí halla muy de su gusto. Con el propio Aguilera se le mandan al general 200 pesos para que se traslade al Norte, y se le anticipa, sigilosamente, que un regio negociante cubano de Nueva York, Félix Govín, está dispuesto a aprontar los 200.000 pesos para el movimiento.

A mediados de año ya están en "el Norte los dos caudillos. Crombet y el doctor Hernández han venido también de Honduras, y mientras aquéllos se detienen en Nueva Orleáns y el Cayo, respectivamente, para pulsar los entusiasmos —y las bolsas—, los dos últimos siguen a Nueva York. En la estación los recibe Martí con Trujillo, el anciano Arnao, Cirilo Pouble, el doctor Párraga, Zambrana y otros connotados de la colonia. Los transeúntes rubios del andén ojean con cierta irritación a aquel grupo de inmigrantes de levita que gesticulan tanto y se abrazan sin pudor.

Las deliberaciones se iniciaron en seguida. El cuarto del hotel de familia de madame Griffou, donde Crombet y Hernández se alojaron, no se vaciaba de humo de tabaco prieto, ni de frases encendidas. Nueve días después llegaron Gómez y Maceo. Una verdadera muchedumbre de cubanos estentóreos fue a recibirlos. Martí vió, por primera vez, con profunda emoción, a aquellos dos caudillos que habían llenado la manigua con el eco de sus hazañas: Gómez, talludo y seco, con la perilla insurgente bajo las alas del bigote corvo; Antonio Maceo, rostro de Áyax tallado en ébano, de terciopelo el ademán y la palabra.

Fueron también a alojarse con madame Griffou, atolondrada por aquella invasión, y de acuerdo con las bases de Gómez se empezó a trazar el plan del movimiento. Lo primero era la cuestión económica. Invitado el señor Govín a hacer buena su promesa de anticipar 200.000 pesos para la Causa, se hizo el sueco. Cuando Gómez le estrechó acremente, se excusó, arguyendo que de prestar ahora la ayuda prometida le fracasaría la reclamación que ante el Gobierno de España tenía entablada para recuperar ciertos bienes que le habían sido confiscados en Cuba. Pronto se translució que la promesa no había tenido otro objeto que, precisamente, el de utilizarla como una amenaza condicional cerca de las autoridades insulares. Govín había jugado con dos barajas.

Resultaba así fallida la condición inicial más importante. ¿Cómo atender a los enormes gastos que irrogaría la compra de armamentos y la invasión de la isla? Al despedirse de Bográn, sucesor de Soto en la presidencia de Honduras, Gómez había recibido de él 3.000 pesos para la libertad de Cuba, y los emigrados de Cayo Hueso, con el entusiasmo de su llegada, le habían recolectado 5.000 pesos más. Pero aún no bastaba.

Gómez pasa una circular a los cubanos pudientes de Nueva York solicitando su ayuda. No responde sino uno —y de los más modestos— que envía 50 pesos. El general está furioso. Sacudiendo en una mano un puñado de cartas y mesándose con la otra el bigotazo, se pasea por el cuarto como un león atrapado. Maceo trata de calmarlo con aquel hablar lento y cuidadoso en que había logrado disciplinar su ligera tartamudez. Los demás callan, compungidos o irritados.

Martí deplora el sesgo petitorio y menudo, el aire de improvisación que van tomando los trabajos bajo la dirección personalísima y algo adusta de Gómez. No quiere sin embargo, contribuir con sus reparos a las dificultades del momento. Se mueve incansablemente, reclutando adhesiones y contribuciones. Para poder servir más libremente acaba de renunciar —con la natural protesta de Carmen— a su provechosa interinatura en el Consulado del Uruguay.

El 10 de octubre, aniversario del Grito de Yara, enardece con su elocuencia, en Tammany Hall, a una muchedumbre como no se había visto en ningún *meeting* cubano desde la década guerrera. Pero la recaudación no saca de apuros. Para encauzar el problema se resuelve fundar un club de acumulación de fondos, que se llamará, mansamente, Asociación Cubana de Socorros, a fin de disimular su propósito revolucionario. En el *meeting* de constitución la palabra de Martí le gana la presidencia. Otros centros de emigrados fundan sociedades análogas.

Si el caudal revolucionario es todavía insuficiente para cualquier apresto bélico inmediato, nada obsta a que se inicien ya los trabajos de agitación y de organización política. Acostumbrado a las prácticas expeditivas de la manigua, Gómez lo dispone todo sin más consulta que la de Maceo, y acuerda con este un sistema de comisiones a los centros de emigración cubana fuera de los Estados Unidos —París, Kingston, México, Santo Domingo...

Martí no aprueba algunas de estas medidas dilatorias. Desaprueba, sobre todo, la forma en que se producen, sin deliberación suficiente, sin representación de todos los pareceres autorizados. ¿Qué de la Junta Gubernativa que el propio Gómez había propuesto en sus bases? Bueno era que la ejecución militar de la guerra incumbiese solo a los jefes experimentados, pero su ordenación previa, su política de inteligencia y de alma seguramente necesitaban del esfuerzo y del juicio espontáneo de todos. Al espíritu profundamente civil de Martí le alarma la dictadura del viejo general. La revolución no es sino la semilla de la República, y esta ha de nacer libre del caudillismo que es la mala semilla de América. ¿Cuándo se han podido reclutar corazones, que es lo que ahora más importa, sin aquella suavidad y respeto que son las marcas externas del amor?.. Gómez es autoritario, y su aspereza lastima también la otra civilidad de Martí.

Un día —a mediados de octubre—, en conferencia con él y con Maceo, decide el general que ambos se trasladen a México para mover allá los ánimos cubanos. A Martí le complace volver con su ideal ya en pie de guerra, a aquella tierra querida. No hay más que hablar. Gómez, que se ha hecho preparar un baño, se encamina bruscamente hacia él con la toalla al hombro. Animado, Martí aventura algunas frases sobre lo que hará cuando llegue a México. Gómez le interrumpe cortante:

—Vea, Martí: limítese usted a lo que digan las instrucciones; en lo demás, el general Maceo hará lo que deba hacer. Salió del cuarto sin añadir otra palabra. Cuando volvió, Maceo había intentado, con poco acierto, borrar la huella de aquellas palabras tajantes: *el Viejo* consideraba la guerra de Cuba algo así como una propiedad exclusiva suya y no dejaba que nadie se metiera.

Martí se despidió de ambos muy cumplidamente. Dos días después le escribió a Gómez una carta extensa, tan respetuosa como enérgica, en que las más vivas recriminaciones no eran tanto en nombre de su dignidad herida como del espíritu democrático que debía presidir la revolución; en nombre de la idea revolucionaria misma, que ya veía frustrada por el sesgo de empresa personal que el general Gómez le imponía. No le prestaría él apoyo al propósito de "cambiar el despotismo político actual en Cuba por el despotismo personal, mil veces peor".

Al dorso de aquella carta, Gómez dejó nota del incidente, añadiendo: "Este hombre me insulta de un modo inconsiderado, y si se pudiera saber el grado de simpatía que sentí por él, solo así se podrá tener idea de lo sensible que me ha sido leer sus conceptos..."

Con aquel choque entre el espíritu ordenancista y militar y el espíritu civil y político, las relaciones entre los dos patriotas quedaron interrumpidas. De acuerdo con Maceo, que lo respetaba profundamente, Gómez llevó adelante su mayoralato. Martí se separó del movimiento, convencido de que aún le faltaba el ingrediente decisivo.

Los conspiradores se dispersan en distintas comisiones. En abril Gómez sale para Jamaica, donde calcula hacer efectivos ciertos aprestos militares. Martí rumia su decepción. Le ha invadido una melancolía profunda. Apenas tiene ánimo para escribir. A su amigo Heraclio de la Guardia le confía:

me ha entrado el horror de la palabra como forma de la vergüenza en que me tiene la infecundidad de mi existencia. La mano, ganosa de armas más eficaces, o de tareas más viriles y difíciles, rechaza, como una acusación, la pluma. Las amarguras de mi tierra se me entran por el alma y me la tienen loca.

Con todo, se prende aún a la esperanza de que Gómez pueda triunfar a su manera, y le anima ver que los guerreros "están limpiando su armadura".

Pero entre los emigrados, su brusca separación del movimiento ha sido pésimamente acogida. Tiene, desde fuera, todos los caracteres de una deserción. En Cayo Hueso el nombre de Martí se menciona con adusto desdén... El 18 de junio, al reconstituirse en Clarendon Hall la directiva de la Asociación Cubana de Socorros, a cuya presidencia, naturalmente, había renunciado, alguien vertió acres alusiones. Sabedor de ello, Martí publicó unos días después en *El Avisador Cubano* —el periódico que Trujillo acababa de fundar— una invitación "A los cubanos de Nueva York", en que se leía:

181

Mis compatriotas son mis dueños. Toda mi vida ha sido empleada, y seguirá siéndolo, en su bien. Les debo cuenta de todos mis actos, hasta de los más personales; todo hombre está obligado a honrar con su conducta privada, tanto como con la pública, a su patria. En la noche del jueves 25, desde las siete y treinta, estaré en Clarendon Hall para responder a cuantos cargos se sirvan hacerme mis conciudadanos. —José Martí.

Aquella promesa de jaleo atrajo a Clarendon Hall, junto con muchos patriotas sinceros, a no pocos indiferentes que jamás habían sido vistos en las reuniones políticas. Sereno, un poco más pálido que de ordinario, pidió Martí que si alguien tenía cargos que hacerle, los formulara sin cuidado. Un señor Rico se levantó con vehemencia e inició un proceso de censuras, "pero —advirtió Trujillo— se le paralizó la lengua y no pudo continuar". Martí puso entonces en juego todos los recursos de su elocuencia para justificar su conducta sin mermar reputaciones gloriosas ni desacreditar la idea revolucionaria. Luz y velo fue su palabra. Más que con la dialéctica, tuvo que convencer con su irradiación personal de nobleza, con la misma oscuridad mágica de la frase. Una larga ovación le redimió. Al día siguiente Trujillo le escribía a Maceo que se hallaba en Nueva Orleáns:

Me ha causado inmensa satisfacción que en aquella reunión solemne y grandiosa no se haya echado a volar ningún concepto que pueda perjudicar la marcha progresiva de la revolución ni dé pasto a nuestros enemigos para presentarnos divididos y odiados. Yo no esperaba otra cosa del profundo tacto político y patriótico de Martí. Lo único que expresó fue que solo era cuestión de detalle lo que le había alejado de los jefes del proyectado movimiento, pero que él estaba y estaría siempre con la patria.

Algunos meses después Martí hacía explícito el fondo de convicciones de aquel discurso en una carta a un patriota de Filadelfia, rehusando la invitación que desde esa ciudad se le hiciera para que fuese a hablar en la celebración del 10 de octubre. Había recatado su discrepancia de Gómez "porque es mejor dejarse morir de las heridas que permitir que las vea el enemigo", pero añadía:

...tan ultrajados hemos vivido los cubanos, que en mí es locura el deseo, y roca la determinación, de ver guiadas las cosas de mi tierra de manera que se respete como a persona sagrada la persona de cada cubano, y se reconozca que en las cosas del país no hay más voluntad que la del país, ni ha de pensarse en más interés que el suyo... Es indispensable a la salud de la patria que alguien represente, sin vacilación y sin cobardía, los principios esenciales, de tendencia y de método, que he creído yo ver en peligro...

Por su parte, los acontecimientos se cuidaron de justificar estos escrúpulos y temores. Dificultades de todo orden fueron demorando los planes de Gómez y Maceo, agriando a los jefes entre sí, debilitando el entusiasmo de *las emigraciones*. En agosto el general declaraba ya públicamente que el movimiento había fracasado por "sucesos desgraciados y contrariedades por lo común siempre imprevistas y que nunca faltan en esta clase de empresas".

Pero la Historia comprobaría —y el propio Gómez lo reconocería más tarde— que tanto, por lo menos, como esas vicisitudes adversas, contribuyeron al fracaso los errores "de tendencia y de método" que habían determinado el retraimiento de Martí.

XXI
LAS RESERVAS

> El esperar, que es en política, cuando
> no se le debilita por la exageración, el
> mayor de los talentos...
> (Carta a Ruz, 1887).

Mientras se malograba aquel empeño, Martí ha llenado de dignidad su retraimiento —"determinado a llevar mi vida por donde a mí me parece que va bien, que es por donde se va solo y duele andar".

La ventolera política había soliviantado de nuevo a Carmen, que se había marchado a Cuba con su hijo. Por algunos meses el vacío paterno se llenó de ternuras filiales. Don Mariano había venido a Nueva York, y era de ver el orgullo con que Martí lo paseaba por la gran ciudad, escuchándole sus comentarios crudos y pintorescos sobre las extravagancias americanas. Algunas veces la conversación entre padre e hijo recaía sobre la situación de Cuba, y Martí, que ya tenía en la isla mucha fama de *filibustero,* aludía a su ideal cuidando de no lastimar la hispanidad del antiguo servidor del rey. El viejo un día le interrumpió con gracioso olvido del pasado:

—¡Anda, anda! ¿Qué, crees tú que yo emprendí tu educación con otra idea que la de que fueras hombre libre?

El hijo no lo creía ya. Toda su sed vieja de cariño familiar le hacía ver, en aquel "padre audaz, nata y espejo de ancianos de valor". Se quedó muy dolorido cuando don Mariano, a quien el frío había quebrantado, tuvo que regresar a Cuba en busca de calor para sus sesenta años.

Otras devociones le consolaron. Manuel Mantilla había muerto ya, y Carmita, animosa y comprensiva, lograba siempre reparar en el ánimo sensible de Martí los estragos de la soledad. Su hija menor, María, había heredado la simpatía vivaz y la clara inteligencia de la madre, y hacia ella se fueron canalizando los "riachuelos de ternura" que nunca habían podido anegar a Ismaelillo. Aquella casa era para Martí el hogar sustituto.

Apenas era menos intensa la devoción que por él se tenía en las demás casas cubanas de Nueva York. Él correspondía, como siempre "a mar por río": puntual y delicado en los cumplidos, pródigo —por santos y por *Christmas*— de regalitos que iba dejando con finos mensajes en verso. Si no respondiera a un impulso tan ajeno a todo cálculo, se diría que cultivaba una política de captación de voluntades.

Su formidable labor periodística le había afirmado ya por todo el continente que leía español. Las semillas de orientación regadas en *La América* proliferaron en colaboraciones para nuevos diarios y revistas, desperdigando todo un programa de reformas materiales y vitales concebidas con asombrosa previsión. No había problema americano que escapara a su lejano escrutinio, ni adelanto que él no celebrara, forzando la nota de optimismo. Sus correspondencias a *La Nación* eran un blanco constante de alusiones y un poco de influencias literarias. En las tertulias modernistas de Buenos Aires, Rubén Darío leía en alta voz muchas de aquellas "espesas inundaciones de tinta" en que se describía:

> ...un Grant marcial y un Sherman heroico...; un puente de Brooklin literario igual al de hierro; una hercúlea descripción de una exposición agrícola, vasta como los establos de Augías; unas primaveras floridas y unos veranos, ¡oh, sí!, mejores que los naturales; unos indios sioux que hablaban en lengua de Martí; unas nevadas que daba frío verdadero y un Walt Whitman patriarcal prestigioso, líricamente augusto, antes, mucho antes de que Francia conociera por Sarrazin al bíblico autor de las *Hojas de Yerba*...

Temas más graves excitaban a hombres de mayor gravedad. Al gran Sarmiento, por ejemplo, impenitente en su admiración a lo yanqui, y ya instalado en su gloriosa regañona, le fastidiaba a veces un poco "la conciencia sudamericana, española, latina" de Martí; lo querría más adicto al "espectáculo edificante" de las grandezas norteamericanas. Pero cuando leyó la crónica del cubano sobre las fiestas de inauguración de la estatua de la Libertad, le sedujo aquella "elocuencia sudamericana, áspera, capitosa, relampagueado, que se cierne en las alturas sobre nuestras cabezas", y le escribió a Paul Groussac recomendándole que tradujera aquella crónica al francés:

185

"En español nada hay que se parezca a la salida de bramidos de Martí, y después de Víctor Hugo, nada presenta la Francia de esta resonancia de metal."

Aquella pluma era infatigable. Acudía, por su riqueza, a todos los temas; por su pobreza, a todas las ocasiones. Cuando *El Latino Americano* le pidió a la señorita Adelaida Baralt una novelilla al gusto de la colonia, como ella no logró vencer su timidez y acabó por trasladarle la encomienda a Martí, escribió este *Amistad funesta*, la publicó bajo el seudónimo de "Adelaida Rál" y le mandó a la amiga la comisión con unos versos graciosos.

En *Amistad funesta* dejó mucho de sí mismo y de su propia vida. Poco después, Appleton le encargaba la traducción de *Called back*, de Hugh Conway, pagándole cien pesos por la versión (*Misterio*), de la cual se vendieron miles de ejemplares. En ella, como en la traducción de *Ramona*, el relato indio de Hellen Junt Jackson, logró Martí —al dictado— primores de espontaneidad en una prosa de regustos gracianescos.

Durante todo este tiempo en que se desvanecía la trama de Gómez y Maceo, su actitud política era de reserva, aunque firme en la convicción de que el problema de Cuba se acercaba, por otras vías más recónditas, a su solución inevitable.

Esa actitud interior se había formulado en una carta de mayo de 1886 a Ricardo Rodríguez Otero, que en un libro había dejado presumir cierta inclinación de Martí a la tesis autonomista. No había estado solo en la suposición. El lenguaje de Martí, así el oral como el escrito, se traicionaba a veces por la misma riqueza de sus implicaciones y la profundidad de sus incisos, que lo dejaban a la merced del simplismo. En aquella carta Martí explicaba su pensamiento.

Acataría siempre la voluntad manifiesta de su tierra, aunque fuese contraria a la suya, y hasta deseaba que la gestión liberal prosperase en tanto pudiera ganarle a Cuba un bienestar mayor que el trastorno de una guerra prematura. Pero la guerra vendría al fin, pues como había previsto Martos, el caso se iba enconando con los años. Él permanecería en Nueva York para que tuvieran "brazos en donde caer y vías por donde ir el día de la explosión los cubanos desesperanzados".

La hora no podía adelantarse caprichosamente. Ni por vanagloria o "por adquirir fama de austero o de emancipador" intentaría él llevar la guerra a Cuba antes de que esta diese "muestras patentes de desearla". Entretanto se tendría que ir haciendo la verdadera política, que consiste siempre en prever, en "tener conocidos los caminos" y estudiados los "problemas todos y los componentes todos que influyen en la suerte de un país".

Este esbozo de política realista se completaba con trazos de doctrina sobre la conveniencia de respetar el profundo arraigo del español en Cuba y sobre la ceguera de la tentación anexionista. Quien, como él, había vivido en el Norte, conocido el carácter yanqui, analizado sus intereses y observado, en la Historia y en la actualidad, sus ademanes *aguilistas*;

quien ama a su patria con aquel cariño que solo tiene comparación, por lo que sujetan cuando prenden y por lo que desgarran cuando se arrancan, a las raíces de los árboles, ése no piensa con complacencia, sino con duelo mortal, en que la anexión pudiera llegar a realizarse, y en que tal vez sea nuestra suerte que un vecino hábil nos deje desangrar en sus umbrales para poner al cabo, sobre lo que quede de abono para la tierra, sus manos hostiles, sus manos egoístas e irrespetuosas.

Después de esta dramática aprensión en que se formulaba ya una gran duda histórica, la carta terminaba con la severa sentencia que había de regir toda su obra: "La patria necesita sacrificios. Es ara y no pedestal. Se la sirve, pero no se la toma para servirse de ella."

En él mismo el pensamiento y la emoción de la patria van cobrando ese sentido sacrificial. La imagen de Cuba se incorpora a su vida como en un desposorio místico. Habla de su isla como de una novia, y sus elogios terminan siempre con una sonrisa melancólica y una frase ritual: "Así es Cuba, ¿no?.." Cuando la hija de Trujillo quiere hacerle un regalo, le manda una bandera de seda. Pero su emblema de la patria es más natural y personal: es la palmera. En su casa, en su oficina, tiene varios paisajes de palmas reales. A menudo se queda mirándolas en éxtasis y le parece ver cabecear sus penachos blandamente.

En febrero de este año de 1887 muere en La Habana don Mariano. Es un dolor profundo. A Fermín le confía:

Tú no sabes cómo llegué a quererlo luego que conocí bajo su humilde exterior toda la entereza y hermosura de su alma. Mis penas, que parecían no poder ser ya mayores, lo están siendo, puesto que nunca podré, como quería, amarlo y ostentarlo de manera que todos le viesen, y le premiaran, en los últimos años de su vida, aquella enérgica y soberbia virtud que yo mismo no supe estimar hasta que la mía fue puesta a prueba.

Este suceso parece que le libera todavía un poco más de lo privado, del freno secreto de la sangre. Queda doña Leonor, ciega en el cariño... Pero el antiguo servidor del rey ya no verá de enemigo a su hijo, en quien se ha encarnado la oscura voluntad de una patria nueva.

Ahora, más que nunca, cultiva fervores junto a sí, vigila todas las pulsaciones de Cuba. Por un largo momento, fracasados los últimos planes, pareció que el separatismo declinaba. Los autonomistas adelantaban su aspiración, y hasta Santiago de Cuba saludaba, en nombre de la región "de las grandes energías y de las grandes desobediencias", a los oradores que llegaban triunfalmente de La Habana para predicarles "la autonomía bajo la nacionalidad española". Antiguos separatistas de fuste, como Zambrana, se incorporaban más o menos abiertamente al evolucionismo.

Inquebrantable en su fe, Martí sabía que tales deserciones, pasajeras o solo aparentes, respondían a "aquella ley natural que ordena el reposo como descanso de la fatiga y preparación para ella". El Gobierno de España no sabía engendrar confianza duradera. "¿Para qué son las colonias sino para explotarlas?", había preguntado un conservador en pleno Congreso de los Diputados; y la isla, en efecto, seguía agobiada de impuestos y contribuciones especiales, mientras el autoritarismo cuartelero y el pillaje administrativo medraban a sus anchas. En el Parlamento se escuchaban solo con admiración retórica los enérgicos discursos de los diputados antillanos, y los periódicos más liberales de Madrid no se cansaban de vaticinar que Cuba se perdería si no se atendía su clamor. Un año más, pensaba Martí, otra legislatura inerte para Cuba, y las esperanzas que el autonomismo había logrado suscitar se desvanecerían. Su espera se va llenando de cálculo y previsión.

En los Estados Unidos el fermento de la nostalgia empieza a henchir de nuevo la impaciencia. José Dolores Poyo llena el aire de Cayo Hueso con los trenos de *El Yara*. Néstor Leonelo Carbonell y otros le emulan en Tampa. Emilio Núñez concita los ánimos en Filadelfia. Menos íntima, más trabajada de viejas rencillas, la colonia de Nueva York se muestra desunida y suspicaz. Escarmentada de muchos empresarios locales del patriotismo, la masa más humilde recela de todo pujo director. Martí comprende, sin embargo, que es precisamente en esa masa innominada donde están las mejores posibilidades.

Decide aprovechar el aniversario del 10 de octubre para explorarla. De acuerdo con Trujillo, Castro Palomino, el doctor Párraga y otros fieles amigos, convoca a los cubanos a celebrar dignamente la gran fecha. Cuida de que la invitación, que nadie firma, tenga un sello de impersonalidad; no son determinados hombres, sino el "instinto popular" el que llama a la unión, presintiendo acaso que "pueden llegar días de mayores deberes".

El Masonic Temple se llena. Tomás Estrada Palma, ex presidente de la República en armas durante la guerra de los Diez Años y director ahora de un colegio para niños latinoamericanos en Central Valley, preside la velada. Martí cierra la serie de discursos con una arenga magnífica en que, después de evocar vividamente el alzamiento de Yara —"¿No sentís como estoy sintiendo yo, el frío de aquella madrugada sublime?"—; después de contrastar las nostalgias del emigrado con la abyección de la vida en Cuba, embrida las vehemencias que él mismo ha desatado.

Fue el discurso, a un tiempo ávido y prudente, de un hombre en quien el arrebato lírico estaba siempre frenado, en lo político, por un sentido exactísimo de la posibilidad y de la responsabilidad. Ni desbocar la acción ni cerrarle el camino quería Martí. Urgía el dolor de Cuba, pero no se trataba de hacer una guerra más, sino de fundar, sana y segura desde las raíces, una República.

Ese espíritu pequeño, o de pequeñas entendederas, que siempre acecha a las grandes intenciones, tomó aquella vez la forma de un corresponsal innominado, que mandó a un periódico del Cayo una versión aviesa del discurso. Martí se apresuró a desmentirle con energía. Y con su tanto de previsión. Le importaba mucho que se formasen justa idea de cuanto se hacía en pro de Cuba "aquellos que con más fe la sirven, y jamás han dejado apagar el fuego en sus altares: los emigrados de Cayo Hueso".

Una intrusión aventurera vino a sonsacarle el ardor.

Pocos días antes de aquella velada había recibido, desde el Cayo mismo, una carta muy espiritada de un veterano de la primera guerra, el general Juan Fernández Ruz, que le pedía parecer sobre el modo práctico de poner en acción las comunes esperanzas. Los aplausos del 10 de octubre parecieron avalorar la política que Martí recomendaba de vigilante expectación y de mera junta. En su respuesta, barajó, pues, cuidadosamente los estímulos con las razones que aún abonaban la espera, e insinuó su deseo de hablar con Ruz en Nueva York.

Vino el general lleno de arrestos bélicos. Para conocer sus puntos de vista, reunió Martí en casa de Trujillo a los "representantes naturales" del separatismo en la ciudad. Ya el logro de aquella reunión y de la armonía que en ella prevaleció fue tanto como poner una pica en Flandes. Después de mucho debate férvido, se convinieron las bases de una actuación revolucionaria inicial, nombrándose a Martí, a Félix Fuentes y a Castro Palomino para que sometieran un proyecto sobre la conducta práctica de los trabajos.

Redactado por Martí, aquel informe le devolvía a la idea revolucionaria el sentido civilista original de 1868 y de Guáimaro. En las iniciativas anteriores, el cuidado de concitar a los jefes había primado siempre, comunicándole a la agitación, desde su comienzo mismo, un sesgo caudillístico. Martí, en cambio, subordinaba la necesidad militar a la de "ir juntando en un mismo espíritu democrático y grandioso a las emigraciones", puesto que ellas eran las llamadas a dar alimento y autoridad a la guerra. Aparte que la revolución —como le observaba Martí en esos días a Poyo en una carta de tanteo— no podía ser ya una mera campaña militar, ciega tras un jefe afamado, "sino un complicadísimo problema político".

La espada, sin embargo, era indispensable, y Martí, en quien el rencor no medraba, y menos para las cosas de la patria, le escribió a

190

Máximo Gómez "apelando a lo más noble de su corazón y a lo más claro de su entendimiento". El general le contestó con cuatro líneas diciéndole que su espada estaba al servicio de Cuba.

Todo esto contrarió mucho las aspiraciones de Ruz, que ya se veía capitaneando a su gusto una improvisación guerrera. "Las estrellas —comentaba Martí en una carta a Emilio Núñez— no están más altas que la ambición y locura de los hombres." Se mostró irreductible. No apoyaría él ninguna reincidencia en los planes autoritarios y sin raíz de hacia cuatro años.

Ruz tascó el freno y se volvió al Sur a soliviantar ingenuos.

Aquella frustración avivó el recuerdo de la ruptura de Martí con Gómez, levantando suspicacias contra la autoridad que parecía querer arrogarse. Incapaz de abrirle vías tortuosas a su vocación, se obligó a una contención amarga.

En el verano de 1888 se funda en Brooklyn un club —*Los Independientes*—, cuya presidencia asume un patriota honrado y tenaz: Juan Fraga. Aspira el club a iniciar por sí un caudal revolucionario. Martí, siempre con su mira integradora, opina que debe procurarse la cooperación de otras sociedades de emigrados. Al discutirse, harto prematuramente, el destino de los fondos, surgen de nuevo los dos criterios contrapuestos sobre la fuente de la autoridad revolucionaria. Crombet, que se halla a la sazón en Nueva York, sigue fiándolo todo al brazo guerrero, y mantiene que los fondos deben ponerse a la exclusiva disposición de lo militar. Martí aboga, como siempre, por la dirección y administración civil. El debate se hace demasiado vivo, cruzándose frases acres entre el brigadier y el tribuno. Restablécese la armonía, pero la jornada queda por el brigadier. Los galones han podido más que las razones.

En *El Avisador*, Trujillo aprueba el resultado, declarando que es justo conceder "al cesar lo que es del cesar". No ha podido elegir sentencia que le parezca más ominosa a quien justamente vela contra todo cesarismo...

Aún no se ha dispersado, sin embargo, la Comisión civil formada el año antes, y sus componentes, hombres todos de toga y letras, saben que los caminos del espíritu, si más largos, suelen ser los más seguros. Convocan a la celebración, ya tradicional, del 10 de octubre

191

— "sin parcialidades, ni olvidos, ni pensamientos secretos" —. Martí, por su parte, quiere marcar esa noche "política de previsión y amor".

Desdichadamente, el celo menguado trabaja en la sombra. Cuando Martí se levanta a hablar, un grupito convenientemente apostado vocifera: "¡Que hable Armas! ¡Que hable Armas, que es patriota!.." Martí cede la tribuna al solicitado. Luego que este ha aplacado discretamente el disturbio, sube Martí de nuevo ante la expectación de un público que espera una catarata de oratoria hirviente.

Pero la magnanimidad vence a la altivez, y el suyo es un mensaje de unión y de concordia. Sin énfasis, formula el espíritu de la obra por hacer: hay que asimilar "a la ley de la política la ley del amor"... Y en un final vibrante, en que a despecho del plural democrático se singulariza una alusión dolorida a sí mismo, proclama:

> Nosotros somos el freno del despotismo futuro y el único contrario eficaz y duradero del despotismo presente. Lo que a otros se concede, nosotros somos los que lo conseguimos. Nosotros somos escuela, látigo, realidad, vigía, consuelo. Nosotros unimos lo que otros dividen. Nosotros no morimos. ¡Nosotros somos las reservas de la patria!

XXII
LA CONQUISTA

Pues amar, ¿no es salvar?
(Martí, *Desde la cruz*.)

Desgraciadamente, "las reservas de la patria", cuando aquella voz mágica no las unía momentáneamente en un haz de entusiasmos, volvían a su dispersión habitual. Martí se preguntaba cuál sería el modo de perpetuar las conquistas efímeras de la palabra.

Años atrás, en su elegía a Torroella, había dicho: "La única ley de la autoridad es el amor". Ahora ha vuelto a encontrar en el amor la norma política. Solo puede ganarse a los demás quien sepa amar sin tasa. Si hasta ahora no ha logrado vencer rencores, celos y suspicacias, ¿no será porque aún él mismo no se ha despojado de todo lo que queda en su vida de interés personal? ¿Porque ha fiado más a la razón que al sentimiento?.. Para ameritarse públicamente, para ganarse la autoridad que ningún servicio militar recomendaba, tendría que hacer de sí mismo una pura llama de amor.

Desde que llega a esta percepción, cada acto, cada palabra suya, responderá a una disciplina generosa. Hará verosímil la abnegación más constante, y una gran humildad en la eminencia; se purificará. Ha hecho venir a su madre. Testigo de su intimidad, ella advierte que hasta aquel amor suyo —secreto solo para las formas del mundo—, hasta aquel amor que todos conocen y respetan, se ha purificado en su propio fuego y no conjuga mal con los pudores y ternuras maternas. Toda la vida de su Pepe es limpia, tersa y humilde, como aquel anillo que ella le mandó hacer con un eslabón de su cadena de presidio. Y como el anillo, que Pepe no se quita nunca, su vida tiene un sentido de sacrificio que a ella le escalofría.

El centro oficial de esa vida es ahora el pequeño despacho en el cuarto piso de 120 Front St. —un viejo edificio de ladrillo renegrido, con una escalera de hierro y un interior oscuro—. Pero la oficina tiene mucha luz, que es para Martí una necesidad en todas partes. No hay en ella más que unas colmadas estanterías de pino blanco —algunas

193

de las cuales él mismo ha construido con sus manos—; retratos de patriotas, de escritores, de don Mariano; algunos objetos indígenas; la rosca del grillete arrastrado en el presidio. Y un mapa de las Antillas. Sobre la mesa y los estantes mucha papelería. Por la ventana de guillotina se descubre un pedazo del trajín urbano.

Esa oficina es ya conocida de todos los hispanoamericanos en Nueva York. Martí despacha allí los asuntos del Consulado uruguayo (Estrázulas se pasa la vida viajando y pintando), pero de hecho, es el cónsul supletorio de todas las demás Repúblicas. Desde allí baja dos o tres veces por semana a recibir a algún recomendado de Cuba, de Honduras, de la Argentina. Allí irrumpe el hombre de tierra chica perdido en el cosmos yanqui; el emigrado que busca empleo; el tabaquero de vacaciones; el letrado cubano que vino a editar su libro y a operar a su señora... A menudo son literatos o periodistas de los mismos Estados Unidos, que gustan de escucharle a Martí su inglés cuidadoso, fuerte de dulzura, y sus pareceres sobre la última novela de Henry James, el discurso reciente de Phillips Brooks o el arte gitano de Carmencita la Coja, que entusiasma todas las noches al público de Niblo's y que al propio Martí le ha inspirado un espiritoso poema.

Los visitantes le encuentran siempre escribiendo. Cuando levanta la cabeza se ve que la interrupción no ha logrado robarle al rostro su acostumbrada luz jovial. Es ahora un hombre de treinta y cinco años. El pelo fino se le ha ido retirando hasta formar, en torno a la frente acupulada, una leve orla oscura. El bigote y la mosca negrísimos le encierran la sonrisa. Los ojos almendrados parecen más distantes entre si y más melancólicos. Viste de negro; negro también el lazo fino de la corbata, que se deshace sobre la pechera nítida. Así le vio Norman, el pintor noruego, el día que le llevaron a conocer a Martí, y así quiso hacer un retrato de él, para prolongar el deleite de su charla sabia sobre pintura.

Desde ese mirador Martí ve cuanto pasa en Cuba, en América, en el mundo. ¿Cómo halla tiempo para enterarse de todo? Cuantos hablan con él se quedan asombrados de su información fresca, de su visión original. "Un rato de conversación con él —escribe un literato venezolano— me instruía más que un año de lectura... Era mi proveedor de ideal." Y el poeta Tejera atestigua que quien oyó a Martí

194

en la intimidad no sabe "todo el poder de fascinación que cabe en la palabra humana".

El secreto está en su palabra, pero también en su curiosidad inagotable, que es una forma de su humildad, el punto donde interés y desinterés se juntan. Verdaderamente, nada humano le es extraño: ni el ajuar de una novia, ni el secreto de la *bouillabaisse* milagrosa de madame Taurel, en Hannover Square, a que suele convidar a sus amigos. Al escribir, ningún tema es inferior a su atención. Los detalles del Oklahoma *boom* le interesan tanto como las nobles herejías del padre McGlynn, o la otra heterodoxia sensacional de Henry George. Estudia las modas de la Quinta Avenida en su hora elegante con no menor puntualidad que el drama social de Chicago, por el cual ve cómo "la República popular se va trocando en una República de clase", donde se mide ya en su dimensión futura la insurgencia de una fuerza nueva... Con esta documentación penetrante, escribe para *La Nación*, o para *El Partido Liberal*, de México —cuyas columnas le acaba de franquear el leal Mercado—, testimonios cabalísimos que se leen en vilo y se reproducen copiosamente.

Quiéranlo o no algunos displicentes, es en Nueva York la encarnación misma de Cuba. En marzo de 1889 el periódico *The Manufacturer*, de Filadelfia, publica un artículo —"¿Queremos a Cuba?"— donde se ponderan las ventajas y las desventajas que a los Estados Unidos les reportaría la adquisición de la isla. Incluye entre los inconvenientes la índole del cubano, al que tacha de afeminado, inepto y perezoso, declarando que "su falta de fuerza viril y de respeto propio está demostrada por la indolencia con que por tanto tiempo se ha sometido a la opresión española".

Martí se subleva. Al diario de Nueva York *The Evening Post*, que ha hecho suyas estas apreciaciones, le dirige una carta de protesta, tan razonada como altiva y enérgica. No se limita a poner vividamente de manifiesto las virtudes probadas del cubano, su lucha de medio siglo contra el despotismo, y su derecho, en la hora del infortunio, "al respeto de los que no nos ayudaron cuando quisimos sacudirlo". Opone al desdén gratuito un juicio severo de la civilización yanqui; al *aguilismo* incipiente, la voluntad que el cubano tiene de ser libre, confiando en que "la nación que tuvo la libertad por cuna y recibió

195

durante tres siglos la mejor sangre de hombres libres" no emplee "el poder amasado de ese modo para privar de su libertad a un vecino menos afortunado".

El día que el *Post* publicó esa viril réplica, escrita en un inglés rico y encendido, -los cubanos de Nueva York llevaron la frente más alta. Llovieron en la oficinita de Front St. cartas de plácemes y visitas de abrazo. El folleto en que Martí —con su tanto de cálculo político— recogió la injuria y la respuesta circuló de mano en mano, enardeciendo ánimos y captando gratitudes.

Pero a Rafael Serra, el cubano negro que le felicita por el vapuleo a "estos nostramos yanquis", cuida ya más de hablarle de la sociedad que él y otros compatriotas de color acaban de fundar: *La Liga*. Es una sociedad de gente humilde. Martí gusta de los humildes.

Con los pobres de la Tierra
quiero yo mi suerte echar:
el arroyo de la sierra
me complace más que el mar.

Hay que contar además con esa fuerza de los innominados. La guerra decisiva de Cuba no ha de ser guerra de hacendados, como la del 68, sino guerra del pueblo. Y más de un tercio de ese pueblo, en Cuba, tiene la tez oscura y el alma dolida. En septiembre del 86 un mulato inteligente, Martín Morúa Delgado, le ha escrito al mulato glorioso, Maceo, que la reciente abolición de la esclavitud por España podía ser una gran amenaza para la independencia. "El negro de Cuba será de aquellos que sepan tratarlo. El elemento español está en Cuba. Nosotros estamos fuera. Desde aquí es difícil..."

Martí no conocía esa carta. Pero sabía que si desde fuera resultaba en verdad difícil ganarse al hombre de color de la isla, se podía al menos ir ganando al negro emigrado, con lo cual se irían echando los cimientos de amor de la República.

De ahí —le escribe ahora a Serra —se ha de arrancar para ir adonde debemos, que no es tanto el mero cambio político como la buena, sana, justa y equitativa constitución social, sin lisonjas de demagogo ni soberbias de potentado, sin olvidar jamás que los su-

196

frimientos mayores son un derecho preeminente a la justicia, y que las preocupaciones de los hombres y las desigualdades sociales no pueden sobreponerse a la igualdad que la Naturaleza ha creado... Ya verá lo que me sale del alma, cuando llegue la hora de la necesidad, a propósito de estas cosas.

La hora de la necesidad se acercaba. El instinto congregador del *leader*, asistido por un inequívoco fervor humano, va estrechando todas las distancias. Frente al recelo, tiene un sabio modo de no darse cuenta. Tiene la humildad noble. Y el candor, "que es una gran fuerza". Su limpidez de espíritu se exterioriza en una risa pronta y clarísima de timbre, en una despreocupación, a veces cómica, hacia los convencionalismos, y en una afición tierna a los niños.

La confianza con que éstos le corresponden es un testimonio: los niños son jueces penetrantes. Bien es verdad que Martí los soborna con toda suerte de mimos. A los de Carmita no hay que decir. Son como hijos suyos —sobre todo esa linda María, a quién puede decirse que ha visto nacer y que ha resultado un alma de artista...—. Martí los saca en bulliciosa reata por las tardes, y con la gente menuda de los Carrillo, los lleva al Parque Central, o al Éden Musée, a ver las famosas figuras de cera, frente a las cuales el amigo grande improvisa conferencias didácticas en lenguaje de Primero de Lectura.

Le encanta enseñar a los niños. Convencido de que casi todos los vicios de la personalidad proceden de una educación contraria a las leyes de la Naturaleza, o de malas semillas de doctrina, siente un profundo respeto ante la virginidad de una mente infantil. A falta de Ismaelillo, se cuida de dar lecciones a los niños de Carmita, mostrando cierta preferencia hacia María.

No le basta. Quisiera tener por suyos, y adoctrinar a su modo a todos los niños en América. Un brasileño de recursos, el señor A. d'Acosta Gómez, se presta a satisfacer esa ambición, y he aquí que la cubanada política neoyorquina se sorprende un poco, en el verano de 1889, al saber que el agitador viril, el propagandista incansable de la guerra cubana, acaba de lanzar una revista titulada *La Edad de Oro* y dedicada a "los niños de América".

Cuando leen el artículo "Tres héroes", elogio sucinto y cumplido de Bolívar, Hidalgo y San Martín, muchos de esos cubanos comprenden que Martí está en lo suyo. Trabaja por la libertad de América en los niños, "que son la esperanza del mundo". Sobre que las personas mayores mismas no leerán sin provecho esa definición sencilla de la libertad: "el derecho que todo hombre tiene a ser honrado y a pensar y a hablar sin hipocresía", o eso de que "en el mundo ha de haber cierta cantidad de decoro, como ha de haber cierta cantidad de luz. Cuando hay muchos hombres sin decoro, hay siempre otros que tienen en sí el decoro de muchos hombres..." Por lo demás, el primer número, y el segundo, y el tercero llevaban también además sus buenas dosis de cuentecillos, apólogos y otras amenidades infantiles, que la pluma adulta de *La Nación* escribía sin esfuerzo aparente.

Con el cuarto número murió la revista. "Empresa del corazón, y no de mero negocio", le había faltado, según se dijo, el apoyo indispensable en los hogares de América. Pero la razón verdadera y callada era otra. El señor D'Acosta no concebía que pudiera hacerse uña publicación para niños sin inculcar desde ella algo de lo que manda nuestra Santa Madre Iglesia. Y Martí se había negado con suave énfasis a salpicar de dogma el alma de sus lectorcitos. Cuando el próvido brasileño hizo del asunto cuestión de Estado se acabó *La Edad de Oro*.

No es que Martí se hubiese vuelto un descreído cabal. Por el contrario, el intenso espiritualismo que desde la niñez le regía tocaba ahora en místicos extremos. Obsedido por la emoción del Más Allá, le aseguraba a don Luis Baralt que había visto —*visto*, realmente— el alma desprenderse del cuerpo de un moribundo, y había recogido la experiencia en unos *Versos sencillos*. Pero, al igual que los defensores yanquis del cura McGlynn, buscaba "fuera de los dogmas históricos y puramente humanos aquella armonía del espíritu de religión con el juicio libre, que es la forma religiosa del mundo moderno". El alma, la inmortalidad, eran cosa distinta de las fórmulas sectarias con que los hombres disimulan su miedo a lo desconocido, o poetizan su aspiración a "un país de piedad y mi mar sin ruido". Ni había que enseñar a embridar las pasiones por el egoísmo de salvarse, sino por la pura caridad humana.

Muy desazonado le traía, a este respecto, que su esposa insistiese, allá en el Camagüey, en confiar a los jesuítas españoles la educación de Pepito. Con tal de tener a su lado al niño, estaba decidido a todo. Puesto que Carmen no cedía sus derechos, que viniese ella también, siempre que no esperase hallar sino al padre de su hijo...

Carmen se dispuso a venir.

Otros corazones alejados se los va ganando con la nobleza militante.

Mantiene comunicación con algunos espíritus sensitivos de Cuba; no cesa de predicar y de juntar a los emigrados de su confianza. "De ciertos estados personales que ha creado en Cuba la situación presente —le escribe a Emilio Núñez— puede producirse... un conflicto que nos obligue a la hora inmediata." Todavía hay miopes a quienes esos ademanes de la previsión se les antojan gestos de visionario o de exhibicionista; y no dejan de morderle los muñidores de la opinión local, que se sienten desplazados por su creciente prestigio.

Pero Martí ya va comprendiendo que tales son los gajes del oficio apostólico. Tiene que conciliar el respeto democrático con la necesidad de recabar la dirección a que se siente llamado, y opone a los recelos y mordacidades una elegante humildad. Cuando se entera de que hablan mal de él dos hermanos, fotógrafos de oficio y cubanos, Martí se les presenta en el estudio:

—Vengo a retratarme aquí porque sé que ustedes no me quieren bien.

Los hermanos, a quienes por lo unidos y larguiruchos llaman "el dos de bastos", quedan incorporados a la baraja revolucionaria.

Agobiado de quehaceres propios, Martí encuentra tiempo para ayudar a todos. Busca empleo al menesteroso, visita al enfermo, provee de frac al dibujante pobre que lo necesita para ir a hacer unos apuntes en una fiesta social. A Gonzalo de Quesada, un joven entusiasta que edita con apuros su revista *La Juventud*, le escribe artículos a medianoche. A *La Liga* le consigue local, se lo adorna con paisajes de palmeras, le paga el alquiler del piano para la primera velada, dirige en ella a los hombres oscuros su palabra de justicia.

Siente madurar las almas en torno suyo.

En agosto de 1889 pasan por Nueva York, en tránsito para Cuba, los diputados autonomistas Montoro y Giberga, que vienen de librar en el Parlamento una de sus batallas elocuentes e inútiles. Martí acude al hotel a cumplimentarlos. Después de su conversación con los dos diputados elegantes, al emigrado de levita negra demasiado cepillada y de botas que muestran el teñido le quedaba impresión de que la esperanza autonomista se acerca a una crisis. Es todo lo que quería saber para la noche del 10 de octubre.

Esa noche hablan en Hardmann Hall los incorruptibles de siempre; y debuta en la tribuna el joven director de *La Juventud*, Gonzalo de Quesada. Se desempeña con mucho lucimiento. Hasta tiene períodos fogosos, que hubieran parecido de Martí si este no le hubiese seguido para el resumen.

Trujillo no exageraba al decir el día 12, en *El Avisador*, que "el eximio José Martí, que tantos méritos tiene contraídos para con sus compatriotas", había recorrido en su discurso "todos los géneros". "Estuvo —explicaba— elocuente, severo, sarcástico, sentencioso, pensador, profundo, cáustico, nunca mordaz." Pero una dama, cuyo hogar criollísimo era para Martí como suyo, confesó aquella noche su seguridad de que a Pepe se le aplaudía sin entenderle. Porque arrebataba.

Y, en efecto, aun impreso días después, el discurso resultaba de lectura algo difícil. Había en su sesgo crítico demasiada riqueza de intenciones, en su examen de la historia y de la actualidad cubanas, afondos demasiado entrañables. Era la meditación pública de un estadista filósofo desdoblado en agitador. Y solo el fuego y el magnetismo del *leader* lo salvaban para la eficacia inmediata.

Con todo, no se libró de tergiversaciones bellacas. Días después, en una epístola en verso a Néstor Ponce de León, negaba Martí que en su discurso hubiera llamado viles a los anexionistas. Los dos versos finales de la epístola recogían, como un *ritornello*, una frase de aquel discurso llamada a destino ilustre:

¡Con todos se ha de fundar
para el bienestar de todos!

XXIII
EL AGUILA

En el invierno de 1889-90 un acontecimiento de resonancia continental tiene lugar en los Estados Unidos: la primera Conferencia de Naciones Americanas.

Después del interregno democrático, el secretario de Estado, Blaine, lograba al fin dar vida, en la Administración republicana de Harrison, a la idea que concibiera ocho años antes con Garfield. Daba así su primer vagido, ante la expectación de América y la malicia de Europa, una criatura algo enclenque, a la que aún no se había bautizado con el nombre de Panamericanismo. Envidiosillos, los periódicos de París y de Londres denunciaban el alumbramiento como el engendro de una especie de *zollverein* comercial, por los Estados Unidos, para excluir a Europa de los mercados sudamericanos: la contraparte del monroísmo político. Washington no recataba su deseo de "estrechar intereses", aunque, desde luego, en nombre de la más fraternal simpatía. Y los pueblos latinoamericanos, entre cándidos y recelosos, aceptaron el convite. Solamente Santo Domingo se abstuvo de hacer el juego.

Nunca como en ese invierno debió de sentir Martí el rubor de su patria sin voz en el celebradísimo "concierto de los pueblos libres de América". Con el establecimiento de la República en el Brasil acababa de eliminar la porción ibera del continente su último vestigio de Monarquía. Solo Cuba quedaba atenida a su Borbón. En la gran fiesta que por aquellos días celebró la colonia cubana de Nueva York para honrar la memoria del poeta Heredia, el discurso de Martí condensó todo el penar de Cuba,

¡tan bella como Grecia, tendida así entre hierros, mancha del mundo, presidio rodeado de agua, rémora de América!

Libre ya su isla, ¡qué voz de alerta no hubiera podido alzar Martí en aquel Congreso, junto a su amigo y compañero de exilio Bolet Peraza, que ostentaba la representación de su Venezuela ya liberada! ¡Cómo no hubiera hecho él por desmontar del escudo emblemático de la Conferencia aquel águila insolente que "apretaba en sus garras los pabellones todos de América"!

Pero tenía que contentarse con vigilar desde fuera. En su condición de cónsul del Uruguay asistió a los agasajos que Nueva York tributó a sus huéspedes ilustres, agobiados ya de una tediosa gira por todo el país. La Sociedad Literaria Hispano-Americana no podía ser menos, y en la fiesta que les ofreció en el Scotish Rite Hall, su presidente anunció a "nuestro orador predilecto: José Martí".

Fue el primer discurso de verdadera sustancia que escucharon aquellos fatigados oídos. El origen y formación de las dos Américas quedó contrastado en dos estampas, breves y enérgicas como dos aguafuertes, puestas en un marco de fe y esperanza americanas. La discreción diplomática del caso no logró reprimir ciertos acentos de aviso y aprensión. A su gran destino de "nivelar en la paz libre, sin codicias de lobo ni prevenciones de sacristán, los apetitos y los odios del mundo", ¿cómo podía temerse que prefiriese América

andar de zaga de quien se le ofreciese de zagal, o salir por el mundo de limosnera, a que le dejen caer en el plato la riqueza temible? ¡Solo perdura y es para bien la riqueza que se crea y la libertad que se conquista con las propias manos!

Las copiosas correspondencias que Martí escribe a *La Nación* sobre el suceso diplomático están cuajadas de tales advertencias más o menos disimuladas.

Ciertamente, no eran vanas esas aprensiones. A despecho de los pronunciamientos oficiales de Blaine, que hablaban de inteligencias mercantiles, comunicaciones navieras, arbitrajes y otras inocencias aparentes, la Prensa más sincera dejaba entrever el pulmón del águila. "Los americanos —decía el *Tribune*, de Nueva York— están obligados a reconquistar su supremacía comercial y... a ejercer una influencia directa y general en los asuntos del Continente americano."

Estos signos se hacían más ominosos en la dirección de Cuba. Cada día la Prensa yanqui se preocupaba más del destino político de la isla, concediéndole singular importancia a la desacreditada idea anexionista. El senador Call acababa de introducir en su cuerpo legislativo un proyecto de ley autorizando al presidente para abrir negociaciones con el Gobierno de España e inducirle a que consintiera en la independencia de Cuba mediante una indemnización pagadera por la isla. Menos de un mes después, el propio senador llamaba la atención de Washington sobre el peligro que para los Estados Unidos representaba que la deuda cubana se hallase en manos de tenedores alemanes. Y en febrero, al discutirse el aumento de la Marina de guerra, el senador Chandler, ex secretario del departamento, urgía a que se construyese una armada "superior a la de cualquier nación del hemisferio occidental y a la de la nación que posea la isla de Cuba..."

El águila abría las alas. Entre ágapes y discursos sonoros, ¿se dejarían distraer los hispanoamericanos de aquel revuelo?

Fue para Martí un invierno angustioso hasta que vio confirmarse en las deliberaciones de la Conferencia "la cautela y el brío de nuestros pueblos", hasta que se desvaneció su temor de que los cubanos emigrados pareciesen más solícitos del Norte padrastro que de "la patria hispanoamericana." Con la preocupación se le resintió la salud quebradiza, y el médico "le echó al monte". La poesía era otro refugio para él. Escribió versos.

Estos versos tienen ya un acento nuevo. Martí cuenta treinta y ocho años. Su vida se ha ido llenando de lejanía. Ya puede mirar al pasado con cierta perspectiva sentimental. "Tal vez —escribió años antes— la poesía no es más que la distancia." Algo interior le avisa que se acerca ya una separación definitiva, que ha llegado el momento de decirles adiós a las viejas imágenes. Los *Versos sencillos* que ahora escribe son, en gran parte, representaciones de figuras queridas y de episodios lejanos: sus padres, el asedio a la casa de Mendive, Aragón, la hermana muerta, México, "la Niña de Guatemala"... Despedidas: morirse un poco. Y con todo eso, algunas sencillas parábolas, algunos testimonios de sí mismo:

Yo pienso cuando me alegro
como un escolar sencillo,
en el canario amarillo
¡que tiene el ojo tan negro!

En todos esos poemitas hay esa naturalidad y desasimiento melancólicos, esa sencillez de su título. El romántico está ya curado de arrebatos. Se han concentrado las visiones en una premonición de sacrificio. Y con la certidumbre y la distancia, ha llegado la serenidad. El verso, como su vida, se ha podado de lujos y de retórica: es todo esencia y entrega.

¡verso: o nos condenan juntos
o nos salvamos los dos!

El revuelo del águila acucia la impaciencia de Martí. Los Estados Unidos se interesan demasiado por Cuba, y "solo perdura la libertad que se conquista con las propias manos".

Afortunadamente, en la isla van las cosas de mal en peor. Muerto el general Salamanca, malquisto de los conservadores por sus alardes reformistas, el sucesor se humilla al integrismo rabioso de la Unión Constitucional. Los autonomistas están exacerbados. El órgano *El País* ha publicado un artículo sensacional titulado "El reto":

Tras doce años de penoso batallar contra la acción combinada de la intriga y la violencia..., se encuentra el pueblo cubano en peor condición que en 1878, con el alma herida por el desengaño y la paciencia agotada por el sufrimiento...

En el Congreso español, Martos, confirmando su vieja aprensión, aconseja un viraje rápido y en redondo "si se quiere evitar el desastre". Mas el proyecto electoral Becerra —que despoja virtualmente de la franquicia a 64.000 cubanos— sigue dando juego, y el cabotaje, los impuestos y el saqueo administrativo desesperan hasta a esa clase mansa de los que tienen algo que perder. El separatismo levanta cabeza. Antonio Maceo, que ha ido a la isla so pretexto de gestionar asuntos particulares, se hace el remolón, celebra misteriosas entrevistas, se deja agasajar por "los muchachos de la Acera"...

Martí ve perfilarse ya el peligro tan temido: que la guerra sorprenda a Cuba sin preparación ni bases de sustento. Ocho años se ha pasado él tratando de hacer ver lo funesto de esa contingencia. En su discurso por Heredia tuvo su clamor un acento de épica desesperación: "Si entre los cubanos vivos no hay tropa bastante para el honor, ¿qué hacen en la playa los caracoles, que no llaman a guerra a los indios muertos?..." Han podido más la inercia, los recelos, el prurito caudillístico.

Ahora, el llamamiento de Martí a los emigrados representativos de Nueva York es de una severidad enérgica:

cometeríamos... una falta imperdonable ante la Historia si no nos reuniéramos para ver de qué modo podemos prestar a los cubanos independientes de la isla la ayuda que necesitan con urgencia.

La única organización revolucionaria que perdura en Nueva York; gracias al tesón discreto de Juan Fraga, es el club *Los Independientes*, fundado por uno de los hombres que habían vejado a Martí dos años antes. Pero ¿qué son los agravios personales frente al agravio a Cuba? Fraga asiste a la reunión convocada por Martí, y de ella sale el llamamiento a la masa. Hardmann Hall, consagrado ya para los cubanos, se llena el 16 de junio. Martí enardece a la muchedumbre. Con el producto de la recaudación se engrosa el fondo escuálido de *Los Independientes*. Se ha de ordenar, sin embargo, el aporte de todos en un sacrificio constante. Juan Fraga cree tener la idea que le ha sido sugerida por Eusebio Hernández desde París. Martí siente aún las resistencias celosas en torno, pero le llena de gozo percibir —desde su cama de enfermo— como un espíritu nuevo en el aire.

Un mes después llegan a Nueva York ecos del júbilo con que Oriente ha recibido a su Maceo. Viejos soldados, jóvenes ardorosos y hasta no pocos autonomistas han cortejado al caudillo en banquetes, giras y cabalgatas... Solo que Cánovas no se duerme. Ha nombrado para el mando general de la isla a Polavieja, el feroz comandante de 1879; y lo primero que este hace es deportar a Maceo, a Flor Crombet y a Amador Guerra.

Entretanto, Martí, con los pulmones "quejándosele" y el corazón "saltándole más de lo que debe", ha tenido que irse a curar entre los pinos de las Catskill. No por miedo de ir "saliendo de la vida —le escribe a un amigo de *La Liga*—, sino de verme sin fuerza para los muchos quehaceres que nuestra tierra está a punto de echarnos sobre los hombros". Durante esa breve escapada ha observado muchas veces, tumbado al pie de los árboles, la lentitud rastrera de los gusanos, la solemnidad de las orugas, aterciopeladas y gordezuelas: "Para entender mejor a los hombres estoy estudiando los insectos, que no son tan malos como parecen, y saben más que nosotros". Un cuaderno

205

verde ha llenado de candorosas anotaciones, dibujos, apologías. "Que no haya injusticia para los gusanos."

De vuelta en Nueva York encuentra desmayado el entusiasmo. Maceo ha pasado por la ciudad, hablando vagamente de su intento revolucionario en Santiago y de la "indiferencia glacial" de *las emigraciones*. Lo cierto es que estas ignoraban la trama improvisada en Oriente por el caudillo. Pero aun conociéndola, pensaba Martí: ¿qué entusiasmo imprudente habría secundado, para el fracaso inevitable o el triunfo peligroso, alzamientos de jefe aislado, con bandera de localidad?

Su discurso del 10 de octubre está lleno de tales reservas. En el examen profundo de la posibilidad cubana, la palabra *fundar* surge una y otra vez. "Las palabras están de más cuando no fundan, cuando no esclarecen, cuando no atraen, cuando no añaden." "Pues pensar, ¿qué es sino fundar?.." Este empeño constructor, que no aspira a levantar obra leve y caediza, sino a erigir una sociedad nueva sobre hondos cimientos, carga de realismo el discurso y de énfasis democrático. Yerra el autonomista engreído, que "no habla con los que van por el mundo a pie, sin ver que son más que los que van sobre ruedas", y que la política científica solo puede consistir en "dirigir hacia lo posible el país con sus elementos reales".

Atento a esa consigna interior, Martí se da cada vez más a los humildes. Trata con una mezcla de mimo y de respeto a los oscuros trabajadores de *La Liga*. Les lleva a su María —pianista consumada ya— para amenizarles sus veladas. Compromete a sus amigos letrados para darles instrucción. Él mismo va todos los jueves, después de su clase de español en la Escuela Municipal nocturna.

Entre los socios, que entretienen la espera jovialmente, se hace un silencio respetuoso al oír el paso breve y el suspiro característico que denuncian la llegada de *el Maestro*. Todos quieren ser el primero en quitarle los libros y el abrigo de raído astracán. Él saluda a cada uno con frases de personal interés. Se sienta luego a la mesa, corrige blandamente los ejercicios de composición que en ella le han puesto. "Daban ganas de cometer faltas adrede por el solo gusto de oírselas corregir" —apunta un discípulo—. Como cada papel sugiere su propio comentario, Trujillo ha llamado "enciclopédica" la clase de Martí.

Los discípulos negros escuchan religiosamente la varia disertación, llena de fantasía, de exhortaciones morales y, por supuesto, de edificación política.

Alguna vez, temeroso un discípulo de haber disgustado a Martí con el sesgo personal de una pregunta le escribe su desazón. *El Maestro* (como le llaman ya todos en *La Liga*) se apresura a tranquilizarlo:

> ...cuidado con que vuelvan a entrar esos miedos, que yo conozco bastante el dolor del mundo para ser indulgente con todas las formas y aun injusticias de él; y en las cosas del alma soy como los médicos, que siguen curando al enfermo que les muerde la mano. Pues aun cuando muerda la mano, ¿no es por enfermedad? la desconfianza, ¿no es una enfermedad además de ser un deber? Y dudar yo de usted que es cien veces más generoso que yo, me sería más difícil que dudar de mí mismo. No dudo de mi mismo.

No dudaba. Ni le dolía, por él, la desconfianza con que aún se retardaba su gestión en la obra urgente. Los tiempos eran de fe en quiebra. Se había perdido un poco el gusto heroico. Allá, en Cuba, bajo el pie del procónsul, ¿no acababa de publicar Ramón Roa —el veterano que ya dies años antes, en el *Alfonso XII*, le había llamado "Cristo inútil" — un libro inoportuno, que desganaba de la guerra a los cubanos pintando las tribulaciones de la manigua en la gran década?... Martí se había curado de aquella lectura con los *Episodios*, de Manuel de la Cruz, a quien escribía con noble envidia: "ellos se han llevado toda la gloria." Ya nada podremos hacer los que vinimos después".

Pero él lleva adelante, con ciega fe, contra todo escepticismo, su labor profunda de unificación. Poco a poco ha logrado ir venciendo la veleidad de entusiasmo y el vidrioso recelo que engendra en los emigrados la vida de gran ciudad. A despecho de todas las apariencias, la revolución se está ya haciendo "segura e invisible". Coincidiendo con una definición que aún no había devenido ilustre, Martí había dicho dos años antes que "toda revolución no es más que una de las formas de la evolución". Aquellos ocho años de incitación y de encauce, de vigilancia y de junta, no habían sido inútiles. Fueron, por su parte, un proceso de ameritamiento personal, acompasado a la espera inevitable. Y, en la masa, una acumulación gradual de confianza.

Ya se siente más querido, más investido de representación en su humildad. A pulso ha ido conquistando afectos y respetos. El apelativo de *La Liga* se ha generalizado: en Nueva York ya casi todos le llaman *el Maestro*.

Y esto ha coincidido con un acrecentamiento de su prestigio en la colonia hispanoamericana. La República Argentina y el Paraguay le han hecho su cónsul general. Cuando le vino "el honor de la tierra generosa" añadió al cuaderno estos "versos sencillos":

Pensé en el pobre artillero
que está en la tumba, callado;
pensé en mi padre, el soldado;
pensé en mi padre, el obrero.

El Uruguay, al que ha seguido sirviendo en sustitución de Estrázulas, le confiere su representación en la Conferencia Monetaria Internacional de Washington. Martí expulsa de su oficina al emisario de Washington, que viene a sobornarle la opinión a favor del patrón plata, y presenta a la Conferencia un informe brillantísimo, en inglés, recomendando el bimetalismo y recordando de paso que no es "el oficio del continente americano... restablecer con otros métodos y nombres el sistema imperial por donde se corrompen y mueren las Repúblicas..."

El vigía americano no desperdicia ninguna oportunidad. La Sociedad Literaria Hispano-Americana le ha hecho su presidenta y allí, en los aniversarios de las patrias hispánicas, la palabra de Martí evoca figuras y hechos próceres con una elocuencia siempre nueva. Su sentido integral de "nuestra América" se acaba de cuajar, con ese título, en un ensayo magnífico publicado en *El Partido Liberal*, de México. Es todo un ideario de comprensión americana y de incitación "al estudio oportuno y la unión tácita y urgente del alma continental".

En estos meses su vida se ha enriquecido de intimidad. Doña Leonor regresó a Cuba, dejándole la aprensión de lo definitivo: "el día que tuve que despedirme —escribe— ella me iba detrás, de un cuarto a otro, y yo iba huyéndole..." Pero la llegada, a poco, de Carmen y su hijo llenó algo el hueco. Los *Versos sencillos* habían confesado:

Corazón que lleva rota
el ancla fiel del hogar,
va como barca perdida
que no sabe adónde va.

Quisiera encontrar el rumbo otra vez. Comprende que ha de presentar también ese flanco íntimo invulnerable al dardo enemigo: que por ahí, en el ver de las gentes, había pecado su vida.

Mas ciertas distancias son definitivas una vez que se ha instalado en ellas otra intimidad. Y como Martí no sabe desdoblarse ni disimular, la ternura se le concentra en el hijo, en "su caballerito", con una avidez casi dolorosa. Quisiera velar por él ahora, dirigirle, mimarle, por todo lo que no pudo en los años últimos... Pepito ha salido un *tragalibros*, que le escucha con los ojazos abiertos, algo extraños... Le duele verle mirar así. Cuando el niño se rinde a la caricia delicada, siente Martí el retoño de la raíz muerta y le estremece otra vez el porvenir...

Pero el destino sabe más. Un día, Carmen —dolorida— se presenta en casa de Trujillo y le suplica que le facilite el modo de embarcarse para Cuba con Pepe sin la necesaria licencia de su esposo. Trujillo se niega. Insiste ella, apoyan las mujeres en la casa del amigo. Trujillo cede al fin. Halla al cónsul español propicio a jugarle esa treta al laborante. A espaldas de Martí, Carmen y Pepe se embarcan.

Cuando Martí se entera de lo sucedido, su cólera es como de madre despojada de su cachorro. Entre él y Trujillo se produce esa acritud terrible que tienen, al romperse, las grandes amistades. Del dolor, Martí se enferma gravemente. Todavía unas semanas después un amigo le ve incorporarse en el lecho y vibrar todo él, ante Trujillo, con una ira que no le conocía —la temible indignación de los hombres dulces.

Cortada así de su vida la última raíz, cobra una levedad ardiente, de llama. El 10 de octubre, en la tribuna de *Los Independientes*, su elocuencia es fulgurante.

El cónsul español ha protestado en un periódico de que su colega de la Argentina milite así contra una nación amiga. Al día siguiente Martí telegrafía su dimisión al ministro de aquella República en Washington. A seguidas de un incidente análogo, aunque más personal, renuncia a la presidencia de la Sociedad Literaria.

Ha quemado las naves.

XXIV
TAMPA Y CAYO HUESO

Yo traigo la estrella, y traigo la paloma,
en mi corazón.
(TAMPA, 1891)

Prodúcese ahora otra de esas coincidencias que, surgiendo en los momentos cruciales de la vida de Martí, le dan su tono de predestinación. El 16 de octubre, a instancias de Eligio Carbonell, el club *Ignacio Agramonte*, de Tampa, acuerda que Martí sea el orador invitado a hablar en la velada con que la sociedad iniciará, el 26 de noviembre, su recaudación para la libertad de Cuba. Por ironía de las cosas es Trujillo el encargado de transmitir la invitación a Martí. Lo hace con una carta muy circunspecta al "distinguido compatriota". Martí acepta jubilosísimo. La noticia de un fuego que ha hecho estragos en la pequeña población floridana casi le detiene a última hora. Trujillo le encarece: "hasta por el incendio último de Tampa ha aumentado el calor por su viaje a ésa"...

Atrás van quedando las ciudades grises y apretadas, los campos rojizos ya en la opulencia vieja del "verano indio". A medida que el tren adelanta hacia el Sur se va despejando la campiña. Una luz más clara se cierne entre los pinos incesantes. En la seca maraña de los algodonales quedan rezagados todavía algunos vellones blancos, algunas caras negras asustadas... Pasan las vegas y depósitos de tabaco rubio. La luz se hace más dorada. Una palpitación gozosa le dice a Martí que va camino del trópico, camino de Cuba... A la tarde siguiente el paisaje se vuelve de nuevo húmedo y negruzco —paisaje de arenal ya—. Pero hay un momento en que el sol irrumpe en un claro de bosque y enciende entre los troncos negros de los pinos caídos la elegancia erguida y fina de los pinos nuevos. El viajero retendrá esa imagen.

Los cubanos del Sur le llaman. Gente nueva también, gente humilde, que no ha querido alejarse demasiado del sol de su isla. Tabaqueros. Propietarios y profesionales criollos, obligados a expatriarse y a adoptar en la tierra extraña los oficios más humildes. Hombres de

211

corazón de niño, de militante nostalgia, sin aquella coraza dura de recelos en que la ciudad grande obliga a escudarse. Y sin la esquivez vergonzante del extranjero, porque esto, Tampa y Key West, son cosa suya, obra suya casi, y porque aquí son los más.

¿Cómo no pensó antes en ellos? ¿Cómo no tuvo presente que estas colonias del sur de los Estados Unidos eran como sucursales de Cuba, núcleos cuantiosos y férvidos en que se habían apoyado siempre los más briosos empeños revolucionarios?.. Había preferido no anticiparse, no crear esperanzas que no podía satisfacer aún. Había tenido además que vencer aquel miedo suyo, "a veces punible, de parecer acaparador en cosas de representación y autoridad"...

Ahora, ¡al fin!, sentía ya inminente, *grande* en su corazón, la hora de concretar en fundación visible su edificio de palabras.

Llegó a Tampa el 25 a las doce de la noche. Llovía torrencialmente. Una cincuentena de hombres se apretujaban en el paradero de Ibor City, donde debía de apearse Martí. Caras blancas y oscuras; caras ávidas; caras simplemente curiosas... A la luz de las farolas que el vecindario usaba de noche para precaverse de culebras y caimanes, adelantó la pequeña procesión por las calles arenosas.

A la mañana siguiente la fonda de Rubiera, donde se había alojado Martí, estaba invadida desde temprano por los organizadores: Néstor Leonelo Carbonell; su hijo mayor, Eligio; Ramón Rivero, el diarista local; Andrés Sánchez Iznaga; el moreno Cornelio Brito... Era un día glorioso. El sol encendía la arena de las calles, los escasos edificios de ladrillo rojo, las casitas de madera, aisladas sobre sus pilares blancos. En muchas de ellas el viento del Golfo hacía flamear guirnaldas y banderitas cubanas.

Un tabaquero de Cuba había puesto en el mapa de los Estados Unidos su apellido con aquella barriada tampeña: Ibor City. Su manufactura se alzaba en el centro mismo de la sección cubana, donde apenas se escuchaba palabra que no fuera en español. Conducido por Rivero, *lector* de aquel gran taller, Martí penetró con sus acompañantes en la espaciosa nave de elaboración, acre de la fragancia de la hoja cubana. Calló el *lector* sustituto que desde la tribuna amenizaba la tarea. Hubo un momento de silencio indeciso, y luego, puestos en pie los operarios, cubanos casi todos, saludaron al visitante con un breve repique de sus chavetas sobre las mesas de torcer.

Martí conocía demasiado bien las reacciones de las masas para no percatarse de la sobriedad de aquel saludo. Vio además en algún rostro el sesgo fugaz de la ironía criolla. Y comprendió. Aquellos obreros cubanos estaban ya muy curtidos en el ardor de la palabra vana, en la quema de las visitas petitorias sin más consecuencias... ¡Él no sería uno más a defraudarlos!

Por la noche no se cabe en el ancho salón de fiestas del Liceo Cubano. En las paredes, sobre la muchedumbre apretada, hay una larga serie de creyones de proceres y un lienzo tricolor constelado de estrellas. Cuando el telón se alza en el escenario pequeñito, descubriendo al grupo de los organizadores, y a Martí entre ellos, pálido, las dos manos enclavijadas sobre el respaldo de la silla, algo inclinado hacia adelante, la ovación estremece el viejo edificio de madera. La enjuga en seguida el himno de Perucho Figueredo, que levanta religiosamente a la multitud. Ramón Rivero presenta a Martí. El taquígrafo González, hecho venir expresamente desde Cayo Hueso, rompe la punta de tres lápices. Martí se adelanta al proscenio con la mano en el pecho. "Para Cuba, que sufre, la primera palabra..."

Aquel discurso fue un modelo de táctica oratoria. Tenía que hacerle frente a una expectación intensa, a un gusto de la palabra formado en escuela demagógica, a ciertos residuos de sutil desconfianza, diluidos en el entusiasmo algo improvisado de la visita —porque Martí era el hombre a quien se había reputado de desertor de Gómez y de Maceo en el 84, de opositor de Ruz después...—. Tenía, en fin, que movilizar aquella masa, heterogénea y un poco primaria, no solo para la adhesión inicial, sino ya para una acción inmediata; y no podía traicionarse a sí mismo ni sacrificar la doctrina de la *fundación* a la diligencia revolucionaria.

Uno a uno fue resolviendo magistralmente estos problemas del discurso, meditados en el trayecto. Sobriamente agradeció la acogida cordial, que venía a darle fuerzas nuevas para "la agonía de la edificación", y saludó aquel pedazo espiritual de Cuba, en donde se probaba "la fuerza de nuestra patria trabajadora". Opuso en seguida a la suspicacia posible el límite y responsabilidad de su propia aspiración, afirmando el celo democrático que regía su vida:

> Porque si en las cosas de mi patria me fuera dado preferir un bien a todos los demás..., este sería el bien que yo preferiría; yo quiero que la ley primera de nuestra República sea el culto de los cubanos a la dignidad plena del hombre... O la República tiene por base el carácter entero de cada uno de sus hijos, el hábito de trabajar con sus manos y pensar por sí propio, y el respeto, como de honor de familia, al ejercicio íntegro de los demás: la pasión, en fin, por el decoro del hombre, o la República no vale una lágrima de nuestras mujeres ni una sola gota de sangre de nuestros bravos.

Sobrecogido por este acento austero, a que no está acostumbrado, el público escucha en un silencio anhelante. Martí sabe que se adelanta mucho en la persuasión de los demás cuando se los da por ya decididos, y habla de "esta noche gloriosa de resurrección", de "la fe determinada y metódica de los espíritus", de los "tratos sutiles" que ya existen entre Cuba y sus hijos emigrados. Parece, oyéndole, que la revolución está al romper. Convencido, el público estalla en un aplauso torrencial.

Sí: la revolución es ya cosa inmediata. Pero hay que hacerla con una honda conciencia de su objeto. No se trata de establecer mera novedad de formas, que deje subsistente el "alma colonial", sino de organizar para la libertad la realidad cubana. De ese problema magno, que estriba en resolver por el amor y por el respeto la incoherencia de los elementos sociales en la isla, es urgente descartar las falsas aprensiones: el miedo excesivo a los aprovechamientos de una veteranía militar engreída; el miedo al negro, "al negro generoso, al hermano negro"; el miedo al español, miedo gratuito también, pues "por la libertad del hombre se pelea en Cuba, y hay muchos españoles que aman la libertad"; el miedo yanquizante, en fin, de los que creen que a los cubanos les faltarían aptitudes para vivir por sí la independencia que ganaran.

En ese proceso de temores fatuos denuncia también Martí, acordándose del libro de Roa, el miedo a las tribulaciones de la guerra, azuzado por la gente impura que está a paga del Gobierno español; el miedo de andar descalzo, que es un modo de andar ya muy común en Cuba, porque entre los ladrones y los que los ayudan ya no tienen en Cuba zapatos sino los cómplices y los ladrones.

Este aparte polémico, de una acritud inusitada en su oratoria, traerá cola. Pero el público no tiene tiempo ahora de medir la alusión. Alucinado por aquel relampagueo de frases, cuyo cárdeno resplandor de guerra deja asomar el rosicler de una patria feliz, no espera ya sino el grito. Y Martí no lo demora más:

Ahora ¡a formar filas! ¡Con esperar allá en lo hondo del alma no se fundan pueblos! ¡Alcémonos de manera que no corra peligro la libertad en el triunfo, por el desorden, o por la torpeza, o por la impaciencia en prepararla; alcémonos para la República verdadera!.. Y pongamos alrededor de la estrella, en la bandera nueva, esta fórmula del amor triunfante: "¡Con todos para el bien de todos!"

Fue como si el grito hubiera sido una orden de actual movilización. Las primeras filas del público se adelantaron hacia el escenario, donde Martí se veía estrujado por los abrazos. En pie sobre las sillas, las mujeres agitaban sombreros, guantes, pañuelos... Se lloraba, se reía. Multiplicábanse los vivas. Al tableteo de los aplausos le tocó ahora ahogar las notas de Perucho Figueredo reminiscentes del *Don Juan*, de Mozart.

El día siguiente era el 27 de noviembre, vigésimo aniversario del fusilamiento de los estudiantes de Medicina: Aquella memoria sagrada se había hecho ya un símbolo del dolor cubano, y ningún año resultaba más propicio que este para la velada de conmemoración, que figuraba en el programa de la visita de Martí.

Pasó el día "atareado de creación", explorando el parecer de los dirigentes de la colonia sobre un acuerdo revolucionario inicial. Entre las organizaciones patrióticas existentes en Tampa, una le ha interesado particularmente por su disciplina: la Liga Patriótica Cubana, fundada por Ramón Rivero en 1889, a semejanza de la agrupación política secreta que se acababa de fundar en Cayo Hueso con el nombre

215

de Convención Cubana. Aunque entre las dos colonias existía cierta rivalidad por la competencia tabaquera, la comunidad de intereses patrióticos y obreros mantenía una comunicación cordial entre ellas y cierto constante trasiego de vecinos y de iniciativas políticas.

En *La Liga* no necesitó Martí apurar la incitación. La idea de reunir en una acción común a todos los elementos revolucionarios, tomando como base las organizaciones locales ya existentes, halló jubilosa acogida, acentuada por el orgullo de que Tampa fuese la iniciadora. En la tarde del 27 queda cerrado el acuerdo y encargado Martí de formular las resoluciones.

Por la noche subió al escenario del Liceo con el alma más ligera que nunca. Empezaba a realizarse el sueño de toda su vida. Su espíritu estaba mejor dispuesto para entonar un canto de optimismo que para evocar la imagen trágica del 71. Tal vez ese estado de ánimo contribuyó a que el discuro fuera tan generoso, de un acento tan lírico, de una visión tan cariciosa de la muerte. Conquistó para la magnanimidad a un auditorio de cubanos resentidos en que hervía el rencor de todos los *agravios*. El crimen mismo se redimía por la voluntad del amor. No era "de cubanos vivir, como el chacal en la jaula, dándole vueltas al odio". Aquellas muertes habían sido la levadura heroica con que se hinche la libertad. Lo que importaba ahora era cantar, "ante la tumba inolvidable, el himno de la vida". En ese instante final de la improvisación ocurre a Martí la visión fugaz del paisaje en la cercanía de Tampa, y su simbólica utilidad:

> Rompió de pronto el sol sobre un claro de bosque, y allí, al centelleo de la luz súbita, vi por sobre la hierba amarillenta erguirse, en torno al tronco negro de los pinos caídos, los racimos generosos de los pinos nuevos. Eso somos nosotros: ¡pinos nuevos!

Todos repetían la frase al día siguiente con ese gusto de las gentes sencillas por las imágenes naturales.

Ese último día quiso Martí ganarse aún más a los humildes, visitó los talleres, los *chincalca*, las casas pobres. Acercábanse los cubanos oscuros a estrecharle la mano con gesto reverencial, y el les ponía la suya en el hombro, les besaba al hijo desharrapado, hallaba al punto la frase de cariño y de interés, como si les hubiera conocido toda la vida.

Observó que también allí, en Tampa, se insinuaba, acaso por la influencia del ejemplo yanqui, cierta displicencia del cubano blanco hacia el cubano negro. Había que atajar aquello. Hilando fino, Martí le cuenta al negro Cornelio Brito —que por sus luces y fortuna tiene ascendiente entre los de su raza— lo que está haciendo en Nueva York *La Liga*, el espíritu de fraternidad y de justicia que allí se cultiva. Aquella misma tarde, en casa de Brito queda fundada con treinta miembros la *Liga de Instrucción de Tampa*. Otro eslabón.

Solo unas horas le quedan en aquel barrio de Cuba, y ya ve caras tristes junto a sí. Tampa ha vivido dos días de jubilosa tensión, ante la extrañeza de los norteamericanos, intrigados por aquel alborozo sin causa aparente. Ahora, para despedir a Martí, los cubanos acuden otra vez al Liceo con lo mejorcito de sus galas domingueras. Hay calor, apreturas, vivas y banderas en el salón principal. Hay salvillas con dulces y copas sobre las mesas de billar, puestas a más fino servicio. Entre las flores se lee un gran letrero que dice: "¡Viva José Martí!"

Brinda Ramón Rivero, orador obligado, y Candán, el presidente de la *Liga Patriótica*. Brinda el moreno Cornelio Brito. Una niña —Carmita Carbonell— le entrega, ruborosa, a Martí, la pluma y el tintero lujosos que le regalan los cubanos de Tampa en recuerdo de su visita. A Martí le tiembla la voz cuando se adelanta a hablar: nunca le ha parecido más hermoso el fondo del hombre, ni Cuba más segura de su destino. Su palabra se va cargando de ternura, de esperanza, de ardor. Ondas sucesivas de algo que parece eléctrico sacuden a la multitud, que al cabo no puede contenerse y le interrumpe con una ovación estruendosa. Rivero se destaca entonces con un papel en las manos y, luego de hacer grandes ademanes de silencio, lee solemnemente las Resoluciones de la Emigración Cubana de Tampa, en que se proclama la urgente necesidad de "reunir en una acción común, republicana y libre, todos los elementos revolucionarios honrados" por medio de las *emigraciones* locales.

La multitud aclama con solo una vaga conciencia del momento histórico. Seguido luego de cuatro mil personas llega Martí al paradero, entre vítores, música y estandartes, y toma el tren para Nueva York. Los policías americanos siguen sin entender de qué se trata.

Camino de Nueva York recuerda que hace justamente veinte años de aquel juramento de Madrid...

En la satisfacción del cumplimiento, en la ternura de la gratitud, solo hay un granito de melancolía: pensar que allá atrás —¡tan cerca de Tampa!— queda el islote áspero del Cayo, otro pedazo honorario de tierra cubana, la más nutrida y benemérita de *las emigraciones*... ¡Cómo hubiera querido traerse ya todo el Sur unido para la obra decisiva! Pero el *leader* es también un poeta, un hombre de escrúpulos y casi un supersticioso de la espontaneidad.

Afortunadamente, el destino tiene sus propias soluciones. Apenas de *regreso*, Martí lee en *El Yara*, de Cayo Hueso, un suelto comentando su visita a Tampa e insinuando que no fuera menos el Cayo. Le escribe su *agradecimiento* a José Dolores Poyo, director de aquel periódico, y aprovecha la coyuntura. Nadie está tan ávido como el de "poner lo que le queda de corazón junto al Cayo"; mas ¿no pensarían, al verle llegar sin ostensibles instancias, que iba "como pedigüeño de fama, o como solicitante, o como huésped intruso"? Por la oficiosidad de su visita, ¿no temerían que pretendía imponerle normas al Cayo, él, "un hombre de sencillez y de ternura, que tiembla de pensar que sus hermanos pudieran caer en la política engañosa y autoritaria de las malas Repúblicas"?

La carta —habilísima— era una invitación a la invitación. Pero ya el Cayo mismo se le había adelantado. El taquígrafo Francisco María González había vuelto haciéndose lenguas de la gran jornada de Tampa, y un grupo de jóvenes —Angel Peláez, Gualterio García, otros entusiastas— había lanzado la iniciativa de "traer a Martí". Encontraron desganas y resistencias, sobre todo por parte de la gente veterana. Fernando Figueredo, que había estado con Maceo en Baraguá y era uno de los directores patrióticos de la colonia, torció el gesto. Los muchachos no desistieron. De puerta en puerta fueron pidiendo para costear el viaje del animador. Un cubano acomodado protestó: "¡Tengo dinero para comprar riñes, no para pagar discursos!" Otros se negaban a "dejarse explotar por un buscavidas".

El grupo de iniciadores, sin embargo, constituido ya en Comité, supo movilizar las reservas de confianza y otros ahorros. Al cabo de dos semanas de cuestación había reunido lo suficiente. La víspera de la llegada de Martí ya el Cayo bueno había recobrado su fe. Mucho contribuyó el saber que Martí había caído enfermo a su paso por Tampa. Los farsantes suelen gozar de buena salud.

El día de Navidad de 1891, al atracar al muelle el vaporcito *Olivette*, sobre cuya cubierta se destaca Martí, con Eligio Carbonell, Candán, Brito y otros, que desde Tampa le acompañan, una muchedumbre estentórea los recibe con bandas y banderas. El anciano José Francisco Lamadriz se adelanta a saludar al que había sido su compañero de afanes patrióticos once años antes en la Junta de Calixto García.

—Abrazo a la revolución pasada —le dice Martí.

—Abrazo a la nueva revolución —contesta el anciano.

Los dos patriotas se estrechan en un largo instante de silencio conmovido. A uno de los tampeños se le ocurre algo feliz acerca del pino nuevo que enlaza sus ramas con el pino viejo. La multitud rompe en aclamaciones, escoltando a Martí hasta el hotel Duval. Allí un jovencito de ceño audaz y tupé indómito se sube a una silla y arenga al público apretado. Martí inquiere el nombre de aquel orador natural —Jenaro Hernández—. Lo abraza y, subiendo él mismo a la tribuna improvisada, hace una salutación recta y bellísima, enhebrada de imágenes heroicas. Su demacración, el ardor febril de su semblante, parecen subrayar los acentos del discurso. Hacia el final le toma una gran debilidad. Cuando baja de la silla se ha ganado ya a la muchedumbre.

Aquella misma noche, sosteniéndose en pie a puro espíritu, habló, en el banquete que le ofrecieron, no una, sino tres veces, porque la cubanada era insaciable de oratoria. Amaneció postrado con una broncolaringitis. Así le escribe a Quesada:

En cama, muy mal. Mucho mérito en el pueblo y muchos corazones nobles.

Desde la cama, junto. Aquí me tiene rodeado de una guardia de amor. Pero no puedo escribir, ni me iré sino cuando todo esté en sazón. Desde la cama, en efecto, juntaba, escuchaba, proponía. Encargada de cumplimentarle en nombre de la Convención Cubana, le visitó una comisión formada por Lamadriz, Poyo y Fernando Figueredo, los tres hombres más representativos de la colonia. Martí sabía que no le era grato a Figueredo; no había acudido este a recibirle, ni

219

había asistido al banquete de la víspera. Ahora se limitaba a cumplir ceremoniosamente el acuerdo de la Convención... Con cierto énfasis, el propio Figueredo le informa de la actividad que secretamente ha venido desplegando esa especie de logia patriótica desde que la fundó Gerardo Castellanos. Ha recaudado, ha estimulado, está en comunicación con los viejos jefes... Martí escucha y celebra: "Aquí ya todo está hecho", declara con tacto.

Pero en seguida despliega todas sus artes de fascinación. Explica sus temores: el peligro de una guerra precipitada, parcial, sin una cuidadosa orientación política; la necesidad de trabajar, no para la independencia tan solo, sino para la República del mañana; cómo la guerra ha de ser, por eso, de raíz amorosa y civil; cómo no sería viable el triunfo sin una gran largueza del apoyo y del sacrificio... Poco a poco el rostro de Figueredo se va ablandando, iluminando. Sin perturbar la ilusión de que "todo está hecho", Martí logra convencer a los embajadores de que casi todo está por hacer. Cuando se marchan, Figueredo le da las dos manos.

Tres días más invierte en estas conversaciones. Conquistada la benevolencia para sí, la siembra entre los demás. En el Cayo perduran todavía ciertas disensiones, resabios de la vieja política entre aldamistas y quesadistas. La palabra ardiente de Martí lima aristas, dobla y junta criterios, calienta voluntades. Hombres que llevan años sin hablarse se abrazan en su cuarto de enfermo.

Al fin está ya listo el eslabón. Martí ha escrito allí mismo las Bases del Partido Revolucionario Cubano —una gran cadena de organizaciones locales, con cierta uniformidad funcional—. Terminado el proyecto, lo discute con Poyo, Lamadriz y Figueredo. Explica. Disipa escrúpulos. Añade. Cuando al fin los próceres declaran su conformidad, exclama radioso: "Entonces, ¡a trabajar!" Y se siente ya sano de nuevo.

Esa noche, en la velada de San Carlos, el viejo club de los cubanos, su discurso de una hora no tiene ya el dejo de fe ciliciada que han tenido todos sus discursos en los últimos años, sino un acento de gloriosa certidumbre. El corresponsal de *El Porvenir* informa a Nueva York que Martí le ha parecido "evangélico".

Entre juntas y veladas apenas puede acoger todos los agasajos que se le brindan. Atiende a los más humildes. Cornelio Brito ha convencido a su amigo Ruperto Pedroso, el cantinero negro, de que es indispensable darle un almuerzo en su casa a Martí. Paulina, la brava mujer de Pedroso, se muestra algo remisa. Ella es patriota del tiempo viejo, fanática de Gómez y Maceo, hombres de machete. Y además, no hay carne por estos días en el Cayo: ¿cómo ofrecer un almuerzo sin carne? Ruperto sugiere que se sacrifique la chiva querida de la abuela. Se sacrifica la chiva. Martí la encontró muy blanda y jugosa, pero se percató de los dramáticos antecedentes de aquel plato capital y de los resquemores de Paulina. Terminado el almuerzo la besó en la frente y le dijo: "Usted, Paulina, me va a ayudar mucho aquí, por Cuba". La negra se echa a reír y a llorar al mismo tiempo.

Espontáneamente, un niño abanderado sobre un caballo negro escoltó aquella tarde el coche en que Martí fue recorriendo las manufacturas de tabaco: la del cubano Eduardo Gato, toda engalanada para recibirle; la de Soria, que anunció su llegada con dieciocho cañonazos y una larga clarinada marcial; *La Rosa Española*, cuyo encargado peninsular no vaciló en abrazar al cubano que predicaba una guerra sin odio. En todos los talleres habló a instancias de los tabaqueros. Los de Gato le regalaron una ánfora de plata, y las obreras una gran cruz hecha con menudas ponchas de mar...

En la tarde del día 5, reunidos en el hotel Duval los representantes de las sociedades políticas del Cayo y Tampa, Poyo, Teodoro Pérez, Rosendo García y hasta veintisiete patriotas en total, se discutieron ampliamente, bajo la presidencia de Martí, las Resoluciones de Tampa y las Bases que acababa de redactar para el Partido Revolucionario Cubano. A reserva de referir unas y otras a las distintas colectividades representadas y cuantas más quisieran incorporarse, se confió a Martí la redacción formal de los Estatutos, así aprobados en esencia.

Días después, él mismo, a su regreso por Tampa, obtiene la aprobación de la Liga Patriótica. El Partido Revolucionario Cubano había nacido.

XXV

EL PARTIDO REVOLUCIONARIO CUBANO

> El triunfo no es más que un deber.
> (MARTÍ, carta a Peláez, 1892)

En Nueva York, la hiel.

Impresos en hoja suelta por los entusiastas de Tampa, los discursos pronunciados en aquella ciudad por Martí habían llegado a La Habana, levantando roncha entre algunos veteranos. Indignado, Ramón Roa quiso ir a pedir cuentas de la cruda alusión a su libro. Sus amigos de la guerra le disuadieron, acordando dirigirle a Martí una carta firmada por el brigadier Enrique Collazo. La carta se publicó en *La Lucha*, de La Habana, el 6 de enero. Martí la encuentra a su regreso.

Es un exabrupto resentido, en lenguaje áspero, retocado con los ácidos de la ironía literaria de Roa. Se abstiene Collazo de entrar a discutir las "galanas soluciones" que Martí le da en su primer discurso al problema de Cuba. Lo que no pueden pasar por alto los veteranos del Zanjón son sus referencias al libro *A pie y descalzo*. "¿Conque, a pesar de los años transcurridos, todavía puede asustarse esa *emigración* con el relato fiel de las privaciones, trabajos y desventuras que afrontamos durante diez años?" ¡Menguada suposición! Martí agravia a esa generación nueva al considerarla capaz de temer a la guerra por una versión semejante. Solo se explica ese temor en quien, ofendido por España en la niñez, no tuvo valor para ir a la manigua, pudiendo más "su amor a sí propio que el amor a Cuba"; quien prefirió "solicitar más tarde, como representante del Partido Liberal, un asiento en el Congreso de los Diputados"; quien ahora se las da de apóstol, sonsacando con discursos fatuos el dinero de los emigrados... La carta terminaba, no sin bravura:

> ...Sepa usted, señor Martí, que aquí, cara a cara del Gobierno, nosotros conservamos nuestro carácter de cubanos y de revolucionarios; que no hemos hecho transacción alguna que desdiga o empañe nuestros antecedentes; que somos hoy lo que éramos en 1878.
> ...Si de nuevo llegase la hora del sacrificio, tal vez no podríamos

estrechar la mano de usted en la manigua de Cuba; seguramente, porque entonces continuaría usted dando lecciones de patriotismo en la emigración, a la sombra de la bandera americana.

Bajo la firma de Collazo suscribían su conformidad tres veteranos más.

En cama, agotado por los días febriles del Sur, leyó y releyó Martí esta "carta infeliz". Era ocasión de hombre. De hombre con todo lo que esto suponía para él de abnegada entereza. "Los apasionados son los primogénitos del mundo", había escrito alguna vez; mas él entendía por pasión querer y sufrir, en el sentido evangélico. "No hay más conquistas definitivas que las de la mansedumbre..." Había que estar, pues, a la ocasión; ponerse, humilde y sereno, ante el tribunal de sí mismo. ¿Qué le decía su conciencia?

Todo el turbión dulce y amargo del pasado corrió por ella lentamente. Recordó la niñez acosada bajo el ceño vigilante de su padre; los arranques del fervor cívico, contenidos por Mendive; su rebeldía periodística; la prueba horrible del presidio... Recordó su primer destierro a España, pobre y enfermo; su gestión incesante por Cuba, a la edad que convida a gozar... Luego la tragedia de los deberes de México; el sacrificio de la inmolación inútil en una guerra perdida; la vuelta a la patria, y el deponerlo todo —todo—: seguridades de bienestar y de honor externo, ¡y hasta la felicidad flamante! —en su primera oportunidad adulta—. ¿Conspiró él acaso para volverle la espalda a la manigua en el momento de pelear? Y desde el segundo destierro, doce años, doce largos años de velar por Cuba con el ejemplo, con la palabra, con la abstención... ¿Qué sabían ellos del deber amargo de abstenerse? En griego, al luchar le llamaban agonía; él no había hecho sino agonizar veinte años por Cuba ¡en la espera de su hora grande!

El día 10 le escribe a Eligio Carbonell: "Yo no soy indigno, Eligio, de un cariño que tengo en tanto como el de usted. Yo no soy como la carta dice, Eligio, sino como usted me cree y me desea." Y el 12, sereno ya, le contesta a Collazo con una extensa carta, tan levantada en el tono, tan vigorosa en la refutación y tan preservada de acrimonia, que el veterano no tardó en arrepentirse de haberla provocado. Después de precisiones políticas y polémicas en que no quedó desperdiciada la oportunidad de señalar la fundación del Partido Revolucionario Cubano, abordaba lo personal del ataque con profunda dignidad:

Y ahora, señor Collazo, ¿qué le diré de mi persona? Si mi vida me defiende, nada puedo alegar que me ampare más que ella. Y si mi vida me acusa, nada podré decir que la abone. Defiéndame mi vida. Sé que ha sido útil y meritoria, y lo puedo afirmar sin arrogancia, porque es deber de todo hombre trabajar por que su vida lo sea.

Pero las públicas acusaciones necesitaban refutaciones concretas. En unas cuantas frases enérgicas Martí vindicaba su pasado:

Jamás, señor Collazo, fui el hombre que usted pinta. Jamás dejé de cumplir en la primera guerra, niño y pobre y enfermo, todo el deber patriótico que a mi mano estuvo, y fue a veces deber muy activo. ¡Queme usted la lengua, señor Collazo, a quien le haya dicho que serví yo "a la madre patria"! ¡Queme usted la lengua a quien le haya dicho que serví en algún modo al Partido Liberal, o que en eso de la Diputación hice más que oír al capitulado que me vino a tentar inútilmente la vanidad oratoria!.. Y con el pie en el barco de la guerra estaré, y si me encargasen que tentara la independencia por la paz, haría esperar el barco y la tentaría. Y en cuanto a lo de arrancar a los emigrados sus ahorros, ¿no han contestado a usted en juntas populares de indignación los emigrados de Tampa y Cayo Hueso? ¿No le han dicho que en Cayo Hueso me regalaron las trabajadoras cubanas una cruz? Creo, señor Collazo, que he dado a mi tierra, desde que conocí la dulzura de su amor, cuanto un hombre puede dar. Creo que he puesto a sus pies muchas veces fortuna y honores. Creo que no me falta el valor necesario para morir en su defensa.

La carta cerraba con un gesto sobriamente belicoso. Ya fuese que Martí había interpretado la despedida de Collazo como un reto, o que temiese una inferencia pública en tal sentido, se inclinó sin alarde a recoger el guante. No convenía dejar que prosperase la duda acerca de su valor personal:

Y aquí cumple, señor Collazo, que aluda a lo que se sirve usted decirme sobre "darnos las manos en la manigua"... Vivo tristemente de un trabajo oscuro, porque renuncié hace poco, en obsequio de mi patria, a mi mayor bienestar. Y es frío este rincón, y poco propicio para visitas. Pero no habrá que esperar a la *manigua*, señor Collazo, para darnos las manos, sino que tendré vivo placer en recibir de usted una visita inmediata en el plazo y país que le parezcan más convenientes.

Afortunadamente, la cosa no pasó del duelo epistolar. Después de muchos mitines de protesta y de adhesión a Martí en las colonias del Sur y hasta en Nueva York, los emigrantes del Cayo resolvieron, con buen sentido político, mandar a La Habana una comisión que dejó el asunto decorosamente zanjado.

Por lo demás, el incidente —que pareció ominoso en un principio por como tendía a crear una disensión inicial entre los veteranos, y la gente nueva— resultó de una eficacia incalculada. Perfiló en Cuba la imagen de Martí, que hasta entonces apenas había sido para la isla más que un nombre. Ahora se le señalaba ya como un visionario, un demagogo o un apóstol, según los puntos de vista. En todo caso, un agitador digno de tenerse en cuenta. Su choque con Collazo definió además ciertas actitudes.

Aquella protesta de disponibilidad revolucionaria en la carta del brigadier caía en un ambiente irritado ya por la reacción de Polavieja, por el fracaso del movimiento de reformas económicas iniciado un año antes, por la sorda desesperación con que los autonomistas declaraban un nuevo retraimiento electoral, mientras el asimilismo se engallaba con la subida de Rómero Robledo al ministerio de Ultramar. Desde Santo Domingo, adonde se había replegado después de trabajar por algún tiempo en el canal de Panamá, Máximo Gómez le había escrito en noviembre a su compadre y compañero de armas, Serafín Sánchez: "...ahora es la ocasión, o nunca, y no hay tiempo que perder"; y le encargaba a Sánchez que se pusiera al habla sigilosamente con Martí en Nueva York. Era el principio de la reconciliación, Martí prometió comunicarse con el general.

Pero antes era necesario crear las condiciones políticas de la guerra, el mecanismo civil que asegurase al empeño autoridad, freno y sustento... Martí no pierde tiempo en trabajar a Nueva York. Es su problema de siempre. Allí están enquistados los viejos desdenes, las "reservas enconosas" y "celos de capitaneo". En *El Porvenir*, Enrique Trujillo, cubano y periodista por encima de todo, ha publicado las resultas de la visita al Sur. El 17 de febrero, en Hardmann Hall, Martí da una versión más intensa. En esa visita ha tenido realmente su primer contacto con la masa popular cubana. Y ha encontrado hermosa el alma de su pueblo:

> Lo que tengo que decir, antes de que se me apague la voz y mi corazón cese de latir en este mundo, es que mi patria posee todas las virtudes necesarias para la conquista y el mantenimiento de la libertad.

El relato de su viaje es de un optimismo épico, que penetra y remueve aún a los emigrados de la ciudad grande. Los excita ahora con su orgullo, con su confianza, hasta con aquel acento de noble satisfacción personal que le trasciende de la palabra, por más que cuide tanto de subordinar el propio merecimiento.

Ya no le desdeñarán. Esa noche la multitud sale del mitin de *Los Independientes* no con el patriotismo fugazmente encandilado de antaño, sino ya con una ardorosa determinación. Los vivas a Martí son más numerosos que nunca. Le rodean los buenos y los humildes, gente nueva casi toda, sensible a la palabra nueva.

Se fundan clubs que, a los dos días, avisan telegráficamente al Cayo su aceptación de las Bases y Estatutos del Partido. *Los Independientes* siguen el ejemplo. Solo Trujillo estima que todo esto va demasiado aprisa, y sin deliberación suficiente; que el Cayo quiere imponerse a las demás *emigraciones*, y Martí a todo el mundo: "Callaré y guiaré", comenta el aludido por esos reparos de *El Porvenir.*

Pero Trujillo arrecia en el ataque, y como no es bueno que el partido ande sin prensa favorable, accede Martí a la iniciativa, que ya había surgido en *La Liga*, de fundar un órgano propio. *Patria*, que así lo llama, aparece el 14 de marzo, costeando su primer número los tabaqueros de Nueva York. No figura el nombre de Martí como director, ni la declaración de órgano del Partido Revolucionario. Pero publica *in extenso* las Bases, "que este periódico acata y mantiene", y un artículo que no necesita firma.

Se titula "Nuestras ideas", y es, en efecto, el ideario básico de la revolución, y de la guerra como instrumento de ella. Todo el sentido humano y democrático del pensamiento político de Martí, su sentido de "ala" y de "raíz", su visión de una República "con todos y para todos", se condensa en aquellas seis columnas de prosa maciza. El español amante de la justicia, el negro humillado, encuentran allí su palabra de amor. Para sumar fuerzas y guardar fidelidad a un pensamiento ya histórico, el manifiesto subraya que la causa de Cuba es también la de Puerto Rico. Las Antillas, dirá Martí poco después en las mismas columnas de *Patria*, "han de sostenerse juntas o juntas han de desaparecer en el recuento de los pueblos libres".

No es extraño, pues, que el peso de la redacción de *Patria* se la confíe a un periodista puertorriqueño, que desde su llegada a Nueva York, dos años antes, había impresionado a Martí por la franqueza y vigor de su pluma. Mulato, Sotero Figueroa había cobrado en seguida en *La Liga* el ascendiente de su condición letrada, y Martí no descuidaba tampoco esta circunstancia.

Con el mismo cálculo escoge a sus demás auxiliares. Gonzalo de Quesada acaba de llegar de la Argentina, adonde lo había llevado Sáenz Peña de secretario, después de la Conferencia Americana. Ha vuelto con ese prestigio y con un nombramiento de cónsul de aquella República en Filadelfia, cargo que renuncia en seguida, siguiendo el ejemplo sensacional de Martí. Este ve en el joven de copiosa melena, ojos dulces y bigotes excesivos, una dúplica espiritual de sí mismo, y le encarga la Secretaría del Partido.

Estrada Palma, el santón civil de los Diez Años, será el consejero venerable, convenientemente al margen en su colegio de Central Valley. Benjamín Guerra, un negociante de tabacos, respetado y eficaz, cuidará de los fondos.

"A brazadas —escribe Martí en *Patria*— se pueden tomar ahora los hombres buenos." Pero es que él ha hecho antes el milagro de inspirar la confianza por la cual se pone en ejercicio la bondad de los hombres. A los del Sur les escribe incesantemente cartas llenas de raíz, como él dice, y, sobre todo, de la raíz tierna de sí mismo. Con tacto finísimo toca todas las fibras de la emulación —el amor

227

propio, el amor del hogar, el amor de patria—. Ataja desvíos. Hacia Figueredo, que todavía se le apartó un poco con la carta de Collazo, es particularmente cariñoso. Cuando se entera de que un patriota del Cayo anda resentido por celillos, le escribe a Peláez:

Búsquenlo sin lisonja ni miedo. No le den razón, que no hay, para *creerse* desestimado por nosotros. Atienda a esto en seguida con habilidad. Pídanle algún favor.

Junta al cariño y diplomacia el aliento y la urgencia. No deja reposar el entusiasmo. "Lo que no adelanta, retrocede." Teme que en veleidades discutidoras y en nimiedades de tramitación se demore la constitución oficial del Partido, que deberá seguir a la ratificación de las Bases y Estatutos por todos los clubs. Este temor, unido sin duda a aquel elemento de absorción voluntariosa que entra en la composición de todo *leader* auténtico, da a las excitaciones de Martí un carácter muy personal y expeditivo.

Al fin, el 8 de abril, los clubs del Sur, de Nueva York y de Filadelfia eligen simultáneamente a Martí delegado, cargo de provisión anual, al que los Estatutos confieren la dirección general del Partido. Benjamín Guerra ha sido elegido tesorero. Dos días después, en el aniversario de la Asamblea Constituyente de Guáimaro, el Partido, así como sus mandatarios y sus Cuerpos de Consejo locales, quedan solemnemente proclamados en las distintas sedes.

Martí cae agotado. Desde la cama dicta su mensaje oficial de aceptación. "Contestaré —le escribe a Poyo— acabando de limpiar mi vida, si no está bien limpia ya, de todo pensamiento o culpa que me impidan el servicio absoluto de mi patria".

Necesita, ciertamente, hacerse más invulnerable que nunca. Ya está en lugar de autoridad, y el árbol alto invita a las pedradas. Surgen intriguillas en torno. Por cuestión de velada antillana más o menos se le provoca un incidente desagradable en la Sociedad Literaria. *El Porvenir* sigue desplegando sus discrepancias, negándole razón de ser al Partido Revolucionario como tal, tachando su organización de violenta y artificiosa, acusando a Martí, sin mentarle, de ejercer una dictadura civil. *Patria* no contesta. Pero ante aquella actitud "resueltamente hostil, y perturbadora", el Cuerpo de Consejo de Nueva York, que preside Juan Fraga, toma el acuerdo de desautorizar públicamente al periódico de Trujillo.

Desde La Habana, donde hay ya alarma oficial por el adelanto de la organización en el exterior, el Gobierno moviliza espías y separatistas de alquiler, hace cundir la insidia de que Martí, en provecho propio, despoja a los emigrados de sus ahorros. El delegado pudiera revelar que últimamente ha tenido ocasión de echar de su oficina al agente electoral de Blaine, que vino a proponerle ventajas pecuniarias a cambio de 4.000 votos de cubanos en la Florida. Se limita a comentar privadamente:

Lástima que no sea del caso decir... que mi bombín me costó en el Bowery dos pesos, y ya tiene seis meses... A la bilis habría que temer; pero yo tengo mi retorta en el corazón, y allí endulzo lo amargo.

XXVI
"EL VIEJO"

Si no fuera generoso, no sería útil.

La acción revolucionaria ha de comprender tres gestiones principales: extender y consolidar el Partido, incorporándole nuevos elementos y acreditándolo dentro y fuera de Cuba: allegar fondos para la guerra y organizar sus contingentes militares.

Apenas recibe su nombramiento de delegado, Martí se aplica a esa triple gestión con una actividad impaciente, pero al mismo tiempo en un sentido muy exacto de sus posibilidades.

Quisiera ser relámpago y cubrirlo todo: todo el deber; luego vendrán otros a la gloria... Solo que a las alturas no se sube a saltos. El primer peldaño es nuestra unión sólida. Después, escaleras arriba, sin esperar a más acuerdo que el posible, porque las guerras no son obra de gabinete que se componen como las páginas de una novela...

Tampa, Cayo Hueso y Nueva York están ya en funciones. En Chicago y en Filadelfia se organizan nuevos clubs locales. Martí escribe incesantemente a estos y otros núcleos menos densos, poniendo en sus cartas, de tono oratorio, como para ser leídas en público, la elocuencia que no puede llevarles en persona. Le preocupa mucho que la *revolución* sea el fruto de una voluntad colectiva y no de una inspiración individual, pero al mismo tiempo ha de conciliar con ese espíritu democrático la autoridad ejecutiva que toda acción rápida y coherente necesita. Consulta en lo posible a los Cuerpos de Consejo, y para no lastimar susceptibilidades, despliega sus más delicadas precauciones verbales. Sus comunicaciones al exterior, donde es más difícil imponer la organización flexible, pero severa, que el Partido requiere, son tan razonadoras de doctrina y tan cuidadosas del espíritu local, que conquistan un acatamiento entusiasta. En mayo ya la cadena está casi completa y la inteligencia es perfecta.

La función principal de los clubs es mantener la caja revolucionaria. Al efecto Martí circula instrucciones detalladas. Deja a la discreción local las formas de cuestación. Cada club se reservará la mitad de lo que se recaude, acumulando así su fondo de guerra; la otra mitad le será enviada al delegado para los gastos de acción preparatoria. No importa que este segundo destino se preste a insinuaciones bellacas. Al delegado se le ve la pobreza en los puños de celuloide, y ya sabe que la calumnia es uno de los premios de la autoridad. A *Los Independientes*, tan celosos siempre de su viejo caudalito, se limita a asegurarles que "los trabajos de acción en que se emplea hoy son de la mayor urgencia y delicadeza, y trabajos de guerra verdaderos".

No dirá más. El hombre de natural comunicativo ha aprendido también, súbitamente, la disciplina de un sigilo riguroso, de una discreción impermeable a toda curiosidad y a toda duda. Acumula ya pertrechos en secreto, mientras *Patria* mantiene *las emigraciones* al rojo vivo con una prédica de principios y de ejemplos en que la nota de odio está siempre ausente. "Alto el periódico, limpio de alusiones", le recomienda Martí a Quesada desde el Sur, adonde ha vuelto a poner el resto de la Florida "en tren de guerra".

Acompañado de Poyo, de Roloff y de Serafín Sánchez recorre durante una semana las poblaciones donde hay núcleos considerables de cubanos. Jacksonville, St. Petersburg. Thomasville, St. Augustine, Ocala, rivalizan, en su medida, con Tampa y Cayo Hueso. El entusiasmo, la voluntad de sacrificio que Martí suscita son increíbles. Comunícase hasta a los españoles liberales, hasta a los norteamericanos frígidos. Rubios cosecheros y mercaderes le aplauden una noche, en el teatro principal de Ocala, una conferencia en inglés sobre el ideal cubano. Como allí había que mantener ciertas apariencias, Martí le tuvo que pedir su levita prestada a un compatriota, por lo raída de vejez y de viajes que la suya estaba.

En el Cayo, que lo recibe ya con un cariño orgulloso, se pone de acuerdo con los jefes veteranos allí residentes para hacerles firmar un compromiso público de alistamiento. Su designio es suscitar un *momentum* revolucionario incontrastable antes de que España pueda prevenirse cabalmente. Respondiendo a una concepción integral de la revolución que solo en Calixto García tenía antecedente, quiere Martí que la nueva guerra surja simultáneamente en todo el país como expresión de una voluntad unánime. Su celo democrático y su previsión republicana le hacen repugnar la imposición que supondría importar la guerra sin la cooperación interna.

Necesita, pues, concitar voluntades en Cuba. Tarea difícil, pues los elementos separatistas andan allí todavía bastante desorientados y dispersos, manteniendo solo en la región oriental cierta connivencia. En La Habana no faltan opinadores mansos que reputen de locura la pretensión revolucionaria. Uno de ellos, de visita en Nueva York, trata de convencer a Martí de que no hay en el ambiente de la isla los amagos de tormenta que él supone. Martí le contesta:

—Pero usted me está hablando de la atmósfera y yo le hablo del subsuelo.

Martí lo ha cateado ya. Aprovecha los contactos que tenía establecidos la Convención Cubana del Cayo; se pone al habla con su antiguo camarada de conspiración en La Habana, Juan Gualberto Gómez; obtiene de los veteranos en todos los clubs informes sobre la condición revolucionaria de sus comarcas respectivas; hace un censo de los jefes y soldados conocidamente disponibles en la isla y fuera de ella. Ya en posesión de estos datos, aprovecha su viaje al Sur para concertar en Cayo Hueso el envío a la isla de un comisionado secreto.

La designación cae en el comandante Gerardo Castellanos, uno de los fundadores de la Convención. Por su dedicación al comercio de tabaco, Castellanos podrá recorrer todo el Occidente sin despertar sospechas. Es un hombre sagaz, diligentísimo y capaz de unir "al entusiasmo por las ideas nobles el conocimiento menudo e implacable de la naturaleza humana". El pliego de instrucciones que Martí le entrega es dechado de estrategia organizadora:

Explique la grandeza, la extensión y la energía del Partido... Conózcame todos los elementos revolucionarios en las Villas, y los hombres e ideas locales con que haya de combatir. Ordéneme... de modo que en cada región quede un núcleo, y en concierto y al habla los núcleos de las distintas regiones, y todos ellos en comunicación regular —procurada por ellos para evitar riesgos— con el delegado...

232

Particularmente le encarga a Castellanos que insista sobre los caracteres de la nueva política revolucionaria: su ausencia de aversión sistemática al español y al autonomista, su discreción frente al Norte, su sentido integral y democrático...

> Y sobre todo, Gerardo, acorráleme esa revolución hipócrita, sin la verdad y fuerza revolucionarias suficientes para su triunfo, sin la cordialidad y moderación y equidad suficientes para mover la guerra y para ganarla...

Esto le preocupaba mucho a Martí. No estaba él solo urdiendo voluntades. En las Villas, un poco al amparo secreto de autonomistas de doble filo, se movía con sesgo equívoco un caudillo comarcano. Otros jefes mejor inspirados reclutaban adhesiones invocando a Máximo Gómez. Uno de ellos —Luis Lagomarsino— había llegado a visitar el Cayo hacía tres meses, enardeciendo el entusiasmo de los veteranos para un levantamiento que habría de tener lugar el 25 de agosto. Martí llegó a tiempo para calmar aquellos ímpetus prematuros. Con Castellanos despachó órdenes suspendiendo la sublevación hasta nuevo aviso: "Predíqueme sin ira, pecho a pecho, el peligro de entrar, a la loca y sin fin, en esa revolución de última hora..."

No ignora Martí que estos amagos de indisciplina tienen por fermento el viejo recelo veteranista, y que les da pábulo la falta de un *leader* militar ostensible. Tan pronto como los viejos más sanguíneos se sustraen a su palabra y a su fascinación personal, resurge en ellos la nostalgia del caudillo. Desde que llegó al Norte, Serafín Sánchez le excita a que se ponga de acuerdo con Gómez. Martí ha venido prometiendo y demorando.

Nadie mide mejor que él la necesidad de esgrimir cuanto antes prestigios militares incorporando al movimiento a los jefes más ilustres. El recuerdo de su viejo digusto con Gómez ha perdido ya toda su acidez, dejando solamente sus residuos de experiencia. Sabe Martí que Gómez es el hombre indispensable, por su pericia y ascendiente. Pero ha querido, antes de invitarle, montar todos los frenos civiles que impidan caer en las andadas del 84. Ni puede desechar sus escrúpulos como mandatario del Partido. A este es a quien le toca elegir su jefe.

En la comunicación que el 29 de junio circula a todos los Cuerpos del Consejo, pidiendo que se tome a los militares un voto sobre el asunto, se cree percibir un dejo de tristeza civil, algo así como la renuncia a un caudillo glorioso. Es —dice— la hora en que

el deber manda sacrificar a la obra unida de nuestros esfuerzos los más caros sueños o las más románticas aspiraciones personales. Todo debe sacrificarlo por Cuba un patriota sincero —hasta la gloria de caer defendiéndola ante el enemigo...

Mientras se resuelve formalmente este referéndum, cuyo resultado Martí se sabe de antemano, complicaciones de vario linaje le mantienen en tensa vigilancia y sutil actividad.

La más peligrosa es la excitación diplomática de España contra el Partido. Desde años antes los cónsules españoles en los Estados Unidos tenían instrucciones de vigilar a Martí. Se habían cansado de informar a Madrid y a La Habana que se trataba de un mero agitador de palabras... Pero ya los discursos se traducen en obras. Se están colectando fondos de guerra, comprándose armas; en algunas localidades hasta se han podido espiar ejercicios militares de cubanos... España denuncia a Washington estas actividades y trata de mover la Prensa contra el Partido. Esta es, en general, benigna o displicente hacia los cubanos; no así la Cancillería. Inmediatamente se hacen sentir amagos oficiales de represión. Washington solo necesita pruebas inequívocas para actuar. La correspondencia de la delegación de los clubs es abierta, vigilado Martí, *Patria* y Front St. fisgados.

"Montado en un relámpago", Martí husmea, conferencia, ata cabos, para los golpes. No se cansa de recomendar a los clubs que oculten toda evidencia de preparativos bélicos. Moviliza él en tanto a sus amigos, no escasos, en la Prensa de Nueva York, particularmente al viejo Dana, editor del *Sun,* sobre cuyo edificio había ondeado por primera vez, cuarenta años antes, la bandera de Narciso López. Se alega el derecho de propaganda pacífica de los cubanos. Martí prepara manifiestos, en inglés y en español, respectivamente, a la opinión pública del Norte y de la isla. Y *Patria*, donde cada suelto es una pieza de doctrina, estimula, rectifica, informa sin tasa.

Esta incesante labor personal, le obliga a multiplicarse, a moverse incansablemente y a pasar horas enteras en Front St. dictando comunicaciones hasta a tres secretarios a la vez. Después de su clase nocturna de español —que es ya casi su sola fuente de recursos, porque ha tenido que reducir mucho sus colaboraciones periodísticas— la madrugada le sorprende escribiendo a sus lugartenientes locales cartas llenas de empuje y edificación, donde la analogía del designio no impide que cada cual lleve su propia temperatura cordial y se muestre atenta a la psicología particular de su destinatario. Rara vez cierran sin alguna alusión halagadora a la esposa ejemplar o al vastago mimado, pues Martí sabe que, a la hora del sacrificio, va a necesitar mucho de esas dulces complicidades. Maestro de la despedida original, cada carta termina, sin esfuerzo, con un broche distinto de ternura.

Solo esta tensión constante le sostiene contra su salud, cada vez más quebrantada. A menudo se le escapa un suspiro profundo, que es casi un gemido. "Estoy como el viejo del cuento francés, muy galán en el salón mientras le duraba el colorín y los perejiles, y hecho una cáscara en su cupé, en cuanto le pasaba la juventud del artificio."

A mediados de agosto se ha manifestado ya el sentir de *las emigraciones* a favor de Gómez como jefe militar. Martí, que desde un principio tenía resuelto ir personalmente a ver al viejo caudillo, se ve demorado por las complicaciones en el Norte. Serafín Sánchez y Figueredo, recelosos de su disposición, le escriben urgiéndole a comunicarse con *el Viejo*.

El primero acaba de recibir una carta de Gómez que deja ver respeto y admiración, pero no simpatía, por Martí:

Pocos conocen a Martí como yo; puede ser que ni él mismo se conozca tanto. Martí es todo un corazón cubano; en materia de intereses me debe el concepto de que su pureza es inmaculada; puede ir a batirse a los campos de Cuba por la redención de su patria con igual denuedo que los Luaces y los Agramonte —todo esto es Martí—, pero carece de abnegación y, es inexplicable. No le perdonará a usted jamás lo que él pueda clasificar de desdén y no son más que desacuerdos, y no será nunca capaz de marchar en la misma fila que usted, creyéndose superior...

Es evidente que el general todavía respiraba por la herida del 84. Presumiblemente, Serafín Sánchez le trasladó a Martí la parte halagüeña de esos conceptos. Martí le contesta: "De Gómez, de quien solo grandezas espero, hablaré con él mismo, a ver como se ajusta su situación a la conveniencia pública y cómo se organiza sin demora y sin alarma". La respuesta a los encarecimientos de Figueredo es más íntima:

¿Qué me dice, Fernando, de esfuerzos y sacrificios a propósito de Gómez? Pero ¿usted no sabe, aunque le parezca de mi parte afirmación muy zancuda, que no hay en mi persona una partícula de egoísmo ni de soberbia, ni de pensamiento y cultivo de mi propio —que es mi almohada la muerte, y Cuba mi único sueño— y que solo me tengo y uso para allanarle dificultades y para servirla?.. Yo me veo en el portal de mi tierra, con los brazos abiertos, llamando a mí los hombres y cerrando el paso a los peligros. Pero así no más me veo, seguro de que me harán morder la tierra los mismos a quienes he ayudado a salvar. Pero sonreiré lo mismo que ahora. Y con esta alma, y seguro que de antemano me la conoce y entiende el bravo viejo, iré, con la firme sencillez de que ya él sabe, a ver al glorioso Gómez. Yo abriré así un cauce amoroso, y los que vengan detrás de mí tendrán que entrar por el cauce.

* * *

Se embarca para Santo Domingo. El día 11 de septiembre, con el espíritu embebido del paisaje de palmeras que le recuerda la propia tierra, llega a la finca de Máximo Gómez, en las afueras de Montecristi.

El encuentro de los dos patriotas —que Martí mismo describirá en una estampa memorable— es de una sencilla grandeza.

Llevando del cabestro su caballo, "como quien no tiene derecho a andar montado en tierra mayor", se acerca Martí a la casa de vivienda. El general se adelanta a recibirle; le abre los brazos. "En el alma sentía sus ojos, escudriñadores y tiernos... y el viejo volvió a abrazar en largo silencio al caminante." En seguida hízose en la casa luz y café — "café de hospedaje, y un fondo de ron bueno de Beltrán" —. "Fue un grato reposo de almas la conversación primera, con esa rara claridad que al hombre pone el gusto de obrar bien, y unos cuantos contornos en el aire, de patria y libertad, que en el caserón de puntal alto, a la sombra de la pálida vela, parecían como tajos de luz."

Se hizo dormir a Martí en la cama misma del general. A la mañana cambiaron impresiones "sobre los tanteos del pasado y la certidumbre del porvenir, sobre las causas perecederas de la derrota y la composición mejor y elementos actuales del triunfo... No hubo palabra alguna por la que un hijo tuviera que avergonzarse de su padre, ni frase hueca, ni mirada de soslayo, ni rasgo que desluciese, con la odiosa ambición, el amor hondo y como sangre de las venas y medula de los huesos con que el general Gómez se ha jurado a Cuba." Desde su hamaca, el viejo escudriña a Martí. Y no le ve ya los pujos de superioridad ni el rencor que decía en su carta a Serafín.

Tres días duraron las conversaciones. Ultimado el acuerdo, Gómez acompaña a Martí a Santiago de los Caballeros, y solo allí, seguro ya, el delegado escribe, para la Historia, su carta oficial al caudillo, invitándole, "sin temor de negativa, a este nuevo trabajo, hoy que no tengo más remuneración que ofrecerle que el placer del sacrificio y la ingratitud probable de los hombres"... El general contesta militarmente: "Desde ahora puede usted contar con mis servicios".

Con el alma ya mucho más ligera atraviesa Martí las sabanas y las sierras camino de la capital dominicana. Va pensando que el amor es un gran aglutinante. A Henríquez y Carvajal, el noble dominicano que le hace los honores de su ciudad, le escribe en despedida: "Démele la capacidad de amar, y ya está un pueblo salvo."

En Haití pulsa el entusiasmo de la pequeña colonia de cubanos y le deja alistado para la acción. Pasa a la isla vecina de Jamaica; siembra también allí la paciencia ardorosa. El 10 de octubre es "un arrebato de almas". Embriagados de su palabra, hasta las mujeres y los niños fundan clubs de auxilio revolucionario.

Cerca de Kingston viven la madre y la mujer de Antonio Maceo. El otro gran brazo cubano está ahora explotando una colonia agrícola en Costa Rica. También espiritualmente está distanciado. Martí no ha querido escribirle hasta no entrevistarse con Gómez. Ahora ya es oportuno preparar su conquista por la vía cordial del halago a los seres queridos... Visita el delegado a las dos mujeres, y con su efusiva ternura les gana la sorprendida reserva. Mariana Grajales tiene ochenta y cinco años, pero todavía, al hablar de Cuba, le brilla en los ojos el fuego con que, allá en el 68, despedía a sus hijos para la guerra, uno tras otro. Martí la escucha emocionado. Ella le retiene la mano, largamente, entre las suyas. Él se las besa.

Unas semanas después hay en el ambiente del Hall una emoción nueva de respeto: la noche que los clubs se reúnen en Nueva York para escucharle a Martí el relato de su viaje. Un año ha transcurrido desde su renuncia a los consulados, que fue el sacrificio ostensible de su bienestar material por la causa de Cuba. Ahora acaba de demostrar que es también capaz del más arduo sacrificio: el del amor propio. En el banquete que al otro día se le ofrece, alguien brinda por "José Martí, el hombre bueno", y José María Vargas Vila, un joven colombiano que anda por Nueva York rompiendo lanzas contra los tiranuelos de América, vuelca en honor del cubano su cornucopia de metáforas.

Patria da cuenta de todo ello en informaciones anónimas, que no disimulan, sin embargo, la pluma que las escribe. Ni cierta satisfacción sencilla y profunda, de orgullo histórico.

XXVII
PURNIO Y LAJAS

El acuerdo de Montecristi dejó deslindados los campos. De un lado, la dirección civil de Martí para toda la labor previa de coordinación y aprontamiento; del otro, la jefatura militar de Gómez para cuando llegue la hora de pelear. Ya antes de la visita de Martí el viejo guerrero había comprendido la necesidad de esa división: "en nosotros mismos —le escribió a Serafín Sánchez— prevalecen desacuerdos y hasta desavenencias, y mal pudiéramos, desorganizados, echarlas de organizadores".

Para ultimar la fase de reclutamiento superior no le queda a Martí sino asegurarse a Maceo y precisar los compromisos de la isla. En 9 de febrero de 1893 Maceo le escribía en Costa Rica a Ángel Guerra, que acababa de llegar a aquella República algo despechado:

No he visto a Martí en estos últimos tiempos, ni he recibido carta de él invitándome a tomar parte en sus trabajos de reorganización, cosa que, dado mi carácter y falta de aptitudes para hacer la guerra, nadie ha debido ponerlo en duda, pues no creo que para puntos tan esenciales sea necesario consultar mi voluntad, ya conocida a ese respecto por propios y extraños.

Martí, en efecto, contaba tanto con la bravura del mulato como con su inteligencia. Por razones políticas muy obvias no podía ser la de Maceo la primera enseña de la guerra. Pero cuando aquella carta se escribió ya había salido la primera de Martí para Costa Rica, hablando del deber nuevo y de la visita hecha en Kingston a las dos mujeres.

Entretanto ha ido a Cuba y vuelto una vez más Gerardo Castellanos. Con astucia y cuidado tan exquisitos rindió su primera comisión, que Martí lo despachó enseguida con igual encargo a las provincias orientales. De regreso, Castellanos no cuenta sus decepciones aisladas; no dice, por ejemplo, del separatista letrado que se permitió burlarse en sus barbas de las credenciales de Martí" pretendiendo que no les entendía el lenguaje. Asegura solo que ha hallado en todas las comarcas espíritu de pelea, y que ha cerrado compromiso con todos los separatistas auténticos de la isla, desde Juan Gualberto en La Habana hasta Guillermón en Santiago. Martí no se retrasa en utilizar estas conexiones.

Tramada ya la red, es preciso activar ahora la acumulación de elementos materiales de guerra. La revolución necesita dinero. En Cayo Hueso, Teodor Pérez sugiere una lotería. Martí, pragmáticamente, vence su repugnancia a ése arbitrio,

> que en nuestra patria organizada rechazaremos sin duda por la debilidad que produce en el carácter del hombre la esperanza en otra fuente de bienestar que no sea el esfuerzo de su persona.

Hay que hacer del sacrificio un hábito; mantener con sistemática continuidad las contribuciones de los emigrados. Como en nada es el hombre tan propenso al desmayo, Martí visita frecuentemente *las colonias*, para alimentar el entusiasmo generoso. Acuéstase una noche en la hospitalidad de los Carrillo, en Bath Beach, y al despertar se enteran sus amigos de que ha tomado el tren para Filadelfia, para Chicago o para Ocala, en cuya vecindad un centenar de cubanos ha fundado un pueblo, bautizándole Martí City.

A cada viaje su palabra y su tacto personal se renuevan para compensar la saturación del esfuerzo y combatir acechanzas. No todo es adhesión patriótica en torno a él. La Embajada de España y el Gobierno de la isla han sembrado las colonias de *agentes* que, a su vez, diseminan entre los emigrados una insidia sutil.

Al llegar Martí un día con Ramón Rivero a un taller de Tampa, los obreros se quedan, contra su costumbre, sentados y en silencio. Alguien ha oído murmurar: "Ya llegó el bandido." Paulina Pedroso, que ha cruzado la calle detrás de Martí, sube a la tribuna:

—¡Caballeros: si alguno de ustés tiene mieo de dar su peseta o de ir a la manigua, que me dé sus calsones y aquí tiene mi camisón!

Se vino abajo la nave entre risas y aplausos. Martí abrazó a la morena y, desde el pequeño pulpito del *lector*, habló derecho al alma. Cuando terminó, las caras soslayadas habían desaparecido. Las demás estaban ardorosas de rubor y entusiasmo. Aquella tarde hubo camorra en el taller con los *traidores*.

En una ocasión la enemistad mercenaria llegó a hacerse más aleve y resuelta. Como la fonda de Rubiera le resultaba demasiado trajinada, había optado Martí, en una de sus visitas, por irse a vivir en una casita aislada de la misma calle. Dos cubanos de los muchos que le hacían constante objeto de su solicitud —un blanco y un mulato— se ofrecieron para servirle en su refugio. Tras muchas instancias, Martí los aceptó a título de auxiliares. Se hallaba solo en la casa una tarde y, sintiéndose débil por los discursos y trajines, sirvióse una copita del vino de coca de Mariani, que solía tomar en tales casos. Al llevárselo a los labios le halló un gusto extraño. Tuvo una rápida intuición y devolvió el sorbo.

Cuando llegó de visita el doctor Barbarrosa, que vigilaba en Tampa la preciosa salud del maestro, le encontró sumido en una butaca, con el rostro pensativo y atristado. Ávido de ver desvirtuada su sospecha, enteró al módico de lo sucedido. Barbarrosa olfateó el licor, lo degustó con cautela, frunció el ceño.

—Sí; me parece que sí... Ácido... Déjeme hacerlo analizar.

Mientras el doctor se ocultaba la botella en el faldón de la levita, Martí le tomó por un brazo y le dijo, mirándole fijamente:

—De esto, amigo mío..., si fuese cierto, ¡ni una palabra!

Pero los secretos se pierden a veces por la misma discreción con que se guardan. La reticente insistencia del doctor Barbarrosa en que Martí se mudara en seguida, y el hecho de qué los dos *auxiliares* hubieran desaparecido súbitamente, colmaron la intuición de Paulina. En ausencia de Martí esta se presentó en la casa y arrambló con todas las pertenencias de *el Maestro*, sorprendiéndose de hallar más libros que ropa en su maleta. A la hora, Martí se encontró instalado en casa del matrimonio negro.

Fue desde entonces un jubileo la casita humilde frente al taller de Martínez Ibor. Ruperto afirmó un asta en el alero, y desde que Martí llegaba izábase la bandera de la República en cierne. Por las noches los cubanos formaban grupo en la calle para atisbar a *el Maestro* por las ventanas. La más alta, la de la habitación de Martí, permanecía iluminada hasta muy entrada la noche; a veces se podía oír en el silencio el rasgueo incesante de su pluma. Quien hubiese intentado penetrar en el cuarto, habría encontrado a Ruperto tendido en el pasillo, junto a la puerta.

Una tarde, ya de anochecido, se presentó en la casa uno de los dos auxiliares desaparecidos: el blanco. Venía trémulo, contrito. Ruperto hizo ademán de lanzarse sobre él. Martí le contuvo y, echándole el brazo al visitante por encima del hombro, se encerró en su cuarto con él. Al cabo de un largo rato el otro salió con los ojos enrojecidos y el rastro más alto. Cuando se hubo marchado Ruperto le reprochó a Martí su confianza.

—Ése —contestó— será uno de los que habrán de disparar en Cuba los primeros tiros.

(El vaticinio se cumplió. Dos años después aquellos dos hombres figuraron en una de las primeras expediciones. El del abrazo ganó en la manigua los galones de comandante.)

En *Patria* el primer artículo de Martí, después de aquel viaje en que estuvo a punto de apurar copa de traición, fue para proclamar que la fortaleza del ideal cubano no tenía "una hendija por donde quepa un solo criminal". El espíritu de construcción, añadía, pasa sobre el espíritu de destrucción, "que por ley humana le sale siempre al camino".

Había logrado ya establecer que los tabaqueros contribuyesen cada semana con el producto de un día de trabajo, lo que venía a representar hasta dos pesos y medio por cada hombre. El *Día de la Patria* había que duplicar la tarea. Con este y otros arbitrios, menos regulares ha podido ir proveyendo a los gastos de organización y reunir un fondo de doce mil pesos. Un poco más, y ya podrá adquirir pertrechos para las expediciones iniciales, que no han de ser numerosas, ni de mucho contingente: lo necesario "para que sea invencible la primera acometida de la isla".

Así les escribe, en marzo de 1893, a sus amigos más acaudalados —Eduardo Gato, Carlos Recio, Manuel Barranco, Teodoro Pérez—, considerando "cerrada ya la época de preparación y de tanteo", e invitándolos a una generosidad decisiva.

El proyecto de Martí era "caer en Cuba con los calores". La opinión en la isla atravesaba un momento crítico. En diciembre se había producido el último desplazamiento de Cánovas por Sagasta, y el ministerio de Ultramar había sido confiado a un liberal de nuevo cuño, Antonio Maura, a quien se atribuía el deseo de solucionar con magnanimidad el problema de Cuba. Esta esperanza sacó a los autonomistas de su retraimiento, mas no sin que en su primer *meeting* plantearan, con cierto aire de desafío, el dilema: Autonomía o Independencia.

Martí calculaba bien hasta qué punto máximo podrían llegar las concesiones españolas, fundamentalmente limitadas por la rivalidad de los intereses peninsulares y cubanos. Pero temía que la nueva ilusión contuviese el espíritu revolucionario, suscitado ya en la entraña de la isla, o que por el contrario, le hiciese perder los estribos. Los españoles hacían todo lo posible por provocar un brote de rebeldía que, sofocado *in continenti*, dejase en ridículo la agitación del Partido, cada vez más respetada en Cuba. Se llegó a propalar que Martí iba a lanzar sobre la isla una expedición capitaneada por él mismo. Desmintió el delegado tales especies, reiterando el compromiso solemne que el Partido tenía, ante la conciencia y la Historia, de "no precipitar inconsideradamente la guerra en Cuba... ni lanzar al país a un movimiento mal dispuesto y discorde".

Tres semanas después, sin embargo, los acontecimientos parecieron desmentirle a su vez. Cables de Madrid y de La Habana informaron bruscamente que en las cercanías de Holguín, en un lugar llamado Purnio, había estallado un movimiento revolucionario, capitaneado por los hermanos Sartorius, obligando al capitán general Rodríguez Arias a declarar la provincia de Santiago de Cuba en estado de sitio.

La sensación entre los emigrados fue enorme. Martí, que acababa de ser reelegido por unanimidad delegado, se vio sorprendido en el Sur por los sucesos. El Cayo era un delirio de entusiasmo bélico. La casa de Teodoro Pérez ostentaba, entre banderas, una gran faja donde se leían, enlazados, los nombres "Sartorius-Martí".

Solo este se mantuvo sereno. Contrariado por la inconsultada iniciativa estaba, sin embargo, resuelto a asistirla si mostraba bríos suficientes. Pero desde Cuba se le informó que el levantamiento carecía de importancia, y hasta se presentaba algo equívoco. A los pocos días de echarse al campo, Manuel y Ricardo Sartorius, con su treintena

243

de hombres, se habían acogido a indulto. La Habana recobraba su tranquilidad frívola y se disponía a recibir en grande a la infanta Eulalia... Desde su cama de enfermo, en el Cayo, lanza entonces Martí su "manifiesto de Purnio". "Censor enérgico de toda rebelión parcial e insuficiente", el Partido Revolucionario le ofrecía a Cuba "su parte hecha de la Revolución para la Independencia: el país sabrá si en esta oportunidad de ser libre rechaza la oportunidad y continúa esclavo".

Los entusiasmos quedaron un poco corridos. En el Cayo, Martí sacude los espíritus, sacando de la flaqueza diez mil pesos más para la guerra verdadera. Pero Nueva York es otra cosa. Allí la sensación de ridículo busca las compensaciones de la virulencia. No falta quien persista en imputar a Martí la responsabilidad del alzamiento frustrado. ¿No estaba él en comunicación con los Sartorius desde hacía tiempo?

Para borrar esta huella adusta convoca Martí un *meeting* en Hardmann Hall. Gonzalo de Quesada se presenta esa noche con el nuevo cónsul general de Colombia, Rubén Darío. Martí le sale al encuentro con una sola palabra: "¡Hijo!" Y le hace sentar en la presidencia. Aquella cara triste de ídolo indio solo se anima fugazmente cuando Martí intercala, en el preámbulo severo y polémico del discurso, una bellísima alusión al poeta musical de Nicaragua. Este recordará algún día:

> Los aplausos vinieron entusiásticos, y él aprovechó el instante para
> sincerarse y defenderse de las sabias acusaciones, y como ya tenía
> ganado al público, y como pronunció en aquella ocasión uno de los
> más hermosos discursos de su vida, el éxito le fue completo, y aquel
> auditorio, antes hostil, le aclamó vibrante y prolongadamente.

Al salir con Darío aquella noche, un obrero negro se acercó a *el Maestro* y le entregó "un recuerdito" —un lapicero de plata.

—Vea usted —comentó Martí—: los humildes son los que más se dan cuenta de lo que sufro y lucho por la libertad de mi patria.

Siguieron hasta casa de Carmita, que les tenía preparado un chocolate. El gran poeta recordará, andando el tiempo:

> Allí escuché por largo tiempo su conversación. Nunca he encon-
> trado, ni en Castelar, un conversador tan admirable. Era armonioso

244

y familiar, dotado de una prodigiosa memoria, y ágil y pronto para la cita, para la reminiscencia, para el dato, para la imagen. Pasé con él momentos inolvidables; luego me despedí. Él tenía que partir esa misma noche para Tampa con objeto de arreglar no sé que preciosas disposiciones de organización...

Martí, en efecto, no se aleja mucho tiempo de su base de operaciones, su fuente principal "de bolsas y de almas". Pero como Maceo no es corresponsal pródigo, ni resulta discreto confiar ciertas cosas a las cartas, a fines de mayo emprende Martí viaje a Costa Rica.

Su objeto principal es delicado. Al fracasar el plan del 84, las relaciones entre Gómez y Maceo habían quedado muy quebrantadas. De ciertas reticencias epistolares de Maceo se infiere su disconformidad con la jefatura suprema del dominicano. Martí necesitará emplear todo su tacto. Antes de salir para Costa Rica avisa al mulato, ponderándole a su María, "la prudente y celosa guardiana que pudo darle a usted su buena fortuna". "Ahora —añade— volveré a ver a una de las mujeres que más han movido mi corazón: a la madre de usted."

Al paso por Santo Domingo visita a Gómez en *La Reforma*, y administra la sugestión de modo que salga como del propio general el esquema de invasión que ha venido madurando... El viejo le clava los ojillos a través de las gafas, se peina bruscamente el bigote de un revés de la mano, emite un gruñido, y aprueba... Martí sigue rumbo al Golfo. Desde el barco no cesa de velar y dirigir por cartas a Sotero, a Quesada, a Guerra.

En Costa Rica la doble admiración al escritor y al patriota le rinde una acogida fervorosa. Abundan allí desterrados políticos de casi todos los países sudamericanos: *panfletarios*, oradores, caudillos, literatos. Martí pronuncia una conferencia en el Colegio de Abogados, encarnando para aquellos hombres la conjunción romántica del poeta y del caudillo. En la conferencia se reitera un concepto que Martí no ha desplegado nunca mucho en el Norte: la causa de Cuba no es una causa aislada; es causa de América. Urge que Cuba y Puerto Rico sean libres a fin de consolidar

la seguridad, independencia y carácter definitivo de la familia hispanoamericana en el Continente, donde los vecinos de habla inglesa codician la llave de las Antillas para cerrar en ellas todo el Norte por el Istmo y apretar luego con todo ese peso por el Sur. Si quiere libertad nuestra América, ayude a hacer libres a Cuba y a Puerto Rico...

Los abogados costarricenses debieron de encontrar todavía algo fantásticas estas apreciaciones. Maceo, que detestaba a los Estados Unidos, asentía. Los demás cubanos escuchaban embelesados a su tribuno.

Costa Rica estaba colmada de ellos también. Al establecerse Maceo en el país después de su aventura con Polavieja, el Gobierno de aquella República le concedió terrenos y recursos para fundar una colonia en la costa atlántica. No hay que decir que Maceo la llenó de cubanos. Protestó el Gobierno español de aquella peligrosa vecindad, y la colonia tuvo que trasladarse a Nicoy, en el Pacífico. Pero el prestigio de Maceo ante el país creció con el incidente. Ahora, con sus hermanos José y Tomás, con Flor Crombet, Cebreco, Duverger y cincuenta veteranos más, el caudillo en barbecho era la pesadilla de la colonia española, que lo acechaba incesantemente.

Martí no tuvo necesidad de mucha oratoria para encandilar a aquellos bravos; antes la requirió para prescribir a sus ímpetus un curso disciplinado de acción, sin lastimar la susceptibilidad puntillosa del gran mulato. Este le escuchó, mordiéndose el bigote, sus consideraciones sobre la jefatura tradicional de Gómez, sobre "la elección recaída por sus antiguos compañeros", sobre la hermandad en la gloria...

Al cabo de una semana Martí embarcó para Nueva York. Comunica a Gómez que Maceo ha aceptado "la parte de obra que considera usted como natural de él...". Una expedición saldrá de aquella costa con los colonos de Nicoy. Ellos pondrán hombres y pertrechos; el Partido, barco y dinero. Maceo, además, se ha comprometido a activar la organización de Oriente, donde tiene vara alta, para nivelarla con el resto de la isla.

Con las comisiones que de Cuba han venido a asegurarle la disposición unánime en *el Campo*, encuentra el delegado en Nueva York

246

una mala nueva. Maura ha presentado al Parlamento un proyecto de reformas, proponiendo para Cuba una Diputación provincial investida de facultades administrativas y petitorias. No es, ni con mucho, un lujo de libertades, y so capa del mero proyecto, se mantienen las tarifas onerosísimas de Romero Robledo y un presupuesto abrumador. Pero el plan de Maura representa ya, al menos, el abandono del vetusto principio de asimilación, y otra vez se esponja en la isla la esperanza de los tímidos y de los evolucionistas.

Martí abriga la convicción de que el plan no llegará a realizarse. "Ustedes no conocen a los españoles", contesta a Maceo y a Crombet que, instigado por Trujillo, le han escrito apurándole. Pero tampoco el quiere dar tiempo a que las promesas desmoralicen una vez más al separatismo. Imprime a la conspiración un *tempo* acelerado. Los temporadistas que regresan a La Habana cuentan de un hombre flaco, eléctrico, de traje negro y zapatos raídos, que baja y sube como una ardilla las escaleras del elevado neoyorquino, llevando siempre un paquete de papeles bajo el brazo, leyendo a veces por el camino. Comentan su mirada de obseso, su pómulo agudo, su color lívido. "Martí es un loco", aseguran algunos de esos paseantes.

Pero aquel loco sabe lo que hace. Celebra en un corredor entrevistas sigilosas con agentes de fábricas de armas. Acude a otro hotel a conferenciar con los recién llegados de Oriente, Castillo, Duany y Portuondo, o con el doctor Pedro Betancourt, vocero de Matanzas. Pasa a recoger en casa de Barranco la última carta en clave de Juan Gualberto. Sobre la mesa de componer, en la imprenta de *Patria*, corrige las pruebas del número venidero, añadiendo tal vez algún suelto apretado de intenciones. Si es sábado, él mismo ayuda a Quesada, a Sotero Figueroa y a Iznaga a empaquetar el periódico y a cargar los bultos para la oficina postal. El reloj le saca precipitadamente para la entrevista secreta en el East River con algún corredor de efectos náuticos, o para el *ferry-boat* que le llevará a Central Valley a conferenciar con Estrada Palma... A veces se detiene un momento, cavila y suspira. "Hacer es siempre sufrir", le escribe a Poyo. Hacer es agonía.

Sus cartas a esos auxiliares van cada día más cargadas de inminencia. En julio, *El Yara* publica, indiscretamente, una circular privada en que el delegado afirma: "Todo lo que a esta hora debía estar hecho, está hecho. Todo lo que en todo momento debe estar junto, está junto." Ya solo depende de lo que el general Gómez decida. Martí ha cuidado mucho de que *el Viejo* —cuya irritabilidad conoce— no sienta invadido su fuero en lo estrictamente militar. Estos miramientos han ido retrasando la acción. Gómez, "no parece estar en la realidad de la isla".

En el otoño, circunstancias desfavorables se echan encima. Un pánico financiero oprime la economía de los Estados Unidos, afectando de tal modo a los tabaqueros del Sur, que no pocos han cerrado sus fábricas, dejando a muchos cubanos sin medios de vida. El cónsul de España aprovecha la miseria para desmoralizar, ofreciendo la repatriación gratuita de los desocupados: ¡tantos laborantes menos en el Cayo! La emigración de Tampa contesta con un manifiesto viril. Martí acude, no sin antes irle a preguntar a la señora de Baralt qué objeto cree adecuado para llevarle de regalo a la hijita de un tabaquero humilde.

La pobreza se pone "su última sonrisa para recibirle". Sabe Martí que la escasez ha hecho medrar cierta discordia entre los cubanos blancos y los cubanos negros, y lo primero que hace al llegar a Tampa es sacar a Paulina Pedroso de su brazo por todas las calles de la población... Alienta, anuda y regresa.

En los primeros días de noviembre se sabe en Nueva York que ha ocurrido otro alzamiento en Cuba, por Lajas y Ranchuelo. Escarmentados con lo de Purnio, los emigrados se contienen. Por lo que pueda tronar, Martí previene cablegráficamente a Gómez. El periódico Cuba, de Tampa publica un telegrama del delegado, de mero aviso y atención, en que las erratas de la oficina receptora yanqui permiten interpretar que el Partido avala el movimiento. Lo cierto es que este parece encabezado por un jefe menor villareño, Federico de Zayas; cuyas impaciencias Martí ha tenido que contener un mes antes, obteniendo su "formal promesa de no alzarse hasta recibir su orden definitiva". Martí desconoce que parte de esa correspondencia ha sido interceptada por las autoridades insulares, pero sospecha que Zayas, Esquerra y sus compañeros han sido víctimas de una orden falsa. Pronto se sabe que el nuevo brote ha sido ahogado en sangre.

Patria declara que el Partido ha visto "con indignado silencio" caer en la red de los integristas a aquellos hombres confiados y generosos. Mas *El Porvenir*, en un artículo titulado "El templo de Jano", insinúa que también el delegado tiene siempre dos salidas prestas, según prosperen o no las iniciativas de la isla... Martí traga la hiel. Él sabe su verdad. Y sabe que "del aislamiento, de la verdad se sale al respeto y al tiempo".

Unas semanas después llega de La Habana el último número de las *Hojas Literarias* (más conocidas de los unionistas por "hojas incendiarias"), donde Manuel Sanguily señala que los mismos reformistas y autonomistas, "y acaso quienes no sean ni lo uno ni lo otro", atribuyen la encerrona de Lajas "a intrigas de los reaccionarios con el objeto de impedir las reformas de Maura", por la Unión Constitucional reputadas de "malhadado proyecto".

En "la cueva de Covadonga" —como llama Serafín Sánchez a cierta librería de Nueva York, donde se reúnen los murmuradores— continúan mucho tiempo las maledicencias contra *el Maestro*. Pero la masa emigrada está con él. De las colonias del Sur vuelve curado de insidias, con un gozo que no es de agitador de menudeo, sino de político que ha palpado una vez más su materia, alma de nación:

> Está ahora en mí tal orgullo por mi pueblo, que no se lo puedo decir por qué no le parezca lisonja. Por su honor vivo; moriría en su deshonor. ¿Qué importa que, como al albañil, nos caigan encima de la ropa de trabajo unas cuantas manchas de cal o de lodo? Nosotros, como el albañil, al quitarnos la ropa de trabajar, podremos decir: ¡Hemos construido!

XXVIII
EL PLAN DE FERNANDINA

Los días de Navidad parecieron ya decisivos. Ante las muestras de impaciencia de la isla, Gómez se apresuró a meter el pecho en su parte de organización espedicionaria —la que a él mismo había de llevarle a Cuba con su gente de Santo Domingo—, y a fines de año un comisionado trajo a Martí, para su distribución, órdenes militares de apresto.

Pero 1894 nace bajo signos ominosos. Al reabrirse en el Cayo las manufacturas de tabaco cerradas por la crisis, numerosos obreros cubanos se ven suplantados por personal español traído de la isla. La masa se declara en huelga. Amenazan los fabricantes (Seidenberg & Co. se llaman los más agresivos) trasladar su industria a Tampa, que es como irse al Aventino. Para conjurar este peligro, las autoridades y el comercio municipales, en una asamblea donde se pone a los cubanos de azul y oro, resuelven contratar en La Habana más obreros españoles.

Naturalmente, el pleito asume cariz político. Los cubanos quieren resucitar la vieja sociedad de *La Tranca*, cuyos miembros solían ir religiosamente al muelle, años atrás, a esperar con sendas estacas a los *patones* que osaran pisar el Cayo. Pero esta vez los rompehuelgas son traídos a boca de fusil, y dos cubanos que hacen al paso ademán de protesta son reducidos a prisión. Martín Herrera, el fundador de San Carlos, propone, indignado, un éxodo general de la colonia. Se recurre por telégrafo a Martí, que se halla en Tampa. Dispónese este a volar al Cayo, y cita a Horacio Rubens, un joven abogado norteamericano, con quien ha hecho amistad en el *College of New York*. El propio Rubens le disuade de ir a Cayo Hueso. No debe él exponerse a que se aprovechen las circunstancias para desacreditar la causa que representa —o para algo peor—. Martí duda, comprende, se abstiene, pero ya en Nueva York, moviliza todos sus recursos en defensa de los cubanos atropellados.

250

Para la revolución, el suceso es calamitoso. Deja a más de 800 cubanos sin medios de subsistencia. No hay que pensar en contribuciones patrióticas; todos los márgenes son poco para atender a la penuria local. Y esto, ¡en el momento de mayor urgencia económica! Mientras Rubens se esfuerza en reparar el estrago, apelando a Samuel Gompers e interponiendo recursos legales para que los intrusos sean reembarcados, Martí saca fuerzas de flaqueza. Está indignado por "el carácter cesáreo y rapaz" que los Estados Unidos han ido criando en el lujo y en la conquista, mas con lamentaciones nada se ha de conseguir. Como suele, le saca partido a la circunstancia adversa. Puesto que ni en la tierra de la libertad tienen los cubanos casa segura, urge más que nunca conquistársela. ¡Sea ésa la resolución del Año Nuevo!

En Cuba la situación no es menos apurada. Aunque se explotan las intentonas de Purnio y de Lajas para demostrar el desgano revolucionario, el Gobierno dista mucho de estar tranquilo. Olfateando el peligro, azuza discordias, acosa a los separatistas de armas tomar, llega a detener en Oriente a Guillermón Moncada. Martí ve la necesidad de "caer sobre la isla antes de que el Gobierno pueda caer allí sobre la resolución".

Activa la colecta final de los fondos de guerra acumulados en los clubs. Dispone ya el alistamiento de contingentes militares. Ultima acuerdos con los jefes provinciales y con Juan Gualberto en La Habana. Prepara alijos de armas, valiéndose de mil estratagemas. Para burlar el espionaje de los agentes españoles tiene que extremar el sigilo, dejando entender que la cosa va para largo, disfrazando de pasividad una actividad febril.

A principios de mayo una de las torpezas metropolitanas con que Martí siempre cuenta, viene a decidir las actitudes vacilantes que aún quedaban en la isla. En una crisis parcial del Gabinete de Sagasta sustituye a Maura, en el ministerio de Ultramar, el asimilista Becerra. Es el fracaso de las cacareadas reformas. Los integristas respiran. Ponen los autonomistas el grito en el cielo, y el Gobierno contesta con ademanes violentos. La irritación en el campo es palpable. Martí sonríe. "Por la represión iremos al estallido." ¿A qué aguarda Gómez?

Con su cautela de guerrero viejo, el general quiere estar seguro de sus posiciones y de sus elementos. Le importa mucho saber,

251

antes de lanzarse, en que para el Camagüey, donde el marqués de Santa Lucía, que lo representa, se muestra indeciso. Además, acaba de sobrevenir allí, en Puerto Príncipe, una contrariedad inexplicable al ser copado el alijo de armas que *Enrique Loynaz*, valiéndose de su cargo de secretario de la Empresa de Tranvías, había introducido, de acuerdo con Martí, en un cargo de material rodante para aquélla. Solo de milagro pudo Loynaz escapar a Nueva York. El asunto desdice de los conspiradores del Príncipe, por cuya desidia se descubrió el contrabando, pero Martí no se puede permitir desahogos de contrariedad. "El fracaso —escribe— servirá al menos para demostrarle a la isla y a la emigración la realidad de los trabajos."

Desde Costa Rica, Maceo —temperamento más impetuoso que Gómez— apura, aunque también pone sus condiciones. Y Betancourt desde Matanzas. Y Carrillo desde Santa Clara. Y los de Oriente y los de La Habana... Centro de ese sistema nervioso, Martí recibe las incitaciones de todos; aguija, a su vez, parsimonias; calma ímpetus ciegos; desvanece recelos. Su correspondencia traduce la prisa angustiosa y la tremenda energía de estos meses. La necesidad de decir mucho pronto le da a su estilo epistolar una congestión dramática. Frases tensas, como arcos de ballesta, tratan de comunicar a los demás su propia precisión, y al mismo tiempo no pueden decir demasiado. Apela más que nunca a la fe. Quisiera delegar, con las tareas secundarias, toda su capacidad afectiva de estímulo: "dígamele el alma que somos".

Pero no deja un momento que las exigencias de la acción nublen el alto propósito republicano. Cuando el bandolero Manuel García —que, haciendo bueno su título de *Rey de los campos de Cuba*, tiene en jaque a las autoridades de la isla— ofrece contribuir con diez mil pesos a la caja revolucionaria, Martí rehúsa el ofrecimiento. La República, insiste, ha de nacer limpia desde la raíz. Y ¿quién habla de futuras primacías blancas o negras? Se lucha por una mayor dignidad humana en Cuba y por hacer de esta un alma sola. "Nada son los partidos políticos si no representan condiciones sociales."

En estos días de abnegación continua, en que no faltan las decepciones de la envidia, de la cobardía y del egoísmo, la presencia de Fermín es un consuelo. A él no necesita pedirle fe. Con él puede entenderse sin palabras. En el Cayo, adonde va a esperar la hora, será Fermín su delegado espiritual. Allá recibirá sus confidencias:

No hay nervio en mí que no sea cuerda de dolor: no puedo mover los brazos de tanto como hay que atar y mover y sujetar. .

..¡y qué trabajo cuesta ser sagaz y sincero —y ser enérgico y dulce— y ser todo esto en mi soledad y en mi tristeza!

...Creo que he visto por junto a Carmita un día desde que te fuiste...

Pero cuando la pena se desmanda, le pone el freno estoico:

La pena inmerecida es dulce. Aprieta un poco la garganta, pero da luz por dentro... Atúrdete haciendo bien, que es ya, para nosotros, el único modo de vivir: sirve, vigila y perdona.

En abril el general Gómez ha querido venir al Norte "a cerciorarse personalmente del estado de todo aquello" y a ultimar detalles que no deben confiarse al papel. Le acompaña su hijo Panchito, un mozo resuelto, en quien Martí adivina madera de héroe.

A los ojos de *las emigraciones* entusiasmadas, la conjunción visible de aquellos dos hombres —el aguerrido *Chino Viejo*, parco de palabras e incómodo dentro del cuello duro y de la levita; y Martí, enfebrecido y locuaz— es como un anuncio de la hora ya inminente. A Fermín le ha confiado Martí que uno de los objetos de la entrevista es "desvanecer los últimos obstáculos que la revolución de ayer pudiera poner a la de hoy". Ya no es tarea difícil por lo que hace a Gómez. *El Viejo* es un niño grande, y Martí ha aprendido a encontrarle ternura bajo la concha áspera.

Una tarde se lo lleva al gran circo de Barnum. Por la noche el plan general de invasión queda perfilado.

—He aquí —apunta Gómez en su diario— la parte principal. Cuando llegue el momento decisivo, un barco sin nombre se ha de presentar por un lugar conocido, prudentemente escogido de esta isla, a recogerme a mí, acompañado de 200 por lo menos, entre cubanos y dominicanos, para conducirnos a las tierras que nos proponemos libertar.

Pero esta "parte principal" no es todo. Por su lado, Serafín Sánchez y Roloff conducirán también una expedición desde las costas de la Florida. Para ambas empresas se tienen ya dispuestos los hombres, compradas las armas, dos barcos en tratos. Como Gómez desembarcará por el sur del Camagüey, queda el problema de Oriente, cuyas fuerzas deben ir a engrosar los Maceo, Flor Crombet y su gente desde Costa Rica.

Solo que esto último pende aún de concreción. Entre Maceo y Gómez las relaciones se han restablecido con cierta ceremoniosidad. Hay que precisar la colaboración del mulato. En Central Valley se conviene que Martí vaya personalmente a conferenciar con él. Panchito le acompañará, como un testimonio vivo de solidaridad entre los viejos pinos y los pinos nuevos.

Acaso sirva también el viaje para arbitrarle nuevos apoyos a la revolución. Se necesita dinero, sobre todo. Aunque Rubens logró que Washington ordenara el regreso a Cuba de los obreros importados, el conflicto del Cayo terminó agriamente con un éxodo de cubanos a Tampa, dejando muy quebrantado el sistema de recaudación revolucionaria. Antes de salir para la América Central, Martí necesita llamar una vez más a las puertas de los ricos. Sus cartas agotan la persuasión con un acento dramático que habría quedado como excesivo si no fuese tan entrañable y si el tiempo no se hubiera cuidado de henchirse a su nivel:

Yo voy a morir, si es que en mí queda ya mucho de vivo. Me matarán de bala o de maldades. Pero me queda el placer de que hombres como usted me hayan amado. No sé decirle adiós. Sírvame como si nunca más debiera volverme a ver.

En los últimos tiempos su viejo sentido de la muerte se ha cuajado en ese presentimiento insistente. Pero a su madre le escribe todavía:

Mi porvenir es como la luz del carbón blanco, que se quema él para iluminar alrededor. Siento que jamás acabarán mis luchas. El hombre íntimo está muerto y fuera de toda resurrección, que sería el hogar franco y para mí imposible, donde está la única dicha humana, o la raíz de todas las dichas. Pero el hombre vigilante y compasivo está aún vivo en mí, como un esqueleto que se hubiese salido de su sepultura; y sé que no le esperan más que combates y dolores en la contienda de los hombres, a que es preciso entrar para consolarlos y mejorarlos... La muerte o el aislamiento serán mi único premio.

254

A principios de julio está ya de vuelta. Horas no más ha "pasado en Panamá, en San José, en Jamaica, dejando nuevos clubs fundados para cubrir las flaquezas del tesoro, ceñidos los compromisos de Maceo y su gente.

No descansará. Aprovecha el intervalo obligado por su informe a Gómez y la resolución de este para dar un salto a México. Siempre ha confiado en poder obtener algún auxilio de ese país, donde cuenta con tantos afectos. Y conviene distraer con estas andanzas la atención española, demasiado enfocada hacia él.

¡Con qué sabor de juventud en el alma vuelve a ver los viejos lugares, a los viejos amigos: Manuel Mercado, Peón y Contreras, Justo Sierra..., gente ya de mucho pro! *El Universal* le saluda con largueza: "él no es de Cuba nada más; él es de América". Justo Sierra, que ha perdido a la sombra de Porfirio Díaz sus viejos ardores, trata de persuadirle de que se quede en México haciendo literatura. Martí le contesta con tales acentos que el ilustre mexicano le dice, abrazándole emocionado:

—¡Vaya, vaya usted a hacer la libertad de Cuba!

En las "alamedas sombrías" de Chapultepec, que vieran antaño sus paseos románticos con Rosario, la gente nueva de letras, los Gutiérrez Nájera y Urbina, le escucha embelesada. El poeta indio escribía: "Yo le sorprendí a veces una silueta de Cristo. Sus paliques me sonaban a sermón de la Montaña..." La víspera de su salida de Veracruz, Peón y Contreras va a buscarle a un viejo convento, bajo cuyas bóvedas ha arrebatado a los cubanos con un discurso entre épico y místico.

Ciertamente, los meses finales de 1894 tienen algo de calle de la Amargura.

Cuando creía que todo estaba listo y no faltaba "más que ir", surgen dificultades inesperadas. Maceo, que quisiera movilizar con ciertas garantías a toda su colonia de Nicoy, pide más dinero del que puede suministrarle la caja maltrecha. El viaje a México ha sido poco fructuoso en cuanto al tesoro, y la Delegación tiene que atender ahora a las distribuciones simultáneas de armas por toda la isla. ¿No se las podrá arreglar Maceo con lo mismo que Gómez? ¿Podrá alguien decir que necesitó más, cuando tenía menos que preparar?.. Y a los ricos, otra vez, las solicitaciones de Martí son conmovedoras:

Todo minuto me es preciso para ajustar la obra de fuera con la del país. ¿Y me habré de echar por esas calles, despezado y con náuseas de muerte, vendiendo con mis súplicas desesperadas nuestra hora de secreto, cuando usted, con este gran favor, puede darme el medio de bastar a todo con holgura y de encubrir con mi serenidad mis movimientos? Como un perro infeliz vivo, y no me quejo, desde que empecé este trabajo de salvación; y usted, que lo ve todo, que lo sabe todo, que ama a Cuba, que me ve padecer, ¿me dará estos momentos —acaso los últimos de mi vida— de gloria y de respiro, o me dejará solo en mi dolor y responsabilidad, rodeado de hombres que ya han hecho cuando podían hacer, arrastrándome y mendigando, por salvarle a su patria, suplicando en vano, lamiendo la tierra lo mismo que un perro?

El destinatario de esta carta, Eduardo Gato, no lamentó sino el excesivo encarecimiento de la súplica. Llegó a tiempo su giro, porque ya en Cuba se impacientaban, y ciertas precipitaciones aisladas comprometían el plan. Al fin parece que a mediados de octubre será posible la arrancada.

Temeroso de su propio entusiasmo, el delegado se abstiene de asistir a la velada del aniversario patriótico. Está lleno de "la hora grande", lleno de gozo y de angustia nuevos. En casa de Carrillo una de las niñas le encuentra en la sala, trágicamente vacías las mangas del abrigo, que tiene echado por encima de los hombros, a su modo característico. La niña se sobrecoge y huye asustada al ver aquellos ojos muy abiertos y fijos... Duerme una de estas noches en la habitación de un amigo; y este se despierta a la madrugada con los sollozos de Martí:

—¡La guerra! ¡La guerra! ¡Cuánto dolor necesario tenemos que llevar a Cuba!

La orden de Gómez no acaba de llegar. Con la demora asoma la duda su máscara sesgada. Martí carga en silencio la culpa de la cautela del general. Sus propios amigos del Sur le reprochan la dilación que a él mismo le consume. Protestan de la isla. Hierve la maledicencia en Nueva York. Él sufre y calla: "Aunque se echen a comerme las entrañas, yo las sacaré triunfantes en el puño". Se sabe espiado. El Gobierno le ha puesto casa a toda una familia en Nueva York para que, a fuerza de atenciones y cariños fingidos, penetren hasta en su intimidad. Carmita escuda, vigila, engaña... Ha sido su colaboradora más secreta; la más fiel, puesto que le ha dado alientos cuando todos se los robaban; la más generosa, porque se sacrificaba sin premio y a despecho de una intuición lacerante.

En la espera ansiosa, Martí perfila su plan hasta el último detalle. Tan pronto como llegue la orden de Gómez, tres vapores, el *Amadís*, el *Lagonda* y el *Baracoa*, saldrán del puertecillo de Fernandina, en la Florida, donde lo tiene ya todo hábilmente combinado con un traficante local en maderas, míster Borden. A sus propios muelles, y en vagones contratados exclusivamente, irán las armas, disimuladas como instrumentos agrícolas... Todo está listo. Hasta se ha hecho ya un ensayo parcial de movilización. Trémulo, aguarda Martí, como un director de escena, a que se levante el telón.

Pero ¿qué nube oscura se cierne sobre esta alba de Historia? El 12 de noviembre llegan cables a Costa Rica informando que Mareo ha sido gravemente herido en una provocación de españoles a la salida de un teatro. Pocos días después, Abarzuza asume en Madrid la cartera de Ultramar, y el Gobierno da a entender que se promulgarán en seguida las descartadas reformas de Maura. "La promesa del miedo", comenta Martí en *Patria*. Pero esa promesa es un peligro y, a poco, llega de Cuba Enrique Collazo, comisionado para decir a Martí que los comprometidos en La Habana ya no pueden esperar más, so pena de caer todos presos.

Entre Martí y Collazo se han cruzado cartas de política cordialidad. La ironía de la suerte quiere que sea él, el veterano de la carta inolvidable, quien venga ahora a Martí. Su llegada a Filadelfia coincide con la de Loynaz del Castillo, expulsado de Costa Rica por haber muerto de un tiro, en la refriega, a uno de los agresores de Maceo. Loynaz es testigo del encuentro de Martí y Collazo en la estación de Filadelfia.

—Martí: usted no ha tenido quien le atacara con más rudeza que yo, ni con más injusticia..., pero ahora no tiene quien le quiera o le admire más...

—Pero Collazo, ¿de qué me habla usted? ¡Con tantas cosas como tenemos que tratar! Llegan a tiempo para comer...

Al fin, en los primeros días de diciembre el general José María (*Mayía*) Rodríguez trae en persona la autorización de Gómez para acordar con Martí y Collazo —este en representación de Occidente— las instrucciones finales de marcha. Los delegados resuelven consultar a La Habana un señalamiento previo para el mes de enero. Nacerá con el año la revolución. Martí respira. "¡Mucho hemos padecido, pero ya estamos premiados!"

Su energía se condensa y distribuye ahora en una actividad eléctrica. Casi sin más alimento que bocadillos y vino de Mariani, ni otro sueño que en los trenes, dispone lo final. De los tres barcos contratados, el *Amadís* deberá salir primero en busca de Maceo y de su gente. Para justificar su empleo ante los dueños y corredores y ante la propia tripulación, Martí ha tenido que inventar una fábula; el barco va a Costa Rica a recoger operarios para unas minas de manganeso que explota en Oriente un tal míster Mantell. El hijo de míster Mantell (Manuel Mantilla, el primogénito de Carmita) irá a bordo alimentando la ficción. Irán armas también, disfrazadas de herramientas. Y onzas y pistolas para "hacer entender razón" a última hora, cuando el *Amadís* esté ya tan cerca de Cuba que Maceo y los suyos puedan ganar la costa en el bote que va preparado al efecto...

Los otros dos vapores irán contratados bajo pretextos análogos. La revolución es demasiado pobre para adquirirlos y para verdades cabales... ¿Y será un cubano, un cubano y coronel de la guerra primera, quien hable de comisiones y ponga dificultades en este momento decisivo?.. Fernando López de Queralta es el hombre de confianza a quien Serafín Sánchez y Roloff han destacado para ultimar con Martí los detalles de su expedición y para conducirla. Pero a última hora Queralta se niega a ir bajo simulación, e insiste en que a él le es dable conseguir un barco, como ya lo ha hecho para el hondureño Marco Aurelio Soto, con designio de guerra perfectamente declarado...

Martí se resiste, extrema sus reparos. Pero no dejará de allanar discrepancias hasta el fin. Accede. Queralta le lleva a conferenciar secretamente con su corredor, a quien ya dice haber impuesto de lo que se trata. Resulta ser una oficina ruidosa, y Martí se ve presentado como míster Mantell —precisamente el nombre bajo el cual ya Manuel Mantilla había contratado el Lagonda, con el mismo corredor, para fines comerciales.

Inmediatamente se da cuenta del peligro. La prenda está soltada. El corredor, confuso, le escudriña. Martí aprovecha su torpeza, y, con extrema habilidad, va desviando sus inferencias. Salvado el trance, sale con Queralta y le fuerza, indignado, a atenerse al plan original.

En esos quince minutos ha bebido la salmuera de la sospecha, de la propia mentira, del fracaso. Sus compañeros nada saben, nada sabrán, de lo sucedido. ¡Todo su sigilo ha sido poco!

Por la noche, *Mayía*, Collazo, Queralta y Loynaz le aguardan a comer en el hotel Marten. Al llegar, Martí cuelga su gabán salpicado de nieve, y suspira. Enciende una luz más. Suspira de nuevo al sentarse a la mesa.

—Si supiera, Martí —le dice *Mayía* afectuosamente—, que no me gusta oírle suspirar así... El hombre que está al frente de un pueblo tiene siempre que mostrar entereza... Cuando a mí —añade con cierta vanidad de soldado viejo— me destrozaron la rótula en la pasada guerra y me la compusieron en frío, ¡nadie puede decir que oyó una queja!

—Lo sé, general —contestó Martí—, y este es uno de los títulos que usted tiene al amor de los cubanos —hizo una pausa y añadió, apoyando los verbos y alargando las eses, a su modo peculiar—: Pero un suspiro no es una queja, ni es una debilidad... ¿No ha estado usted en Yucatán? Pues hay en Yucatán unos ríos subterráneos y salobres; de trecho en trecho, la tierra se abre, dejando oír por las grietas el rumor del río, que va con sus aguas amargas a perderse en el mar. Los llaman *cenotes*... Pues eso, cenotes, son mis suspiros.

El día 25 sale de su primera estación el *Amadís*. Los otros dos vapores están prestos. Martí ha podido ir a pasar la Nochebuena, con sus seres más queridos, en casa de los Carrillos. Llegó algo tarde, y observó, bromeando, que era el comensal número 13. No fue alegre la cena.

Y, de repente, ¡la catástrofe!

El día 10 de enero, en Nueva York, donde atiende a las últimas remisiones de pertrechos, Martí queda fulminado por un aviso tele-

259

gráfico de que los tres vapores, con toda su carga, han sido confiscados por el Gobierno de Washington. El *Lagonda* y el *Amadís* estaban ya en Fernandina; el *Baracoa* ha sido detenido en una escala, cuando bajaba de Boston.

Martí vuela a Fernandina. No puede manifestarse, porque el pequeño puerto es un hervidero de agentes federales, de policía, de espías. Su prisión sería el golpe definitivo. Se entera de que Manuel Mantilla ha logrado salvar el primer peligro de registro. Llamado urgentemente, Horacio Rubens interpone recursos contra la orden federal. Martí, desesperado, cita a Collazo, a *Mayía* y a Queralta en Jacksonville.

Le encuentran esa noche en una habitación del hotel Travelers, donde se ha inscrito con nombre supuesto. Enrique Loynaz y Tomás Collazo le acompañan. Lívido, con los ojos desorbitados. A cada momento se detiene y, alzando los brazos, solloza: "¡Yo no tengo la culpa! ¡Yo no tengo la culpa!" Al ver llegar, a *Mayía* con el ceño fruncido, se echa en sus brazos.

Es el fracaso súbito, inconcebible aún, de tres años de acción viril, y todo lo femenino en su espíritu se libera en este instante. La profundidad manifiesta de su dolor contiene los reproches que Collazo y Rodríguez habían acumulado durante dos meses frente a la actividad secreta de Martí. Ahora no sienten sino un gran respeto ante aquel hombre que llora.

Cuando Queralta y Rubens aparecen en la habitación, el consuelo de los otros amigos le ha devuelto ya una serenidad sombría. Todo no se ha perdido. Rubens confía en poder salvar las armas embargadas. Queralta es portador de los últimos 1.500 pesos que hay en el tesoro y de un mensaje de su suegra ofreciendo adelantar lo necesario para las fianzas. Pero Martí está aún abrumado. Camina incesantemente por el cuarto, reflexionando en voz alta, ¿Qué pensará el general? ¿Qué se dirá en la isla? ¡Verán, por lo menos, que todo aquello, toda aquella labor suya de tres años, tantas seguridades y promesas abstractas no habían sido una farsa! A pesar de que el trabajo era ingente, él no se había querido confiar a nadie en lo vital para cerrar el menor resquicio a la indiscreción. Había preferido que le supusieran autoritario, absorbente, ambicioso... Solo Mantilla, que era como un hijo, había conocido todo su secreto. Y Queralta.

¡Queralta!.. Ahora veía bien el sesgo torcido de la cobardía —¡o de la traición!— en todos los detalles. Aquel hablar de comisiones en momento de sacrificio. Aquella insistencia en su criterio. Aquel llevarle, so capa de secreto y anuencia previa, a corredores que ya conocían el asunto bajo otra faz y que precisamente representaban —¡solo Queralta lo sabía!— al propietario de uno de los barcos... Y luego, desvirtuada al parecer aquella sospecha, ciertos descuidos posteriores del propio coronel: el despacho de las armas de que era depositario, no por el vagón particular contratado, ni con dirección expresa a los muelles reservados de Borden, sino por vía más pública y con las cajas de cápsulas mal cerradas y marcadas *Military Goods!*... ¿No parecía demasiado casual que una de ellas se hubiera abierto en plena estación de Cortland St., a la vista de cualquier espía algo avisado...? ¿Y cómo podía él haber sospechado de un hombre de la otra guerra, que los buenos de Serafín y Roloff le habían recomendado sin reservas?

Con toda la amargura del fracaso, tiene que beber, a última hora, esta ponzoña. Creyó haber hecho de su fe un escudo invulnerable. Le han herido bajo el escudo.

Permanece, durante un largo instante de silencio, con la barbilla hundida en el pecho. Al cabo, levanta el semblante, lleno ya de una luz nueva. ¡Él sacará las entrañas triunfantes en el puño!

261

XXIX
"CUBA LIBRE"

Burlando la vigilancia de la policía secreta, que en busca suya ha registrado todas las casas de cubanos de Jacksonville, Martí y sus compañeros logran escapar a Nueva York.

Se oculta primero en casa de Quesada. Delicadas atenciones le confortan allí y, sobre todo, las versiones del efecto que el descalabro ha producido en el Sur y en el propio Nueva York. La reacción general ha sido de asombro.

En los Estados Unidos, de un asombro jubiloso. Solo unos cuantos colaboradores directos habían estado en el secreto de los planes de Martí. La masa de emigrados nada sabía, fuera de las vaguedades que el delegado y *Patria* hacían valer categóricamente. De esta oscuridad había siempre quien se aprovechara para insinuar que la única labor revolucionaria de Martí consistía en hacer discursos y pedir... Pero ahora, a la luz dramática de aquel fracaso, los emigrados descubren que Martí, con centavos y vitolas, había logrado algo tan concreto y tan conocidamente difícil como fletar tres vapores cargados de armas. De no haberse malogrado por la delación, su plan de expediciones hubiera sido algo formidable: simultáneamente hubiera desatado la revolución en toda la isla con un impulso incontenible... *Las emigraciones*, tantas veces castigadas por la decepción, recobran la conciencia de su propio poder, y una llamarada de fe más viva que nunca surge de aquel desastre.

En la isla no es menor la sorpresa. Ni los comprometidos mismos habían sospechado preparativos tamaños: ¡se había cultivado con tanto esmero la versión de un Martí *poeta*, loco y visionario! En su campaña; el propio Gobierno apenas había visto al principio más que un saqueo de ahorros obreros. La evidencia del empuje le alarmó luego, mas no pudo vencer su crónico convencimiento de que los cubanos eran incapaces de nada práctico... Ahora ha visto el humo de la candela y comienza en seguida a atajarla.

La situación de los comprometidos en Cuba se hace apuradísima. Urge una resolución. El primer pensamiento de Martí, pues, es "redimir a la isla de la obligación de sujetar sus movimientos a los que desde fuera no han de cesar". Desvanecida la posibilidad de una conjunción inmediata, de las fuerzas exteriores con las de dentro, deja a estas decidir si, "apagando todos los fuegos visibles", prefieren esperar esa conjunción, o si se lanzarán sin más a la manigua. Él, por su parte, se compromete a abrir "nuevas vías y esfuerzo nuevo".

Esta carta a Juan Gualberto tenía fecha de 17 de enero. Seis días después, en una casa de la calle Trocadero, en La Habana, se acordó recomendar el levantamiento cuanto antes.

Mientras llega esa resolución, Martí le escribe a Maceo: Ni usted ni yo perderemos tiempo de hombres en lamentarnos." Lo que ahora importa es aprovechar el encendimiento de la isla para llegar a ella de cualquier modo. Le ofrece enviarle 2.000 pesos para que se agencie un velero y armas. Maceo necesitaba más, esperaba mucho más para movilizar su colonia con ciertas seguridades, pero: "¿No es esta la hora? ¿No es este su corazón?.. ¿No es usted hombre capaz de verdadera grandeza?"

Conocido en Nueva York el acuerdo de la calle Trocadero, Martí llama a Collazo, que se halla en Tampa, y el 29 de enero, reunidos ambos con *Mayía* Rodríguez y Gonzalo de Quesada en casa de este, Martí les expone cuidadosamente la situación. A la madrugada acuerdan solemnemente autorizar el levantamiento para "la segunda quincena, y no antes, del mes de febrero", dejando a Juan Gualberto y a los demás de Occidente que fijen el día de acuerdo con el resto de la isla.

No tienen ya tiempo para recibir esta precisión en Nueva York. Martí quiere ir en seguida a conferenciar con Gómez, a quien solo ha puesto un cable. "Imposible negocio. Espéreme." Y el *Atlas* sale al día siguiente para Cayo Haitiano.

Las últimas horas en Nueva York son febriles. En el arsenal revolucionario quedan pertrechos para tres expediciones, pero hace falta dinero. Quesada, el "hijo espiritual", sale para el Sur a hacer un esfuerzo por reunirles a Juan Gualberto y a Gómez unos centenares de pesos. Lleva cartas de Martí pidiéndole a un devoto que "empeñe por

263

su patria el techo que lo cubre"; a los Pedroso, que vendan su casita, si es preciso: "No me pregunten. Un hombre como yo no habla sin razón este lenguaje."

Sabe que paga con una patria libre. Aun en estos momentos negros su fe no le abandona ni le falla. Tampa y Cayo Hueso responden con más de 5.000 pesos. Ha fracasado en un episodio material, pero la obra grande, la obra decisiva, la unión de todos los cubanos en un solo ímpetu y en una sola doctrina, está hecha. Esta conciencia le ha devuelto su gran serenidad.

A Benjamín Guerra le deja instrucciones para remitir a Maceo los 2.000 pesos ofrecidos tan pronto como se tenga su resolución final. Solo ha recibido Martí de él, a última hora, una carta por la que ha visto que Maceo y Flor andan a la greña. Una espina más para quien acaba de escribirle a sufiel Serra: "Esté yo aquí o allá, haga como si lo estuviese yo siempre viendo. No se canse de defender ni de amar. No se canse de amar."

Presiente el carácter definitivo, de su viaje y va a despedirse de todos los amigos que han puesto alguna ternura en su destierro. Hace mucho frío. De casa de los Baralt sale, a "la mañana helada, como una flecha." En la sala se ha dejado olvidado el abrigo.

Con *Mayía*, Collazo y Manuel Mantilla llega a Montecristi el 6 de febrero. El general Gómez los recibe cejijunto, rumiando el cable alarmante y misterioso de Martí. Mientras este le explica minuciosamente lo de Fernandina, *el Viejo* no cesa de manosearse el bigote blanco, emitiendo sordos gruñidos de ira. La situación le preocupa. Lanzarse así, a la desesperada, sobre la isla es cosa de locos o de niños. Pero ya Martí conoce los resortes de aquella voluntad enérgica y Gómez acaba declarando que irá a Cuba en un bote si es menester.

Ha conservado íntegros los dineros mandados por Martí. No bastan, sin embargo, para movilizar a toda la gente. El general piensa en Lily, actual presidente de Santo Domingo, que en 1886 se le había quedado con fondos de la causa cubana y que ahora le ayuda en secreto, aunque pasa por amigo cumplido de España, *Mayía* sale para la capital de la República, mientras Gómez y Martí buscan modo de disponer un embarque por Samaná.

Estas gestiones les obligan a moverse por el interior de la isla, a caballo, esquivando un tenaz espionaje de agentes españoles. El contacto con esa entraña antillana despeja algo la melancolía de Martí. En las estaciones del camino va escribiendo sus impresiones en un cuaderno dedicado a sus niñas" —a las niñas de Carmita Mantilla—. Son apuntes fugaces, pero escritos en su prosa más cuajada y con el sabor de raíz, crudo y fresco, que tienen los hombres y las cosas de tierra adentro. Con vigor nuevo, la Naturaleza le dice su vieja lección. Y las palmeras:

...admiré en el batey, con amor de hijo, la calma elocuente de la noche encendida, y un grupo de palmeras, como acostada una en la otra, y las estrellas, que brillaban sobre sus penachos. Era como un aseo perfecto y súbito, y la revelación de la naturaleza universal del hombre.

* * *

A mediados de febrero tienen noticia de que Juan Gualberto, contestando a la orden de alzamiento remitida por Quesada desde el Cayo, ha cablegrafiado: "Giros aceptados"; es decir, "¡Listos!"

Mas la isla no se levantará sin ciertas seguridades del exterior; los jefes, por lo menos. Desde Costa Rica han llegado más cartas de Maceo, "quejoso y aun airado". El mismo Gómez, que ve ya la imposibilidad de echarse sobre la isla con un contingente adecuado, siente "el natural recelo de un hombre real antes de entrar en empresa tan grande". Pero la seguridad de que Serafín Sánchez y Roloff podrán lograr su expedición le decide. Bastará eso como inicio, siempre que se mantengan después los refuerzos desde el Norte.

No hay más que un hombre de quien se pueda depender para eso: Martí. Solamente su palabra, su tenacidad, su abnegación son capaces de mantener encendidos en la emigración los fuegos del entusiasmo generoso.

Pero Martí opone la más vehemente resistencia. Se ha hecho ya la ilusión de ir con Gómez a Cuba. Siente el llamamiento irresistible de su tierra, tan cercana. Y, en el fondo, está aún viva la cicatriz de la vieja herida de Collazo, su compañero en esta hora crítica... Le queman todavía las salpicaduras de aquel sarcasmo que, en los días de agitación, recordaban a propósito suyo al capitán Araña. Sabe él mismo que un pueblo "no se deja servir sin cierto desdén y despego de quien predicó la necesidad de morir y no empezó por poner en riesgo su vida." Cree, en fin, que realmente su presencia es tan necesaria en Cuba como fuera.

El día 25 de febrero llega de la capital *Mayía*. Trae 2.000 pesos de Lily. Y asegura que el día antes ha estallado la revolución en Cuba... Se apodera de Martí un gozo solemne: "lo hemos hecho; aún me parece sueño"... Pero aunque vagos y escasos, los indicios de que es portador *Mayía* permiten sospechar que la guerra no ha nacido con todo el ímpetu necesario. Reunidos en junta militar, los jefes toman el acuerdo formal de que Martí salga inmediatamente para los Estados Unidos. ¿Sentará él un ejemplo de indisciplina y de amor propio en esta hora de máximo sacrificio?.. Martí dobla la cabeza y acata.

Esa misma tarde trae el correo cartas y periódicos de Nueva York. Martí los devora. Demudado, irrumpe en el cuarto de Gómez y le tiende un ejemplar de *Patria*: "¡Lea!"... Como el general le pide que lo haga él, Martí da lectura al suelto donde *Patria* se hace eco de un telegrama de Quesada a Figueredo dando por seguro el movimiento y afirmando que Martí, Gómez y Collazo están ya en Cuba, noticia que ha sido acogida con un júbilo extraordinario.

—¡Iré! —comenta Martí radioso. Y su actitud es tan resuelta que no se intenta ya disuadirle. Cuando los generales asienten, su alegría es como de niño.

Por carta mantiene hasta el último momento la dirección revolucionaria.

Lo de Maceo es grave. Su cable último le mostraba *decidido* a *embarcar* —siempre que se le remitieran 6.000 pesos para la expedición—. ¿De dónde sacarlos? ¿No le bastaría con los 2.000 ofrecidos? Flor Crombet, en cambio, aseguraba desde Panamá que podría, con suma aún menor, agenciarse la salida de una embarcación propia. El momento no permite ya demasiadas contemplaciones, pero Maceo es indispensable... Martí ordena a Benjamín Guerra que despache la entrega del dinero a Flor, en Colón. A Maceo le escribe, con toda la delicadeza posible:

...decidido que usted y yo dejemos a Flor Crombet la responsabilidad de atender ahí a la expedición, dentro de los recursos posibles, porque si él tiene modo de que ustedes puedan arrancarse de ahí con la suma que hay, ni usted ni yo debemos privar a Cuba del servicio que él pueda prestar. Y él pondrá a las órdenes de usted la labor que usted me reitera que no puede hacer en su San José sino por una suma hoy imposible...

La carta terminaba con algunos toques en lo vivo del amor propio y patriótico:

El patriotismo de usted, que vence a las balas, no se dejará vencer por nuestra pobreza —por nuestra pobreza, bastante para nuestra obligación—. Cuba está en guerra, general. Se dice esto, y ya la tierra es otra. Lo es ya para usted, y lo sé yo. Que Flor, que lo tiene todo a mano, lo arregle todo como pueda. ¿Que de usted pudiera venirle el menor entorpecimiento? ¿De usted y Cuba en guerra? No me entrará ese veneno en el corazón.

Gómez apoya los encarecimientos de Martí: el día 21 se ha tenido ya noticia segura del alzamiento: la hora es ya "de pura acción"; hay que salir "por donde se pueda y como quiera". Al par que toma esa difícil decisión, Martí despacha a todos los centros de emigrados cartas extensas, urgidas, pero llenas de dirección y de doctrina. Con las instrucciones más puntuales quisiera mandarles a Quesada y a Guerra, sus dos compañeros infatigables de Delegación, algo de su propia sustancia: "mi alma de empuje y de cariño, mi fuerza de súplica y junta, mi concepto y respeto de la realidad". Recuerda a los clubs, en sus comunicaciones últimas, la doctrina de la guerra nueva:

Que el acento de nuestras palabras sea, principalmente en lo público, no clamor inútil de venganza feroz, que no cabe en pechos nuestros, sino el justo cansancio de un pueblo sofocado que aspira, por su emancipación de un Gobierno convicto de nulidad y malevolencia, al Gobierno propio de que es capaz y digno. Que se vea en nosotros a americanos edificadores, no a rencorosos vanos. Ésa es nuestra guerra; ésa es la República que reanudamos.

Tal es el espíritu de la doctrina que se explana y puntualiza en el histórico manifiesto de Montecristi, suscrito por Martí y Gómez el 25 de marzo de 1895. Más que una declaración de guerra, es el esquema de la Constitución republicana. En esos momentos en que se halla "en el pórtico de un gran deber", Martí acentúa el designio fundador y el sentido normativo y trascendente que ha tenido siempre su palabra. Parece querer abrirle cauces imperecederos a la patria que libera.

La carta que dirige al dominicano Federico Henríquez Carvajal conjuga esa preocupación política con una emoción íntima:

Yo evoqué la guerra: mi responsabilidad comienza con ella en vez de acabar. Para mí la patria no será nunca triunfo, sino agonía y deber. Ya arde la sangre. Ahora hay que dar respeto y sentido humano y amable al sacrificio, hay que hacer viable e inexpugnable la guerra; si ella me manda, conforme a mi deseo único, quedarme, me quedo en ella; si me manda, clavándome el alma, irme lejos de los que mueren como yo sabría morir, también tendré ese valor... Yo alzaré el mundo. Pero mi único deseo sería pegarme allí, al último tronco, al último peleador: morir callado. Para mí ya es hora.

A su madre, como si quisiera justificar lo que es ya un seguro presentimiento: "Usted se duele, en la cólera de su amor, del sacrificio de mi vida; y ¿por qué nací de usted como una vida que ama el sacrificio?.."

Curiosamente, también en la firma de esa carta, tan íntima, junto a la inicial de su nombre pone su apellido, como en aquellas cartas de amor a Rosario en la juventud...

Frustrado el propósito de embarcar por Samaná, Gómez y Martí pasan trabajos indecibles para salir de la isla.

Contratan un velero en Montecristi, pero a última hora la marinería se arrepiente de la peligrosa aventura: las costas de Cuba están vigiladísimas, y no es grata la perspectiva de ir a dar al fondo del mar, o a Ceuta. Al fin se encuentra un capitán que se aviene a llevarlos en su propia goleta mediante la compra de esta y una fuerte remuneración.

Embarcan el general Gómez y Martí con el brigadier Francisco Borrero, el coronel Ángel Guerra, César Salas y el negro dominicano Marcos del Rosario. (Collazo, *Mayía* y Manuel Mantilla han regresado al Norte en distintas comisiones.) Al llegar a Inagua, el capitán de la goleta baja a tierra. A poco, un oficial del puerto se presenta a registrar la embarcación, sospechándola portadora de armas. El patrón retorna luego para manifestarles que toda la tripulación ha desertado... La conducta del hombre se hace sospechosa. Por la tarde, nuevo registro aduanero, más acucioso que el anterior. Es imposible ocultar las armas, que Martí adquirió con mucho esfuerzo semanas antes en Cabo Haitiano. Martí recurre a su diplomacia humana y "gana la caballerosidad" de los vistas. Baja luego a tierra a buscar marineros, pero regresa sin haberlo logrado.

La situación es apuradísima. Si el patrón desleal los delata, o si acierta a recalar algún cañonero español, están perdidos. Creciéndose enérgicamente ante el peligro, Martí logra recuperar de aquél la cantidad que le fue abonada por el viaje, y despacha al sospechoso. Mas ¿cómo moverse sin tripulación?

Por fortuna, esa tarde toca en Inagua un vapor frutero alemán con rumbo a Cabo Haitiano. Gracias a la ayuda del cónsul de Haití logran que el capitán —a cambio de 1.000 pesos y de otras condiciones severas— se comprometa a tomarlos como pasajeros y a dejarlos caer en un bote al pasar por Cuba en su viaje de regreso.

Desde su escondrijo en el barco, Martí le escribe a Manana, la vieja esposa del general: "Vamos cosidos uno a otro, el padre y yo, con un solo corazón." Consuela a la compañera abandonada: "El mundo marca, y no se puede ir, ni hombre ni mujer, contra la marca que nos pone el mundo." Y recordando la tierna y constante mirada de la hija de Gómez, en Montecristi: "A Clemencia me le dice que en el lugar donde la vida es más débil, llevo de amparo una cinta azul...", el amoroso memento que ella le diera la noche de la partida.

El día 10 torna el frutero a Inagua, de donde leva anclas al día siguiente. A las cinco de la tarde se divisan ya las montañas del sur de Cuba. Martí no puede hablar...

El vapor se acerca a tres millas de la costa. Es ya noche cerrada y tempestuosa. El mismo capitán vacila en entregarlos a la furia del mar y del viento. Pero Gómez manda ya. "¡A tierra!" Deslízase el bote con los seis hombres a bordo. La marejada lo bate contra el casco, y el vórtice que deja el buque en la arrancada inmediata a poco los hace zozobrar. Gómez se hace cargo del timón; Borrero otea; los demás bogan desesperadamente, con Martí al remo de proa... Un golpe de mar le arranca el timón al general. Se valen de un remo a guisa de timón para no quedar al garete. Pero el chubasco arrecia en la negrura, y ya han perdido el rumbo.

Hay un largo momento de angustia, en que todo parece irremediable. Súbitamente, creen ver el parpadee de unas lucecillas lejanas, y hacia ellas bogan con nuevo brío. Amaina el aguacero. Sale al fin la Luna, y Gómez lee en su reloj: las diez y minutos. Casi de improviso se oye el carraspeo de la quilla contra el lecho rocoso del bajío. Hay un grito contenido de júbilo en la noche. Guerra, Salas y Marcos empujan el bote a tierra hasta calzarlo en una playuela que sirve como de clara alfombra a un farallón adusto. Gómez brinca a tierra, se postra y la besa. El buen Marcos, suponiendo que se trata de alguna *brujería* blanca, sigue el ejemplo a su manera, con ciertos ademanes de su rito africano. Martí, erguido, mira a las estrellas recién nacidas.

Buena parte de la noche caminan tierra adentro, abriendo la maraña, orillando ciénagas. "A pesar de la carga que llevaba —apuntará Gómez en su diario— pude contemplar lo radiante de orgullo y complacencia que iba Martí por andar, metido en estas cosas con cinco hombres duros..." Se detienen en un altozano a descansar. Gómez consulta su brújula de bolsillo. Cabecean las palmeras suavemente. De la manigua llega, espaciado y solemne, el llamado del sijú... Martí se estremece. "¡Vamos, vamos!"

Descienden a una llanura y perciben olor a candela, el canto de un gallo, un caserío. ¿Gente amiga?.. Calados, se tienden en tierra a esperar la madrugada. Al fin, resuelven tocar a la puerta de un bohío... ¡Gente amiga! Los guajiros, algo recelosos al principio, generosos en seguida de luces y café, les enteran de que el lugar se llama el Cabojal, y por donde desembarcaron, Playitas.

No podían arriesgarse más por sí solos. Un guajirito los guía hasta una cueva cercana, a la orilla de un arroyo. Allí duermen algunas horas, mientras llega respuesta al aviso que Gómez le ha mandado,

270

con el propio guía, a un viejo oficial de los Diez Años que vive cerca. Desde la boca de *el templo* —como Gómez ha llamado ya a la cueva, con su gusto de las frases lapidarias— Martí contempla con éxtasis el retozo de las luces mañaneras, el lujo creciente de verdes húmedos y profundos.

El práctico llega tan tarde, que hasta la siguiente madrugada no pueden reanudar la marcha. Vadean ríos, trepan bruscos repechos, cortan la prieta manigua. Martí y Gómez porfían en cuidados recíprocos. Alivia aquél del *jolongo* al general, pasándoselo al práctico descansado; *el Viejo* le toma el fusil a Martí y lo carga con el suyo. "Nos vamos halando desde lo alto de los repechos. Nos caemos riendo."

Tarde ya, se topan con el pequeño campamento de Ruenes, que salta de alborozo y de asombro. ¡El *Chino viejo* y el *doctor* Martí entre ellos!.. Los cincuenta soldados desparramados, algunos sin más que, el machete de chapear, contemplan a Martí con curiosidad. Hay entre ellos un asturiano y un vizcaíno. Los negros sonríen anchamente cuando Martí les echa por el hombro el brazo de camarada. Le traen agua con miel, plátanos asados, alguna naranja agria —los preciosos dones de la manigua—. Ruenes y los oficiales le llaman *Presidente*, lo que le ruboriza un poco.

El día 14 el general Gómez convoca a los demás jefes a junta al fondo de una cañada, haciéndole a Martí señas de que se quede aparte. Piensa que van a concertar acción de guerra sin él, y se amohína. Pero al rato, ve venir corriendo hacia él a Ángel Guerra, todo alborozado. En el consejo de jefes se ha acordado, a propuesta de *el Viejo*, no solamente reconocer a Martí en la guerra como delegado del Partido Revolucionario Cubano, sino también conferirle el grado de mayor general del Ejército Libertador... "¡De un abrazo —escribió el honrado— igualaban mi pobre Vida a la de sus diez años! Me apretaron largamente en sus brazos."

Estas cartas a los Mantilla, a Quesada y Guerra, escritas "a la sombra de un rancho de yaguas" y "en una tabla de palma sobre cuatro horquetas", dicen su profunda emoción de *Cuba libre*, como llaman los insurrectos a la manigua por ellos ocupada.

271

Es muy grande mi felicidad...; puedo decir que llegué, al fin, a mi plena naturaleza... Hasta hoy no me he sentido hombre. He vivido avergonzado y arrastrando la cadena de mi patria toda mi vida. La divina claridad del alma aligera mi cuerpo; este reposo y bienestar explican la constancia y el júbilo con que los hombres se ofrecen al sacrificio.

XXX
DOS RÍOS

Para mí, ya es hora.

Por Félix Ruenes han tenido la gran noticia: pocos días antes que ellos, y después de análogas peripecias, Maceo, Flor Crombet, Cebreco y veinte compañeros más habían logrado desembarcar por Duaba de una goleta inglesa contratada en las Bahamas. Según los informes de Ruenes, apenas en tierra los expedicionarios, se habían batido audazmente con la guarnición de Baracoa, derrotándola e internándose luego hacia el Sur. "Ahora van delante —escribe Martí— y nosotros seguimos a pie y llegaremos a tiempo de concertar las voluntades para los golpes primeros y dar a la guerra forma y significación."

Dejando a Ruenes en su zona, Gómez y Martí adelantan con unos treinta hombres, "muy seguidos ya por tropa española". Cerca de Guantánamo escuchan los primeros tiros de guerra, y a las dos horas se topan con las fuerzas de José Maceo, que acaba de batirse con fortuna en Arroyo Hondo. El valiente mulato, que siempre ha tenido mucha devoción por Martí, lo alza en sus brazos como a un niño. Conmovidos, le escuchan el relato, sencillamente épico, de la dispersión de Antonio y de sus compañeros, que dejó solo a José errando por las sierras de Baracoa, acosado como una fiera, hasta que logró incorporarse a las fuerzas de Guantánamo.

Esa noche feliz Martí vela hasta la madrugada curando a los heridos "sin más que saber cómo está hecho el cuerpo humano y haber traído consigo el milagro del yodo. Y el cariño, que es otro milagro".

Nueva marcha a pie, entre maniguazos y pedregales. El 25, en Filipinas, tienen noticia de la proximidad de Masó, uno de los jefes de Oriente, y de que ya Antonio Maceo, rehecho, opera en la zona de Santiago. Martí suscribe, con Gómez, los despachos militares de más enjundia y estilo que se hayan escrito en campamento alguno. "Va dejando —comenta José Maceo— alegría y vergüenza por donde pasa." En las cartas privadas se le ve gozoso del ambiente natural y heroico, rehusando el título de *Presidente* que todos le dan, poseído de cierta beatitud interior que le parece suficiente premio: "Me siento puro y leve, y siento en mí algo como la paz de un niño." Arde en deseos de combatir. Frente al detalle cruento, se defiende de su propia ternura. La noticia de la muerte de Crombet le traspasa, pero la comunica con sobria entereza: "Ya no hay Flor: cayó de un balazo en el pecho..."

Estas cartas particulares y la que el 2 de mayo dirige al *Herald*, de Nueva York, sobre el estado y fines de la guerra, rezuman una fe intensa en la revolución, sobre la cual Martínez Campos se dispone ya a caer con el más numeroso y mejor equipado ejército que Europa haya mandado jamás a América.

En los primeros días de mayo han logrado ya reunirse en Carahueca con los 3.000 hombres de Antonio Maceo. Desde un secadero de tabaco que domina el valle, Martí arenga a aquella turba abigarrada, que hierve bajo el sol y le aclama con frenesí. Solo le entristece no haber podido salvar de la primera justicia revolucionaria, severamente ordenada por Gómez, a un soldado convicto de violación. El día 5 acampan todas las fuerzas en la Mejorana, casi a las puertas de Santiago de Cuba.

En esta conjunción de los tres jefes supremos ha de decidirse el curso de la guerra. Otras cosas más personales han de elucidarse también. La última carta de Antonio Maceo le mostraba airado con Martí. Su irritación subió de punto luego, cuando el delegado le confió a Crombet la expedición de Costa Rica, si bien encargándole de ponerla, una vez organizada, a las órdenes de Maceo... Acaso este detalle no era conocido del general, celoso de su prestigio y de su rango. La circunstancia de estar por entonces mal avenido con Flor agrió aún más su ánimo, removiendo los viejos posos del 84.

¿Qué pasó en el consejo aquella mañana? Los oficiales que rondaban de lejos la esquina del viejo batey donde los tres jefes conferenciaban sobre el césped pudieron percibir algún ademán brusco de Maceo, su voz más alta que de costumbre y dejada de su usual blandura...; la voz suave y firme de Martí...; la voz paternal, y al fin cortante; de *el Viejo*, tras la cual se serenó el coloquio...

Súpose después que Martí había quedado allí reconocido como jefe supremo de la revolución, y Gómez como general en jefe, en tanto que Antonio Maceo era nombrado jefe de Oriente. Que este había argüido en seguida que su tropa estaba casi desarmada, y que Martí debía trasladarse sin más demora a los Estados Unidos para activar el apertrechamiento y las expediciones, a lo cual repuso Martí que no lo haría sin al menos haber entrado una o dos veces en combate activo...

Cuanto a la estrategia, el mulato fue de parecer que no se efectuara la invasión de Occidente hasta que no se hubiera constituido el Gobierno y ordenado un poco las fuerzas revolucionarias. Gómez, por el contrario, opinó que la revolución, cuyo estallido había sido sofocado en Occidente, estaba *varada*, y que lo urgente era proceder en seguida a levantar toda la isla, antes que Martínez Campos recibiera los 22.000 hombres de refuerzo que esperaba de España. Martí apoyó a Gómez, decidiendo el acuerdo.

Al día siguiente, mientras Maceo se dirige a reanudar sus operaciones en las zonas más vulnerables de Oriente, distrayendo así la atención del enemigo, Gómez y Martí marchan con rumbo opuesto a unirse a las fuerzas de Masó, próximas a Manzanillo.

El 12 de mayo acampan en Dos Ríos, donde el Contramaestre engrosa el ancho caudal del Cauto. Fecundada por estos riegos generosos de la Sierra Maestra, que festonea la costa sur oriental, la cuenca del valle despliega allí una vegetación opulenta. Entre cedros y yagrumas vivaquean algunos días las fuerzas escasas de Gómez en espera de Masó. El día 17 tiene noticia el general de que una columna enemiga se dirige por el camino real a abastecer un destacamento español. Gómez sale a tenderle una emboscada.

Martí, a quien las marchas continuadas han irritado su vieja dolencia, produciéndole un infarto inguinal que le impide moverse y aun armarse, ha quedado en el campamento de la Bija. Allí, a la luz de una vela, escribe, en la noche del 18, la carta a Manuel Mercado —su fiel amigo de México—, en que revela ya explícitamente su secreto político:

...ya estoy todos los días en peligro de dar mi vida por mi país y por mi deber —puesto que lo entiendo, y tengo ánimo con que realizarlo— de impedir a tiempo con la independencia de Cuba que se extiendan por las Antillas los Estados Unidos y caigan, con esa

275

fuerza más, sobre nuestras tierras de América. Cuanto hice hasta hoy, y haré, es para eso. En silencio ha tenido que ser y como indirectamente, porque hay cosas que para lograrlas han de andar ocultas, y de proclamarse en lo que son, levantarían dificultades demasiado recias para alcanzar sobre ellas el fin... Viví en el monstruo y le conozco las entrañas: y mi honda es la de David.

Esta carta en la que Martí declaraba también su rumbo "al centro de la isla, a deponer yo, ante la revolución que he hecho alzar, la autoridad que la emigración me dio", quedó interrumpida por la llegada de Bartolomé Masó y su gente. El jefe de Manzanillo prefirió acampar en la Vuelta Grande, al otro lado del Contramaestre y a una legua de Dos Ríos. Martí se trasladó con él después de pasar aviso a Gómez.

En la mañana del 19 llega este, cansado de acechar inútilmente, con sus cuarenta hombres, a la columna enemiga, mandada por el coronel Ximénez de Sandoval. El entusiasmo de las fuerzas ahora reunidas —unos trescientos cuarenta jinetes en total— con la presencia de los dos jefes máximos de la Revolución es indescriptible. Gómez las arenga con su palabra concisa y enérgica. Masó luego. Finalmente Martí se adelanta en su jaca mora. El sol le baña el rostro pálido, le enciende como en halo el cabello. "Su voz —observó un testigo—, suave y melódica al comenzar la oración..., se fue tornando atronadora, como los acentos del huracán." Cuando terminó, la tropa, enardecida, prorrumpió en vivas al "Presidente de la República".

Masó apoya luego, en consejo de jefes, el acuerdo de que Martí regrese inmediatamnte a los Estados Unidos. Después del almuerzo, dos soldados de la guardia avanzada de Gómez sobre el contramaestre traen aviso de un tiroteo por Dos Ríos. Gómez comprende que la columna española le ha seguido el rastro. Ignora aún que Ximénez de Sandoval logró capturar a un mensajero suyo, despachado aquella mañana en busca de provisiones, y que, posteriormente, el práctico Chacón, mandado por Martí con análogo encargo, también ha sido sorprendido e interrogado... Resuelve el generalísimo adelantarse a la columna y esperarla en potrero de Dos Ríos, donde puede moverse libremente su caballería. "¡A caballo!"

Ardorosa aún la tropa por los discursos y fortalecida por el rancho, se lanza hacia el Contramaestre con ímpetu tal, que por un momento Gómez piensa en otra jornada de Palo Seco. El vado obliga a los jinetes a perder la formación. Al otro lado del río, trepada la barranca, caen sobre una avanzadilla española y la machetean al galope. Gómez advierte que la columna se le ha anticipado y tiene ya formados sus cuadros en la pequeña sabana, por entre maniguales y sitios de labor.

Ordena a Martí que se mantenga con Masó a retaguardia, mientras Borrero y él avanzan a derecha e izquierda, respectivamente, para ceñir al enemigo. Fraccionada así la tropa e iniciado con violencia el fuego, Martí le pide un revólver a uno de los ayudantes de Masó, el joven Ángel de la Guardia, y le convida, no obstante las órdenes, a seguir adelante.

¿Arrebato épico? ¿Inexperiencia? ¿Codicia de su hora?.. Solos se lanzan entre la humareda. Al llegar cerca de un denso matojal, flanqueado por un dagame y un fustete corpulentos, les recibe una descarga cerrada. Cae Ángel de la Guardia bajo su caballo herido. Al incorporarse, medio cegado por el golpe y por el humo, ve a Martí tendido a pocos pasos, con el pecho y la quijada tintos en sangre. Trata el jovencito de cargar con él, y no puede. Apenas se retira hacia los suyos para buscar ayuda, la avanzada española adelanta bajo el fuego nutrido de su propia fusilería.

La caballería de Borrero se ve impedida de maniobrar entre el río y el desmonte que le orilla. Gómez ha intentado, sin éxito, quebrantar la fuerte posición española. Al retirarse para organizar una nueva carga recibe la tremenda noticia y se lanza, solo, en la dirección que Ángel de la Guardia le señala. Le detiene el fuego del enemigo, que se repliega ya con su presa...

Mientras los cubanos se concentran para intentar el rescate, Ximénez de Sandoval, incrédulo, examina el cadáver que le ha sido traído y que el práctico Oliva asegura ser el de Martí. Confirma la identificación un capitán que había visto a Martí meses antes en Santo Domingo. Y Chacón, el mensajero... Bajo la azul chamarreta ensangrentada, los papeles no dejan ya lugar a duda... Tenía —escribe Sandoval— las pupilas azules...

Fueron tan inútiles como temerarios los esfuerzos de Máximo Gómez por rescatar el cuerpo de Martí. Muy superior en número y hábilmente situada, la columna española pudo proteger su retirada con las defensas naturales del terreno. Un tremedal obligó a Gómez a rehacer su camino, y cuando llegó al bohío por donde acababa de pasar Sandoval, se le informó que la columna se dirigía a Remanganaguas, a marcha forzada, para enterrar a Martí.

Aquella noche en el campamento mambí de Las Vueltas "no hubo necesidad de tocar a silencio". Con el fuego del vivaque se le vio al *Chino Viejo* un centelleo en las mejillas húmedas. Alguien acuñó ya, para la posteridad, un título venerador: *El Apóstol*.

En el centro de la columna española, obligada también a acampar por un torrencial aguacero, el cuerpo de Martí fue bajado de la acémila del práctico y dejado toda la noche bajo el cielo negro. No se veían las palmeras, pero los grillos siseaban en las tinieblas su llamamiento implacable.

A la tarde siguiente le enterraban en el camposanto aldeano, de alambradas y cruces de palo. Ximénez de Sandoval tenía prisa por saborear su victoria. Pero cerca ya de Santiago, adonde había comunicado la noticia, recibió órdenes de regresar a Remanganaguas y llevar a la ciudad el cadáver para que no quedasen dudas en La Habana. Ni en la Florida, ni en Nueva York, donde los emigrados iban a desmentir desesperadamente al cable...

Mal embalsamado, en un ataúd hecho de cajones y colocado sobre unas parihuelas, el cuerpo de Martí llega a Santiago de Cuba el 27 de mayo. La columna, que ha sido varias veces tiroteada por el camino, se abre paso entre grupos torvos y silenciosos... Después de la formal identificación, se lleva el ataúd al cementerio con mucho séquito de tropa. Allí el coronel Ximénez de Sandoval inquiere si alguno de los no militares presentes desea hablar. Al cabo de un largo silencio, él mismo pronuncia unas breves palabras:

Señores: Cuando pelean hombres de hidalga condición, como nosotros, desaparecen odios y rencores. Nadie que se sienta inspirado de nobles sentimientos debe ver en estos yertos despojos un enemigo... Los militares españoles luchan, hasta morir; pero tienen consideración para el vencido y honores para los muertos.